唐代音樂史的研究

（下册）

岸邊成雄著
梁在平
黃志烱譯

中華書局印行

1

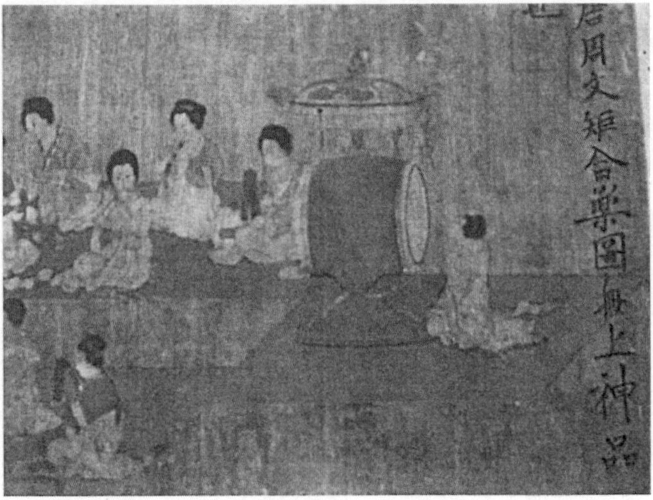

2

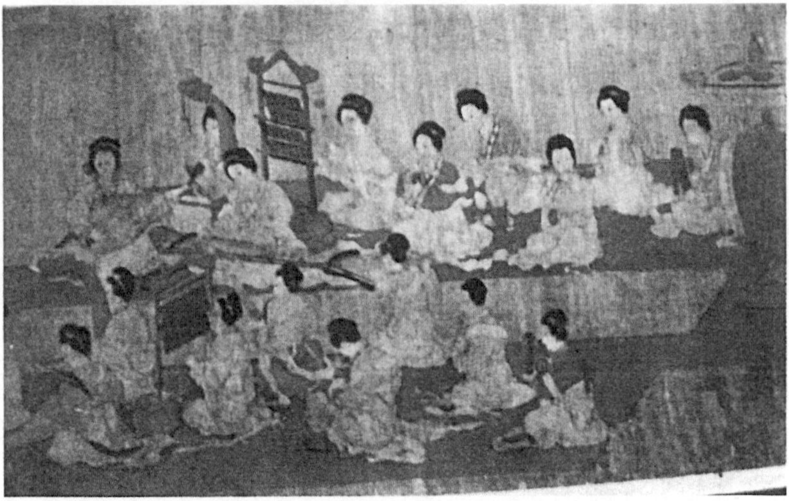

周文矩合圖

（芝加哥美術研究所所藏）

3

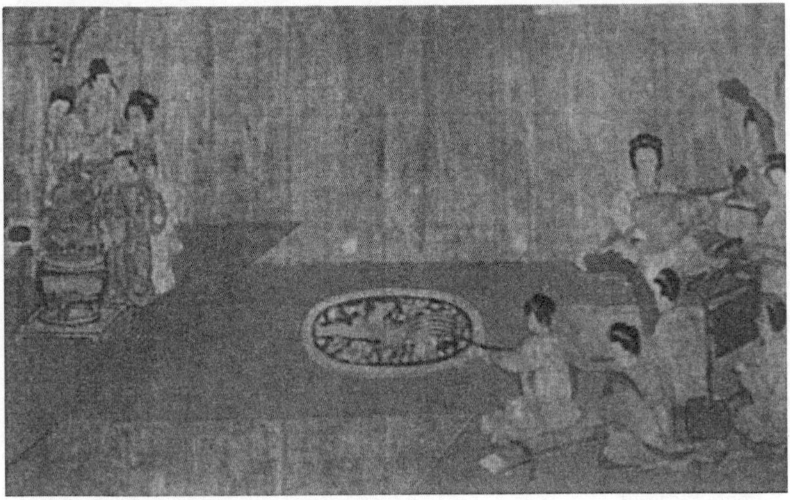

4

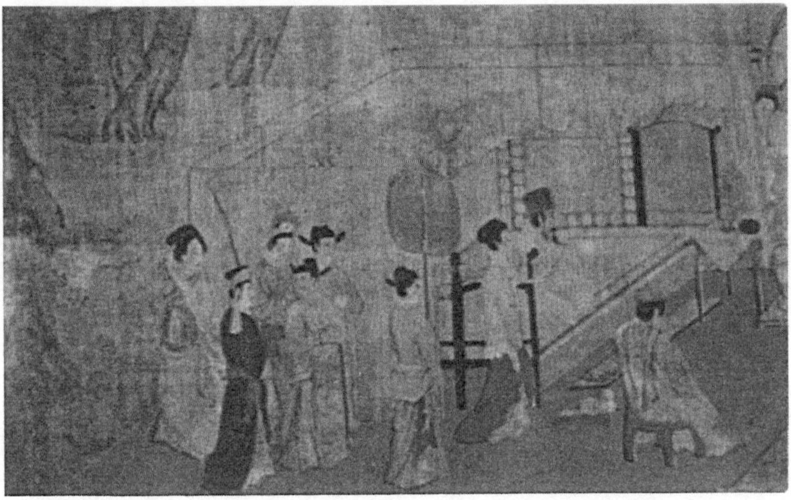

周文矩合圖

（芝加哥美術研究所所藏）

唐代音樂史的研究（樂制編下卷目錄）

各說

下册插圖目錄

第四章　妓　館

妓館爲長安、洛陽等各地都市發達後之一種設施，公開供給一般官吏市民共同享樂，成爲都市生活中最豪華的一面；此與本說其他各章所述太常寺樂工、十部伎、二部伎、敎坊、梨園及太常四部樂等各種制度直屬唐室宮廷，專供皇帝及皇族之享用情形，完全不同。此亦係筆者增設本章之主要理由。

唐末音樂文化，與一般文化相同，邁向平民化途徑。安史亂後，隨着宮廷貴族權勢衰落，地方軍閥與商業市民抬頭，都市生活水準提高，原爲宮廷貴族獨佔之高度文化，漸次向市民開放。唐末都市生活中之公私妓館，亦係宮廷中之敎坊開放後之產物；敎坊中原有之各種唐代舞樂之精華作品，經透過妓館關係，普遍擴及民間，爲使易於流傳起見，敎坊舞樂，亦經數度簡化。按唐末之新俗樂，係融合胡樂、俗樂而成，其在形式上，亦由壯麗之大樂伎而變爲精鍊優美之小曲。傳至宋代，成爲燕樂，繼又成爲一種雜伎。故在唐末至宋代舞樂平民化之最初重要轉換期間，妓館之貢獻，實不可忽視。此外一般人士，常將敎坊與民間妓館混淆使用，其中更有視敎坊樂妓卽爲妓館樂妓者，故爲澄淸敎坊眞象，亦須將妓館外貌予以闡明。鑒於妓女在官、公私各方面，種類繁多，相互混淆，其區別準據，則爲敎坊與妓館，以上兩點，亦係筆者在本章內所特別注意並予以詳細說明者。

文內引用史料，論究妓館時，多與敎坊對照，蓋因兩者在史料內有共通之點。按史料中關於敎坊部份，如崔令欽之「教坊記」；妓館部份，如孫棨之「北里志」。後者字數較多，惟其內容，仍多片斷之處，此與教坊記情形相同。本章在引用史料方面，亦與教坊之引用教坊記相若，以北里志爲中心，另行綜合各種有關零碎史料編纂而成。另爲補助唐代妓館史料之不足起見，亦有引用宋代妓館史料者。按妓館制度，始自唐末傳至宋代，漸形發達，故後者文獻史料甚多，本章第四節增設之「宋代教坊之變遷及組織」乙節中，所佔篇幅亦幾達本章全部三分之一。

第一節　妓館之成立

妓館因非宮廷或國家之正式制度，故乏公開史料，且其活動，始自唐末，其在唐代之變遷史料，更難獲得（註一）。唐時，「妓館」尙無正式特定稱呼。迨至宋代，妓女以樂妓爲活動機構者爲妓館及酒樓。酒樓又可分爲公營之「官庫」與私營之「市樓」。按唐代尙未見有妓館稱呼，「酒樓」及「青樓」之名稱雖多記述，惟因酒樓具有酒店飯店性質；青樓則有倡家性格，故在樂妓活動場所方面，似以選用「妓館」爲妥（註二），故本章題名爲妓館。

第一項　樂妓之分類

根據唐代文選，唐代樂妓有妓女、女妓、女伎、女工、女樂、女伶、樂妓、樂婢、樂營、營妓、官妓、宮妓、家妓、宅妓、娼妓、娼女等各種名稱，依其內容，可區分爲家妓（包括私妓、宅妓——

係個人養蓄及享樂者），宮妓（供皇室享用），官妓（供官吏享用），民妓（民間公開營業）等四種。

上述四種樂妓中，宮妓與家妓之歷史較久，性格顯著；官妓與民妓，則係樂妓發達過程中，唐代變動時期之一種象徵，性格及內容亦較模糊。按官妓雖係官吏所公開使用，實際却僅爲少數高官佔用，故有強烈之家妓色彩。民妓則係民營妓館之樂妓，亦即所謂公開開放之民間設施，由來甚久，惟以往鮮少爲人注意，迨至唐代，始有長安平康坊之「北里」等大規模之設施，此在妓女發達分類史料中，實具有深長意義，其在唐末，尙僅爲官，僚富商享用，似與一般庶民無關故在演變過程中，亦可視作爲官妓之逐漸開放者。按「官妓」「民妓」，其公開開放之性格適與封建制度之習慣相違也。

宋代，官營妓館之「官庫」，與私營妓館「市樓」之制度，相繼確立，妓館之眞實功能，始行發揮。而官妓之家妓性格亦顯著減少，據此，以區別半私有之官妓與私營妓館之民妓。按官營妓館似可稱爲公妓，唐代尙無明晰之形態，此或爲妓館發達順序中之自然現象。

總之，從唐代至宋代，妓女發達方面，成爲宮妓、官妓、家妓、民妓及公妓等五種混淆狀態。宮妓、家妓則屬於個人所備及享樂；而官妓、民妓、公妓則異。本節之主要着眼，亦係究及樂妓之「公開開放與否」與「分類」兩點。

關於樂妓分類，黃現璠氏之「唐代社會概略」第二章娼妓階級內，大別爲家妓及公妓兩種，後者又細分爲「供天子娛樂之宮妓」，「供官吏娛樂之官妓」與「供軍士娛樂之營妓」三類。此係依其享樂人員身份不同所區分者。惟唐朝中葉，妓館成立後，此種分類方式，已不適實際情形，黃氏之「唐代社會概略」將宮妓、官妓、營妓視作一種家妓；及將教坊與妓館混同一談者，實由於渠對教坊——妓館間之轉換情形與唐代音樂文化之重大動向未曾注意所致，誠屬遺憾。

其次石田幹之助博士之唐史漫抄之長安歌妓篇內，將唐代歌妓，分爲宮妓、官妓、家妓、民妓四種。所謂宮妓，係爲宮廷設立，位於教坊，宜春院、梨園；官妓則設置於州郡藩鎮衙門，於刺史與節度使等地方首長公私宴會時擔任侍奉之職；「營妓」包括在「官妓」內；「家妓」則係諸王，官僚，豪富等私人蓄養，於接待賓客時擔任管弦詩書助興侍奉，其地位並非「妾」、「婢」，兼具伶人性質；「民妓」則係以一般人士爲對象之私營妓館之樂妓。筆者與石田博士之看法相同，按「長安歌妓」係以說明「北里」爲中心之「私營妓館」樂妓爲着眼，至於其他宮妓、官妓、家妓等三種，僅予簡單說明。

筆者參照兩氏見地，特依宮妓、家妓、官妓、民妓順序，予以敍述。「公妓」則併入「官妓」部份討論之。

一、宮　妓

本節所稱「宮妓」，係包含教坊之樂妓與掖庭之宮女，指廣義之宮女而言，因其已在「教坊」章節內詳述，不再論究。惟宮妓亦稱爲宮廷之家妓，其與家妓間有直接流通關係，兩者與公妓因性質不同，故無任何關連。惟官妓與民妓若一旦成爲家妓，則亦有成爲宮妓之間接流通可能，故唐代末葉，民妓發達後，宮妓與家妓之勢力衰頹，此種因果關係，頗堪注意。

二、家　妓

家妓始於唐代以前，唐代由於貴族官僚生活奢侈，家妓之風益熾，當時在貴族富豪文人間極爲流行，其例枚不勝舉（註三）。家妓始自唐朝以前（註四），迨至唐朝，貴族官僚生活，益趨糜爛，家妓人數驟增，法律上雖曾予以限制，惟結果仍不能徹底實施，而不得不予撤廢也（註五），此種法律之成立與撤廢情形，當係家妓極端流行所產生弊端之結果所致。

家妓職能，係以歌舞供主人娛樂，主人招待賓客時侍奉宴席，斡旋於酒肴之間，以及服侍主人枕席等三種工作爲主。故爲交際社交中所不能夠缺乏者，其間亦有奪他人之妻作爲家妓者，流弊百端，由此亦可察見當時貴族高官等荒淫橫行生活之一斑。

「家妓」既非妻妾，其身份似與奴隸階級相同，惟與私賤民（私婢、部曲、客女、隨身）不同。石田博士稱「家妓」並非妾、婢，其地位介於兩者之間；黃現璠氏亦將唐代階級分爲賤民階級，娼妓階級，勞動階級，坐食階級等四種，將賤民與娼妓予以區分。兩氏想法，均屬恰當，按良民與賤民之主要不同之處如次：

(1)州縣等地方上戶籍之有無。

(2)受田權之有無。

(3)婚姻自由權之有無。

(4)法律上差別待遇之有無。

(5)賣買權之有無。

關於家妓身份，雖無明文記載，似與一般賤民不同。因其具有姿色而被主家養蓄，原則上，當不至於與其他奴婢結婚，然其並非妻、妾，僅落籍主家，在州縣無良民戶籍，亦無受田權利，其在刑法上是否與良民有別，未見明文規定，想像其與奴婢間當有若干程度之差別也。

家妓亦有視作畜產贈送者，例如第一，皇帝賜贈大臣之甲第、女樂，後者成爲臣下家妓者，不遑枚舉。第二，一般人士間贈送（註六），如本事詩情感第一篇之『劉尙書（劉）禹錫爲蘇州刺史，李司空慕劉名，常邀至第中，厚設飲饌。酒酣命妓歌以送之。劉於席上賦詩……李因以妓贈之。』卽爲一例。

家妓亦有賣買者。如舊唐書卷一八八孝友傳，羅讓條所載『羅讓……甚者仁惠。有以女妓遺讓者。讓問其所因，曰「本是某等家人，兄姊九人皆爲官所賣。其留者唯老母耳。」讓慘然焚其劵書。以女妓歸其母』。此外，收買民妓、官妓爲家妓者亦常見之事。

關於家妓出身，如上所述，有下賜、贈送、賣、買等多種，惟其結果，亦有因年事衰老，主人厭倦及家道中落，無力繼續養蓄，而轉送他人或遣送返家者。白居易之「不能忘情吟並序」所載『樂天旣老，又病風，乃錄家事，會經費，去長物，妓有樊素者，年二十餘，綽綽有歌舞態，善唱柳枝，人多以曲名名之。由是名聞洛下，籍在經費中，將放之。』可見一斑也。

其次亦有將家妓貢獻皇上者。如舊唐書卷二〇上昭宗紀之『乾寧元年正月朔……鳳翔李茂貞來朝，大陳兵衞，獻妓女三十人，宴之內殿，數日還藩。』及新唐書卷一四一韓全義傳所載『其子獻女樂八人。帝不納曰「我方以儉活天下，惡用是爲哉。」』。次外，家妓成爲宮妓後，亦有遺散回家者(註七)；家妓因年老色衰，嫌棄風塵，出家爲尼者，亦不乏其例(註八)，爲主人守節殉死者亦大有人在(註九)。

總之，宮妓與家妓，於唐末亂離之世，隨宮廷貴族之沒落而衰頹。公開之妓館却開始繁盛，此爲兩者之相互因果關係，亦爲文化庶民化之現象。而公開妓館之設施亦即官妓與民妓也。

三、官　妓

官妓之名，唐代史料，屢見不鮮，確係當時實際稱呼(註一〇)。其意義，石田博士簡釋爲『官妓係置於州郡藩鎮衙門，供刺史、節度使等地方首長公私宴會時，擔任侍奉之職。營妓亦包括在內，惟後者因置於軍營而得名』(註一一)。

唐代史料，所載官妓在以州郡藩鎮爲中心之地方都市者甚多，其在首都長安者尚無實例，殊堪注意。

引用官妓名稱之例甚多。如唐朝孫光憲之北夢瑣言卷三（稗海叢書本）之『唐路侍中巖，風貌之美爲世所聞。鎮成都日，委執政於孔目吏邊。咸日以妓樂自隨宴于江津。……以官妓行雲等十人侍宴。移鎮渚宮日，於合江亭離筵，贈行雲等感恩多詞。有離魂何處斷。煙雨江南岸，至今播於倡樓也』。文中之所謂官妓行雲，卽係成都之官妓也(註一二)。此外，羅虬之「比紅兒詩並序」（全唐詩第一〇函第五冊）『比紅者爲雕陰官妓杜紅兒作也。美貌年少機智慧悟，不與羣輩妓女等。余知紅者硒擇古之美色灼然於史傳。三數十輩優劣於章句間，遂題比紅詩。（廣明中虬爲李孝恭從事，籍中有善歌者杜紅兒。虬令之歌，贈以綵，孝恭以兒爲副戎所盼。不令受，虬怒手刄紅兒，旣而追其寃作比紅詩）』。按杜紅兒卽係雕陰（卽今陝西省綏德縣）官妓，雕陰係一很小都市，由此，可知官妓分佈之廣。

地方官妓中亦屢有營妓史料，按營妓，原係指養蓄軍中，侍隨軍士宴席、枕頭之一種官妓。惟唐代之所謂營妓，則含義廣泛，包括服侍地方文官之一般官妓，例如宋朝錢易之南部新書卷丁之『張楊尙書收晉州外貯營妓』。及北里志之楊汝士尙書條之『楊汝士尙書鎭東川，其子知溫及第。汝士開家宴相賀。營妓咸集。汝士命人與紅綾一匹。詩曰云云』卽爲實例。

營妓居所，稱爲樂營，如張保胤之「示妓牓子」詩，『嶺南樂營子女，席上戲賓客，量情三木，時保胤在幕府，掌書記。乃書牓子示諸妓云云』；及舊唐書卷一四五陸長源傳之『（宣武判官）孟叔度……性輕佻……縱聲色。數至樂營，與諸婦人嬉戲』。此外根據新唐書卷一五一陸長源傳所載『叔度淫微，數入倡家，調笑嬉褻』。其將舊唐書之樂營，稱爲娼家，則樂營則並非一定在軍營中，而營妓亦絕非僅指軍營妓女也。

營妓及官妓有官使婦人、風聲婦人、風聲賤人等別名。淸朝兪正燮在其「除樂戶丐戶籍及女樂考，附古事」文中所稱『唐則曰營妓。亦曰官使婦人；舊唐書宇文融傳云(註一三)廣集兩縣官使婦人唱之也。樂府解題引作官伎女子。是未解名義。營伎亦曰風聲婦人，取古文尙書長厥井里樹之風聲之義言之各爲一市。唐語林云牛僧孺謂杜牧曰風聲婦人有顧盼者。又云牧子晦辭過常州眷妓朱良守李瞻以良贈行曰風聲賤人，員外何必爲之大哭，是也。』據此，則官使婦人、風聲婦人、風聲賤人均係同爲營妓別稱；俞正燮更稱『北夢瑣言云，東川董璋開筵。李仁短不至。乃與營妓曲宴。又司空圖詩云，「處處亭臺止壞牆，軍營人學內人裝。」是唐伎盡屬樂營。其籍則屬太常。故堂牒可追之』。據此，樂營在廣義方面，係包羅唐伎，惟宮妓並非屬於太常寺，故與宮妓無關(註一四)。

樂營係官妓與營妓樂籍所屬之所。又營妓（包括官妓）之詩文甚多，白樂天詩中，所載蘇杭妓名更多。

蘇杭妓名，見於樂天詩中，錄出以資好事者一笑。其詩曰：

移領錢塘第二橋，始有心情問絲竹，
瓊瓏箜篌謝好箏，陳龍觱篥沈平笙。

又曰：

長洲茂苑綠萬樹，齊雲樓高酒一杯，
李娼張態一春夢，周五殷三歸夜臺。

又曰：

李娼張態君莫嫌，亦擬隨宜且教取。

又曰：

黃菊繁時佳客到，碧雲合處美人來。
（注謂遺英、倩二伎與舒員外同遊）

又曰：

花前置酒誰相勸，滿座唱歌容歌舞。

又曰：

眞娘墓頭春草碧，心奴頭上秋霜白，

就中惟有楊瓊在，堪上東山伴謝公。

又曰：

心奴已死胡容老，後輩風流是阿誰。

又憶杭州因敍舊游有曰：

沈謝雙飛出故鄉

又有九日代羅英二妓舒著作詩。

則所謂瓊瓏、謝好、陳寵、沈平、李娼、張態、眞娘、心奴、楊瓊、容、滿、英、倩、羅等，皆當時妓姓名。所謂黃四娘之名，因杜子美而著也。

所謂集瓊瓏以下諸妓稱爲「蘇杭妓名」者，想像其當非家妓，而係官妓或民妓也(註一五)。此外地方官妓亦常有冠以地名者，如蜀妓薛濤載於宋朝章淵之稿簡贅筆爲『蜀妓薛濤，字洪度，本長安良家子。父鄭因官寓蜀。濤八九歲知音律。……父卒母孀居。韋皐鎭蜀，召令侍酒賦詩。因入樂籍。濤暮年屛居浣花溪，着女冠服。有詩五百首』。又齊東野語卷十一所載『蜀娼類能文，蓋薛濤之遺風也』

。此卽說明蜀妓，自薛濤以後，以擅能文章而著名。按官妓係自成集團，保持傳統，此與家妓之相互孤立風習不同，此種地方官妓之獨得性格，除蜀妓外，根據五代之蜀何光遠在鑒戒錄卷一〇所載『吳越饒貢妓，燕趙多美姝，宋產歌姬，蜀出才婦。薛濤者容□□才調尤佳。言謔之間立有酬對。大凡營妓比无校書之稱。韋南康鎮成都日，欲奏之而罷。而今呼之。故進士胡曾有贈濤，萬里橋邊女校書，枇杷花下閉門居，……』所謂吳越貢妓，燕趙美姝，宋之歌姬，蜀之才婦，均係說明官妓之特色者。

　　關於官妓居所，似有兩種，其一根據石田氏所稱之置於州郡藩鎭之衙內；其二，根據上述之稿簡筆之「樂籍」，與比紅兒詩序之「籍中」，居於官營之「妓館」。但是無論其在州郡藩鎭之衙內，或樂籍，籍中之官營妓館，實際上均有被地方官僚獨佔之傾向，如黃現璠氏唐代社會概略之「公妓之種類」之「供官吏娛樂之官妓」條文內所載『地方官與官妓，既有瓜葛，雖去任後，每以魚雁相交，表示眷戀之忱。白居易有代諸妓贈送周通判云（詩略）（註一六）』，『又白居易湖上醉中，代諸妓寄嚴郎中詩云（詩略）』，『地方官對某人不滿，可以派官妓代爲招待，以捉弄之。麗情集云（文略……）』，『地方官既有任意玩弄官妓之優先權，有時酒酣興烈之餘，慨然以之贈人者。舊五代史馬郁傳(文略)』，『當時地方官，不獨玩弄本地之官妓，且函邀鄰郡官妓，以供娛樂。堯山堂外紀云（文略）』，『地方官若與官妓發生密切關係，去職時，可携之以去。杜樊川詩集張好好詩序云（文略）』，『上級地方官，若時見下級地方官之妓，合乎己意，亦可隨便奪取，本事詩云（文略）』。……如上所述，地方官吏，似可任意使用官妓，惟官妓之對於地方官吏，其在使用方面，固有近似家妓性格，但仍有其限界。

如杜牧之張好好詩所載『牧太和三年，佐故吏部沈公江西幕。好好年十三，始以善歌來樂籍中，後一歲公移鎮宣城，復置好好於宣城籍中。後二歲爲沈著作述師以雙鬟納之。後二歲於洛陽東城重覩好好，感舊傷懷故，題詩贈之』。說明妓女張好好，十三歲時，在江西某地入樂籍，一年後，隨沈公（沈傳師移入宣城樂籍(註一七)，四年後入洛陽，在東城重遇杜牧。此亦證明地方首長轉任時，固有携帶所愛官妓之例，但官妓究非家妓，僅能甲地樂籍移入乙地樂籍。據此，似有所謂「官營妓館」亦卽「公妓」之存在。惟唐朝史料中，對其組織內容，却無詳確記載。

至於首都長安無官妓之例證者(註一八)，係因在長安，中央政府高官，多蓄有家妓，宮廷則有宮妓，均無出入私營妓館之必要。故地方官吏之熱愛官妓情形，在首都長安，似無此種要求所致也。

四、民　妓

公開之私營妓館中，散娼之存在，恐已爲時甚早。惟如長安平康坊之北里之大規模之組織，當係唐代以後。本章所論民妓係以北里爲中心者，容在其他有關各節分別敍述。

第二項　妓館之成立

前項所述，樂妓分爲四種，其中宮妓與家妓和妓館無關，故本項所討論者，爲官營妓館之公妓與私營妓館之民妓；關於妓館之成立與變遷，由於史料不足，無法詳究，大體上，唐宋間，民妓較先發達，其後才確立公妓者，至於官營妓館與私營妓館之成立時間，雖無法斷言，惟其成立時間，恐以私營妓館爲先；按民妓之存在，當在唐代以前，惟集居一處，有組織化及商業化者，當爲唐代，其中妓館集居地較著名者，爲長安之平康坊，其次根據足立喜六博士之「長安史蹟之研究」中，曾述及長安除平康坊外，東西兩市與道觀寺附近，城門附近，酒樓、旗亭與妓館亦參差林立。又那波利貞博士「唐宋時代之酒樓旗亭」中亦述及『東西兩市與晉昌坊、新昌坊、開化坊、永安坊、光宅坊、延政坊、崇仁坊，洛陽之南北兩市與修善坊、明義坊、殖業坊等酒樓妓館林立，洛陽毓材坊之郭大娘爲洛陽第一名妓。』等語(註一九)。石田博士亦述及『長安城中除平康坊三曲妓館集居外，亦有散娼各別構成獨立妓館，如居住於勝業坊之古寺曲——古寺橫町之霍小玉，即係一例（勝業坊位於東市北部，其西側爲崇仁坊，西南爲平康坊），又段成式之「酉陽雜俎」亦載有「靖恭坊有妓，字夜來。稚齒巧笑，歌舞絕倫」之句，（靖恭坊位於東市之東南角之對面）』，根據上述三氏所舉實例，其中如平康、崇仁、勝業、道政，靖恭諸坊，幾佔與東市鄰接之十坊的一半，按此均係長安繁華街之中心附近處所也。

地方都市方面，雖亦有私營妓館，但由於官妓活躍，私營妓館似並未發達。根據宋朝朱弁之曲洧舊聞卷七『唐成都府有散花樓。河中府有薰風樓、綠莎廳，揚州有賞心亭，鄭州有夕陽樓，潤州有千巖樓，皆見于傳記。今無復存者，蓋或易其名，或廢而不修也。』文中諸樓，當係酒樓妓館代名，惟是否均係私營妓館，則未敢斷言。

總之，唐代妓館之發達，係以長安爲中心，惟其成長之年代與過程，則無法查考；私營妓館最早之平康坊之北里，其成立時間，亦無法確定，根據後周王仁祐之開元天寶遺事內，風流藪澤所記『長安有平康坊，妓女所居之地。京都狹小，萃集於此。兼每年新進士，以江牋名紙，遊謁其中。時人謂此坊，爲風流藪澤』。按本書作者，係後周時代之人，全部內容，均係玄宗朝代事物，據此，則「平康坊」，於開元天寶時期，爲樂妓集居，風流人遊樂之勝地。「北里」之名稱，則係孫棨之北里志問世以後之事。雖然盧照鄰之長詩（長安古意）中載有『娼家日暮紫羅裙，淸歌一轉口氤氳。北堂夜夜人如月，南陌朝朝騎似雲。南陌北堂連北里，五劇三條控三市。弱柳青槐拂地垂，佳氣紅塵晴天起』；駱賓王之帝京篇中亦載有『小堂綺帳三千戶，大道青樓十二重，（中略）王侯貴人多近臣，朝遊北里暮南鄰。』等句。詩中之北里，係用作公共遊宴場所名稱，是否係指孫棨所稱之平康坊北里，則無法證實也(註二〇)。

綜上所述，所謂妓館聚集之北里形態，唐初業已存在，惟其在唐朝中葉以後，才開始繁盛發達。此雖無具體文獻，當可從有關酒樓、旗亭、青樓等史料中窺見一斑。唐詩所稱官妓、公妓、營妓等名稱，係指玄宗以後之事。此種唐朝末葉詩文趨向平民化之現象，與妓館發達後之庶民生活充實情形相同。

第二節　（北里）妓館之組織

唐代妓館，以孫棨所撰「北里志」所載較爲具體。惟北里志僅敍述有關平康坊北里名妓之片斷逸語，全部不滿八千字，欲藉此究明妓館組織全貌，似嫌不夠。此與教坊記所述有關教坊史料同樣缺乏。唐代音樂文獻之貧乏，令人痛感之至。
關於平康坊之北里，根據筆者考證，僅私營妓館一例，即為唐代私營妓館之代表。本章所論唐代妓館，係以平康坊之北里為中心課題，關於北里志所撰情形(註二一)，作者孫棨依其親自出入北里之實際體驗著作，就作者年齡判斷，所述者當為大中年間之事。
此外田石幹之助博士之「長安歌妓」內容簡潔，引述精確，本文內亦經常引證。

第一項　設　施

一、環　境

平康坊位於長安皇城東第一街以北之第五坊，北為崇仁坊，東為東市，南係宣陽坊，西接務本坊，適在長安市中央東北部位置，屬於長安市繁華地帶(註二二)。
石田幹之助博士所述平康坊位置，更為詳盡，其內容為『平康坊東南方之東市，萬商聚集，佔長安市一半繁華。北側之崇仁坊，車馬輻輳，晝夜喧嚷，燈火不絕，京中諸坊無與倫比。西為務本坊、國子監、孔子廟，與太學，四門學以下六學等房屋櫛比；南方之宣陽坊，有楊貴妃之姐虢國夫人邸宅，與乃兄楊國忠，妹韓國、秦國夫人等豪華官舍；坊北與崇仁坊間之橫街，東至春明門，西達金光門，為京城交通要道，人馬往來頻繁，旅館甚多，係都內著名鬧區。坊內有名士邸宅、佛寺、道觀等，其中較著名者為南門東側之菩提寺，後改稱保唐寺之名剎。南門以西設有同州、華州、河中、河陽、襄州、徐州、魏州、涇原、靈武、夏州、昭義、浙西東、容州等進奏院。所謂進奏院，係地方節度使設在皇都辦事處，擔任地方政府與中央聯絡工作。平康坊情形，大致如此云云』。

根據石田氏所述情形，東市不僅爲商業區，且酒樓旗亭等娛樂場所聚集，崇仁坊係樂器商聚集之處(註二三)。其北側之光宅坊內之右教坊與長樂坊，內之左教坊（後合併右教坊稱仗內教坊），均係宮廷直屬妓館，與一般士人無直接關係。西鄰務本坊爲官廳街參加進士等殿試學士，或年輕及第官吏爲涉足北里之主要顧客，當亦屬必然之現象也。

二、構　圖

關於北里在平康坊之位置與構成情形，根據北里志海論三曲所載『平康里入北門東回三曲，卽諸妓所聚之居也妓中有錚錚者，多在南曲、中曲。其循牆一曲，卑屑妓所居，頗爲二曲輕斥之。其南曲、中曲，門前通十字街，初登館閣者，多於此竊游焉』。是則北里係由南曲、中曲等三曲構成；另據北宋宋敏求長安志卷七所載『皇城之東畫、東郭、東西三坊，皇城之西畫、西郭、東西三坊，南北皆一十三坊，象一年有閏，每坊皆開四門，有十字街，四出趣門。皇城之南，東西四坊，以象四時，南北九坊，取則周禮王城九達之制。隋三禮圖，見有其像。每坊但開東西二門，中有橫街而已。蓋以在宮城直南，不欲開此街，洩氣以衝城闕。棋布櫛比，街衢繩直，自古皇帝京未之有也。朱雀街東第一坊，東西三百五十步；第二坊東西四百五十步。次東三坊，東西各六百五十步。朱雀街西準此。皇城之南九坊，南北各三百五十步。皇城左右四坊，從南第一、第二坊，南北各五百五十步，第三坊、第四坊，南北各四百步。兩市各方六百步。四面街各廣百步』。據此，平康坊之面積，爲東西六百五十步，南北三百五十步之正方形，中央有十字街，街端爲東南西北四門，北里約佔全坊四分之一面積(註二四)，詳如左圖：

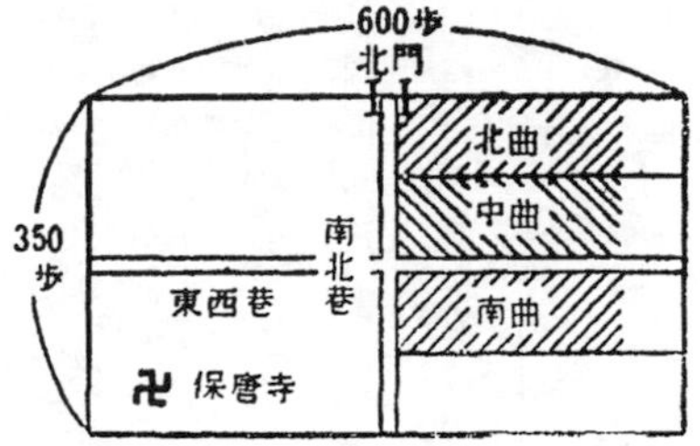

北里之中曲、南曲名妓較多；北曲(亦稱前曲)卑屑之妓甚多，故爲其他二曲所輕斥(註二五)，坊內中央十字街之路面寬度，未見考證。

關於三曲優劣情形，已如上述，以南曲、中曲較優，北曲較差。惟北里志所載十二名妓，計有南曲之天水僊哥、顏令賓、王蘇蘇、張住住，北曲（前曲）之王團兒、劉泰娘、楊妙兒等，並無中曲妓名，但此亦不能斷定中曲並無名妓，按所載北曲三妓，亦皆非特別之名妓，如劉泰娘部份所載『北曲內小家女也。彼曲素無高遠者，人不知也』。文中所稱北曲無高遠者，即係明證，王團兒雖係前曲之妓，妓館內擁有小潤、福娘、小福三妓，聰明慧敏，故有『咋車駕反，正朝官多居此』之評，由此證明北曲中，或亦並非低劣者，惟南曲、中曲一般水準均較北曲樂妓爲高，尤以南妓擁有名妓人數爲三曲中最多者(註二六)。

三、建築與裝飾

北里三曲中妓館軒數不明，根據推測數字，僅「北曲」一曲，共有二三十軒之多。

關於妓館設備，北里志載有『二曲中居者，皆堂宇寬靜，各有三數廳事，前後植花卉，或有怪石盆池。左右對設小堂，垂簾、茵榻、帷幌之類稱是。諸妓皆私有所指占廳事。皆彩板以記諸帝后忌日』。文中二曲，係指南曲、中曲之妓館，建築甚大。如『王蘇蘇在南曲中，室屋寬博，巵饌有序。』一語，係說明王蘇蘇之妓館規模，爲南曲中最優者。惟南曲中必另有小規模之妓舘滲雜其間，如『張住住者，南曲所居卑陋。有二女兄不振。是以門甚寂寞，然小舖席，貨草剉薑果之類。』是則張住住之妓屋，爲南曲中之陋屋，營業不振，門前開設出售糖果餅乾小舖。

各妓館係由客室與小室構成，北里志所稱『三數廳事』係指廳院、廳房、廳館而言，亦卽客室之意，故妓館中有客室，少則二、三個，多則五、六個，此等客室，分別爲樂妓獨佔，此與目前中華民國在大陸時期之北平八條胡同妓樓相同。客室前後種植花草，堀盆地，設怪石，美化庭園，客室左右設有小堂，亦卽客室。恐係指寢室而言。臥室內設有垂簾、床榻等設備，壁上懸彩色板，載帝后忌日。每逢忌日，妓館內似係休假或另有其他各種記念表示者。

唐朝，牆壁裝飾，常塗以紅色，如『持詩於窗左紅墻，請予題之』（王團兒條），『予題於楣間訖先回』（愈絡眞條），『飲次標題牕』（王蘇蘇條）等例。紅壁題詩，當時極爲風行，惟所稱「紅牆」，亦有室外者。惟根據窗楣之間一語判斷，當係以室內牆壁爲主也。

關於妓館設施，唐時規模較小，如南曲、中曲中一流妓館，亦僅持有客廳數個，各室係樂妓專用，故每家擁有樂妓數名。宋代規模甚大，有三層大樓，設百餘客室，正門走廊，樂妓數十人佇立候客。其建築工程，亦遠較唐代富麗堂皇。唐代妓館每年僅舉行一次觀燈節目(註二七)，宋代妓館則經常舉行，此或由於宋代商業發達，與庶民文化生活提高有關，由於此種結果，唐代貴族之高尚情趣，亦於南宋期間逐漸消失。

第二項　人員構成

大家都知道妓館主體爲樂妓，此外爲經營者或有時兼樂妓之鴇母與男性樂工，此三者爲妓館構成之主要份子，此與教坊組成頗相類如。按兩者均以樂妓爲構成主體，並均有樂工，惟教坊樂工，居住於教坊內，爲教坊構成要素之一。而妓館樂工，則居住於北里，與妓館各爲獨立之營業團體。此外不同者，妓館之經營者兼監督任務爲鴇母，而教坊則分爲左右教坊（光宅坊、延政坊）、宜春院（東門內）各設樂官，負領導與監督之責。但鴇母與樂妓可構成單獨營業單位，北里中妓館，並無全體性組織。此與宮廷妓館之教坊，所根本不同之點，而鴇母在妓館中所持之重要性，當亦可想見了。

一、鴇母（假母）

北里志海論三曲所載『妓之母多假母也（俗呼爲爆炭，不知其因。或以難姑息之意也。）亦妓之衰退者爲之』。按假母係義母之意，故樂妓多係養女身份，而落籍假母妓館，王團兒條文中『雲髻慵邀阿母梳』一語，假母亦稱阿母，至於俗稱『爆炭』，似與花街上俗稱鴇母情形相同，其來由或由於鴇母對樂妓之鞭撻叱咤，猶若爆竹所致(註二八)。

鴇母多係假母，惟亦有實母，但爲數甚少，如張住住條『其母之腹女也』可爲一例；鴇母多係退色老妓，如北里志所載『王團兒，前曲自西第一家也。（昨車駕反。正朝官多居此），已爲假母。有女數人』。及『楊妙兒者，居前曲，從東第四、五家。本亦爲名輩。後老退爲假母。』楊妙兒及王團兒卽係老妓之實例也。

假母爲妓館經營者，故必須仰賴實力人士支援，根據海論三曲所載『諸母亦無夫。其未甚衰者。悉爲諸邸將輩主之。或私蓄侍寢者。亦不以夫禮待。（多有游惰者，於三曲中而爲諸娼所豢養，必號爲廟客，不知所謂）』說明假母原則上無丈夫，其中姿色未退者，多以高官將軍爲姘夫，或私蓄情夫侍寢，蓋其此舉，前者因經營妓館需要巨款，而高官將軍等姘夫，在經濟方面能予支助，後者因北里乃遊蕩之地，尤以大中年間，妓館中發生謀財害命之例，而有「不測之地」稱謂，故私蓄情夫可用作敲詐勒索及護衛等幫助(註二九)。

假母原則上雖無丈夫，然亦有例外者，如王蓮蓮條所載『王蓮蓮，字沼容。微有風貌。女弟小僊，以下數輩皆不及。但假母有郭氏之癖，假父無王衍之嫌。諸妓皆攫金特甚。詣其門者或酬酢稍不至多被盡留車服賃衛而返，曲中惟此家假父，頗有頭角，蓋無圖者矣。』按假父係義父之意，諒係假母之夫，惟曲中假母之有夫者爲數極少(註三〇)。文中所稱假母、假父與樂妓，三者氣息相聯，對酬金較少遊客，有沒收其財物驅逐出門，竭盡詐取能事。故本書作者，譏評爲「假母有郭氏之癖，假父無王衍之嫌」(註三一)。

每一妓館，通常有樂妓約十人左右，假母藉此少數樂妓，鈎取暴利。如海論三曲所載『有一嫗，汴州人也。盛有財貨。亦育數妓。多蓄衣服器用。僦賃於三曲中』。此係說明貯財及多蓄衣服用具實例。假母爲達到蓄財目的，常忽視人情義理，酷使樂妓，唯爲培養樂妓才藝從小收養，予以嚴格訓練，教以歌令及應對方法，期成年後變爲妓館之搖錢樹。其鞭撻幼妓習藝情形，如海論三曲記載『諸女自幼丐有。……初教之歌令，而責之共賦甚急。微涉退怠。則鞭扑備至。』可見一斑，幼妓培養成名後，假母爲搾取樂妓，苛酷驅使，亦有與樂妓間鬧成情感破裂，而妓長遠颺他去者，如楊妙兒條所稱『萊兒以敏妙誘引賓客，倍於諸妓。榷利甚厚，而假母楊氏未嘗優恤萊兒。因大詬假母。拂衣而去。後假母嘗泣訴於他賓』。卽係說明名妓萊兒因不滿假母，拂袖而去。假母楊妙兒，無可奈何，泣訴於其他賓客者，則無史料稽考。此亦闡明假母爲博取遊客同情支援之手法也，萊兒是否係遊客以錢贖身，拯救跳出火坑。按楊妙兒家妓女，除萊兒外尚有永兒、柱兒、迎兒三妓，均不及萊兒才智，萊兒出走以後，妓館營業實受嚴重影響。

二、妓　女

張住住條所載『俄而復値北曲王團兒，假女小福爲鄭九郎主之』。此係說明樂妓亦有稱爲假女者，按妓館樂妓，有相互結拜姊妹，各自排列長幼之序或優劣之順，此與教坊相同。教坊內樂妓，分爲「內人」、「宮人」「搊彈家」及「雜婦人」四種。優秀樂妓，賦予都知或席糾地位。惟唐宋教坊，都知乃樂官稱謂，妓館却無此種組織制度。故妓館之所謂「都知」，諒係樂妓之排列順序之稱呼也。

(1)**樂妓人數**：關於北里內妓館之總數，以及各妓館內之樂妓人數，史料內並無明確記載。根據北里志海論三曲所載『皆冒假母姓。呼以女弟女兄。爲之行第，率不在三旬之內。』判斷，每妓館之樂妓，皆係使用假母之姓(註三二)，至於「率不在三旬之內」一語，如指樂妓人數超過三十以上，此與實情不合，而無可能。諒係解釋爲樂妓相互法拜，其長幼序列編排觀察時間常需三十天以上。按楊妙兒家之樂妓順序排列(註三三)，係兼顧年齡大小與才能優劣而決定者，故樂妓順序編排時，樂妓本身才能亦係主要條件而不得不作長時間之觀察也。至於各館樂妓人數，最多祗有十多人，但此亦僅爲推測之詞，實情如何，缺乏史料，無從證實。

(2)**序列**：關於樂妓長幼序列編列情形，詳如上述。按樂妓均係使用假母姓字，成爲假母養女(註三四)。每一妓館內之假母與養女，形如家族。樂妓間亦互以兄弟稱呼（諸妓間互稱女兄、女弟而不稱姐妹，此與教坊內意氣相投樂妓，相互結拜「香火兄弟」而不稱姐妹情形相同，此或爲花界之特殊現象）此種結拜之舉，固爲少女長期共處之自然情感表現，但亦爲在假母冷酷暴虐下，相互援助之環境下之結合體(註三五)。

(3)**都知與席糾**：妓館中姿色及才藝優秀者，賦予「都知」與「席糾」名稱。按都知原係唐宋教坊內樂官稱呼，此或爲妓館內對優秀樂妓稱爲「都知」之由來。北里志所載類如資料，如『曲內妓之頭角者，爲都知。分管諸妓，俾追召勻齊。舉舉絳眞皆都知也』『鄭舉舉居曲中，亦善令章。嘗與絳眞，互爲席糾』。『天水僊哥，字降眞，住於南曲中，善談謔。能歌令，常爲席糾』。此係說明樂妓中具有優秀文學、音樂及談謔才能與特殊才智，能操縱酒令行樂者，才充任席糾。

關於都知職掌，根據上文所述，係將全曲樂妓，區分數羣，每羣各設都知，負責管理，及宴客時，分配樂妓席次之責（註三六）。「都知」在假母掌握下，擔任上述職務，諒受假母信賴。至於都知人數，史料內並無具體記載，惟其推定方法有二（註三七）。其一，北里乃係各獨立營業妓館之集合之所，並無教坊設置樂官，統率羣妓，直屬宮廷之制度；北里都知，形同樂官，將里內樂妓，區分數羣，每羣設都知一人，負責統率。其二，各妓館均係假母掌握營業實權，都知如持有調度樂妓席次等權力，兩者間可能發生摩擦與衝突。

根據上述兩項推定因素，考量北里妓館實情第一項，如將北里三區妓女，區分數羣，設置都知，統一管理，則都知實權，將超過妓館假母，似不可能。故判定以第二項因素可能性較大。亦即都知權力僅限於妓館內部，妓館人數少者設都知一人，人數多者設都知若干人，而都知必爲假母所喜愛與信賴者。

席糾亦稱酒糾，簡稱糾（註三八），亦稱錄事（註三九），擔任酒席指揮責任。亦有男性充任，尤以殿試發表後，新科狀元與同寅舉行慶祝宴會時，常指定同寅中某人，代替樂妓執行錄事職務（註四〇）。如北里志鄭擧擧條所載『今左史鄭郊文崇及第年，亦惑於擧擧。同年宴而擧擧有疾不來。其年酒糾多非擧擧。遂令同年李深之邀爲酒糾。坐久，覺狀元微哂。良久，乃吟一篇，曰：

南行忽見李深之，手舞如蜚令不疑；

任爾風流兼蘊藉，天生不似鄭都知。

按文中所稱鄭文崇，係當時新科及第狀元，迷惑鄭舉舉，於同寅舉辦慶祝宴會時，舉舉因病不能出席，由同年及第李深之擔任酒糾，李雖竭盡能事，惟鄭文崇仍認為不如舉舉才氣縱橫故吟曰：「天生不如鄭都知」。

北里志所載有關酒糾記述，如『鄭舉舉亦善令章。嘗與絳眞互爲席糾。而充博非貌者，但負流品，巧談諧，亦爲朝士所眷』。『絳眞善談謔，能歌令，常爲酒糾，寬猛得所。其姿容亦常常，但蘊藉不惡。時賢雅尙之，因鼓其聲價耳』。此係說明舉舉與絳眞並非姿容拔羣，而因善於談謔風趣，擅長文學音樂，而成爲名妓者。故酒糾係依其風趣談吐及酒令時應對進退能才，而促進宴會時與宴人士情趣者。此外兪洛眞條所載『有風貌，且辯慧。……洛眞雖有風情，而淫冶任酒，殊無雅裁。亦時爲席糾。頗善章程』。說明兪洛眞既有風姿辯慧且善章程，惟因有酒癖，缺乏雅裁之量，故僅偶而擔任酒糾，而不及絳眞之經常擔任酒糾職務也。

三、樂　工

樂工爲北里構成份子之一，根據海論三曲所載『亦有樂工，聚居其側，或呼召之，立至』。樂工係單獨集團，居於三曲之內，客召之卽來席助興，樂工除隨席助興外，亦教授樂妓歌令，相當於花界中之琴師、師父、上先生、烏師等稱呼(註四二)。此外，樂工亦有私通樂妓者，如北里志所載有關顏令賓死時情景『(前略)及卒將瘞之日，得書數篇。其母拆視之，皆哀挽詞也。母怒擲之於街中，曰此豈救我朝夕也。其鄰有喜羌竹、劉駞駞，聰爽，能爲曲子詞。或云嘗私於令賓。因取哀詞數篇，教挽柩前，同唱之，聲甚悲愴。是日瘞於青門外。或有措大逢之。他日召駞駞使唱。駞駞尙記其四章。……自是盛傳於長安，挽者多唱之。或詢駞駞曰宋玉在西，莫是儞否。駞駞哂曰大有宋玉在。諸子皆知私於樂工及鄰里之人。極以爲恥，遞相掩覆。』此文係說明南曲妓女顏令賓私通樂工劉駞駞。此種情形，教坊亦有，係教坊與妓館具有共通性格之良好實例。

第三項　樂妓之身份

北里樂妓，屬於娼妓階級，與賤民階級之奴隸不同，身份上較奴婢自由，僅係賣身喪失本籍，成爲鴇母養女。故有恐懼鴇母酷待而私奔，亦有下嫁官吏富豪者。後者教坊樂妓亦有此種情形，惟教坊樂妓，深居宮廷，生活上當不及北里樂妓自由。茲就樂妓出身、移動與生活情形等分述於次：

一、出　身

妓館樂妓之出身，與官賤民之樂工及宮廷教坊之樂妓不同，並非依法沒收戶籍落入妓籍者，多因家貧賣身，或被歹徒誘拐販賣淪落爲妓。如北里志所載『諸女自幼丐有。或傭其下里貧家。』及『常有不調之徒，潛爲漁獵，亦有良家子爲其家聘之，以轉求厚賂。誤陷其中，無以自脫』（註四二）。前者係說明家貧賣身，後者則爲誘拐良家婦女淪落爲妓之實例也。

一旦落籍妓館，淪爲樂妓，則無法脫離苦海，王團兒家之福娘，卽係良好實例。根據北里志所載

『嘗語予。本解梁人也。家與一樂工鄰。少小常依其家，學針線、誦歌詩。總角爲人所誤。聘一過客。云「入京赴調選」。及挈至京，置之於是。客紿而去，初是家以親情接待甚至，累月後，乃逼令學歌令。漸遣見賓客。尋爲計巡遼所嬖。韋宙相國子。及衛增常侍子所娶。輸此家不啻千金矣。問者亦有兄弟相尋。便欲論奪。某量其兄才輕勢弱，不可奪，無奈何。謂之曰：「某已失身矣，必控徒爲囚尤」。其家得數百元與兄。乃慟哭，永訣而去。每遇賓客話及此，嗚咽久之』。文中係說明福娘，山西解縣人，原係良家女子，被誘上京，賣身北里，落籍王團兒家，初受寵。宰相韋宙之子韋遼(註四三)，繼承常侍衛增之子，以千金贖身過娶，乃兄來訪，欲圖營救，惟因難於脫離苦海，慟哭而去也。

如上所述，妓館樂妓，多係良家子弟，此與教坊樂妓之賤民身份，或罪犯以及叛將妻女受罰落籍教坊之情形不同。關於樂妓賣買手續，根據舊唐書卷一八八所載『羅讓……甚者仁惠。有以女妓遺讓者。讓問其所因。曰：『本是某等家人，兄姊九人皆爲官所賣。其留唯老母耳』。讓慘然焚其卷書，以女妓歸其母』。是則樂妓賣買，均有賣買證書或契約爲憑證者。

二、下　場

妓館樂妓之未來出處，大致有二。其一，成爲假母，惟此爲數甚少，僅佔數分乃至數十分之一；其二，落籍成爲家妓，此類人數甚多，此外，樂妓由公開開放而成爲個人所有者，其方式亦有兩種，第一，爲贖身從良，遠離北里，爲人妻妾者。如北里志所載『楚兒字潤娘……近以退暮，爲萬年捕賊官郭鍛所納，置於他所』。『萊兒亂離前，有闤闠豪家，以金帛聘之，置於他所』。『俞洛眞……頃曾曲中，值故左揆于公貴主，許納別室』。文中之潤娘、萊兒、俞洛眞三妓，均係從良脫離北里者。第二，爲被人包銀專寵獨佔，惟仍位於北里三曲中。如北里志中所載『其夏予東之洛，或醵飲於家。酒酣數相囑曰，此歡不知可繼否。因泣下。洎冬初還京。果爲豪者主之。不復可見（王團兒家之福娘）』。說明北里志作者孫棨，於冬初還京洛陽時，福娘已落入豪者之手，翌年春，孫棨遊曲江，復遇福娘隨其寵主鄰席酒宴。翌月赴北里，所謂『及下棚復見女傭曰，來日可到曲中否。詰且詣其里，見能之在門。因邀下馬，予辭以他事，立乘與語。能之團紅巾，擲予曰：「宜之詩也。云云』。由此可見福娘仍住前曲假母處，惟已爲人獨佔，不復接客而已。其次爲福娘女弟小福『俄而復值北曲王團兒。假女小福爲鄭九郎主之。而私於曲中盛六子者，及誕一子。榮陽撫之甚厚』。按小福雖爲鄭九郎獨佔寵用，惟仍與曲中情夫盛六子私通，是則證明小福仍住在曲中妓館也。

此外樂妓如俞洛眞者，從良下嫁官吏于琮（註四四），嗣因于琮金盡，生活沒落，洛眞不堪勞苦，仍返北里，重操舊業此種情形甚多。

樂妓中亦有憑自己意志，從甲妓館跳槽乙妓館者，如楊妙兒家長妓萊兒，雖以其聰敏悟性，引誘賓客，使假母獲得重利，然假母楊妙兒仍虐待萊兒，萊兒憤而離開跳槽，爲一實例。

關於妓館與教坊關係，就北里志作者孫棨與王團兒次妓福娘所載於北里志者『宜之（福娘）每宴洽之際，常慘然悲鬱。如不勝任。合坐爲之改容。久而不已。靜詢以答。曰「此蹤跡安可迷而不返耶。又何計以返。每思之不能不悲也」。遂嗚咽久之。他日忽以紅箋授予，泣且拜。視之。詩曰：

日月悲傷未有圖，懶將心事話凡夫；

非同覆水應收得，只問仙郎有意無。

余因謝之曰「甚知幽旨，但非舉子所宜。何如」。又泣曰「某幸未係教坊籍。君子倘有意，一二百金之費爾」。未及答。因授予箋。請和其詩。予題其箋後曰：

韶妙爲何有遠圖，未能相爲信非夫；

泥中蓮子雖無染，移入家園未得無。

覽之，因泣不復言。自是情意頓薄。……（王團兒條文）』。從文中「某幸未係教坊籍」一語，似係說明福娘因未編入教坊籍而慶喜之意，此則證明教坊樂妓，不僅要受更多拘束，且係終身之職，其在各方面之條件，實不如妓館之樂妓也。

三、生活情形

北里樂妓幽居妓館，在假母監督下，其日常生活頗受拘束。根據海論三曲事所載『諸妓以出里艱難。每南街保唐寺有講席。多於月之八日相牽率聽焉。皆納其假母一緡，然後能出於里。其於他處必因人而游。或約人與同行，則爲下婢納資於假母。故保唐寺每三八日，士子極多。蓋有期於諸妓也』上似係禁止單獨外出，其准許定期外出者，每月初八、十八、廿八三天保唐寺尼姑說教之日，保唐寺。樂妓原則位於平康坊之南街，鄰近北里，爲長安中著名之說教寺院。如宋朝錢易之南部新書所載『長安戲場多集于慈恩。小者在青龍。其次薦福、永壽。尼講盛于保唐。名德聚之』。惟樂妓外出時，例需向其鴇母納錢一緡。屆時文人騷士赴保唐寺者亦衆，故樂妓之外出赴保唐寺，不僅可以聽講，亦可藉機與所愛男客相會也。

樂妓除上述定期外出外，如應其他樂妓或賓客之邀，亦可外出。惟外出時，可能與赴保唐寺相同，必須向鴇母納錢者(註四五)。此種應邀外出均係遊玩曲江。按曲江不論四季，皆係長安都民遊樂之地，如北里志所載『亂離之春，忽於慈恩寺前，見曲中諸妓同赴曲江宴，至寺側下車而行。年齒甚妙稈，有容色。時遊者甚衆。爭往詰之。以居非其所，久乃低眉，及細詢之，云……。』(劉泰娘條文)，與張住住條文『住住云「上巳日，家人俱踏青去，我當以疾辭，可自爲計」，佛奴因求其鄰宋嫗爲之也，嫗許之，是日舉家踏青去。而嫗與住住獨留，住住乃鏁其門，伺於東墻，聞佛奴語聲，遂梯而過，佛奴盛備酒饌，亦延宋嫗，因爲幔寢所，以遂生平』。前者係說明諸妓同去曲江參加宴會情形，後者則證明踏青之日，樂妓們必須隨同鴇母，全家外出曲江(註四六)。按張住住雖被富豪陳小鳳包銀獨佔，利用踏青全家外出機會，裝病留家與其幼年之交男友龐佛奴私會，是則踏青日樂妓似被強制外出也。(註四七)

第四項　經　營

樂妓之隨客外出，隨時均可，因此係商業行爲。惟平時不能外出，縱然外出，亦與北里其他樂妓同時外出，故其在鴇母監視下，生活極受拘束，誠若諺語中之「樊籠之鳥」。

唐代妓館設施，採用家庭形式，樂妓接受包銀後，除包主外，不能接客，花客若非登堂入室，亦不能和樂妓私相晤面。北里志作者孫棨與其舊識王福娘，自福娘被人包銀後，無法前往妓館往訪，曲水之宴，亦僅賴女婢之手得通款曲，翌日親赴妓館，亦祇能在門前，從福娘女婢小福處，受取福娘書寫有詩之紅巾。故唐代妓館之經營，相當秘密，鴇母為其本身利益，強制樂妓與花客隔離，而樂妓之接受包銀制度，卽係代表一例。

迨至宋朝，隨着都市生活民衆化，妓館經營逐漸開放，演變成為公開營業之性質。當時樂妓落籍及接受包銀之制度，似仍繼續存在，然此亦純係商業行為所需要者。

北里為私營妓館，其經營方式，概可分為供應酒肴，與出賣樂妓容色與才藝兩種。按北里妓館，雖供應酒肴，而係以樂妓之容色與才藝為中心之遊樂之地也。當時東西兩市均集中設有酒樓、食店，而北里遠離此歡樂街，當亦因其妓館經營方式不同所致也。北宋時期，妓館、酒樓、食店，三者完全分離，傳至南宋，妓館名稱消失，而分別與酒樓或食店融合。此亦卽妓館、酒樓、食店三者，唐朝時尚無分化意識，北宋時完全分化，傳至南宋又開始融合。

妓館經營，其在經濟方面資料，根據北里志所載片斷史料，所列舉之妓館遊興費與鴇母收入等數字，實趣味無窮（宋代妓館，史料雖屬豐富，但對經濟方面則無具體記述）。

一、遊興費

北里志鄭舉舉條文所載『曲中常價，一席四鐶，見燭卽倍，新郎君更倍其數。故云復分錢也』。

此爲北里遊興費之標準數字。文中之一席，係指於妓館中設宴酒肴一桌及樂妓在內者而言。若赴曲江等地淸遊，似需另加小費。至於一席隨侍樂妓人數，雖無明文規定，或係指妓館內所有之三數人而已，若與海論三曲中事條文所載之『每飲率以三鍰，繼燭卽倍之。』一語對照，兩者有相似之處，後者將一席改稱每飲，四鐶改爲三鍰，而無「新郎君更倍其數」一語。

根據加藤博士之硏究(註四八)，「鐶」亦稱「鍰」或「鋝」。爲先秦時期所常用之重量單位，相當於「十一銖二十五分之十三」與「六兩三分之二」。前者適用於金，後者適用於銀。根據古義，六兩用作一鍰。唐宋時亦有稱「百文一鍰」(註四九)。惟唐末銀一兩相當四〇〇文，故兩者數字相差甚巨，若以一鍰一兩計算，稍較折中三者所得比數如次：

一鍰百文說，(晝間)	四〇〇文，(夜)	八〇〇文，(新郎君夜宴)(註五〇)	一、六〇〇文
一鍰銀六兩說 (晝間)	九、六〇〇文，(夜)	一九、二〇〇文 (新郎君夜宴)	三八、四〇〇文
一鍰銀一兩說 (晝間)	一、六〇〇文，(夜)	三、二〇〇文 (新郎君夜宴)	六、四〇〇文

鍰恐非兩(註五一)。此外根據五代王保定之唐摭言(學津討伐本)所載「大凡謝後便往期集院。院內供帳宴饌卑於輦轂。其日狀元與同年相見。……妓放榜後，大科頭兩人(第一部)常詰旦一至期集院。常宴則小科頭主張，大宴則大科頭。縱無宴席，科頭亦逐日請給茶錢(平時不以數，後每人日五百文)。第一部樂官科地每日一千，第二部五百。見燭皆倍。科頭皆重分」(註五二)。卽殿試發榜後，狀元等及第人員均聚集南院大張宴席召樂妓陪席(註五三)。而此種宴會分爲常宴、大宴二種，大宴時樂

妓中有二名大科頭（第一部），常宴則僅有小科頭一人(註五四)。第一部之科地（科頭指揮下之一般樂妓）每日一千文，第二部之科地，日得報酬僅五百文，夜宴加倍。科頭又倍於科地(註五五)。當日若無宴會，科頭亦需日付樂妓茶錢五百文(註五六)，其給與概數如次：

第一部	科頭	（晝間）二、〇〇〇文	（夜宴）四、〇〇〇文
	科地	（晝間）一、〇〇〇文	（夜宴）二、〇〇〇文
第二部	科頭	（晝間）一、〇〇〇文	（夜宴）二、〇〇〇文
	科地	（晝間）五〇〇文	（夜宴）一、〇〇〇文
茶錢	（祝儀）	每人日付　五〇〇文	

上述樂妓費用若與北里志之「一席四緩」比較，必須注意南院爲官廳公宴，故並非一席費用，而係樂妓每人所得，參加公宴者爲「官使」(註五七)，故所費較貴。茲將宮使樂妓報酬，與「一席四鍰」相較如次：

㈠一鍰百文推算，每席爲四百文。則一席之費，尙不及樂妓一人茶錢，其額似屬過低。
㈡一鍰一兩推算，每席需一千六百文。與樂妓每人五百文——二千文報酬相較，亦屬過少。
㈢一鍰六兩推算，每席需九千六百文。與樂妓費用相較，尙屬相符。

根據以上考證，每席四鍰，一鍰以銀六兩（正確說爲六兩三分之二）推算，新郎夜宴費用，則需三十八緡四百文，此費與其他各種享樂費用比較，並不稱貴也。

二、雜　費

王團兒條文『爲豪者主之，不復可見』。註解所載『曲中諸子多富豪輩。日輸一緡於母。謂之買斷。但未免官使，不復祗接於客』。按曲中遊客，多係富豪舉子一語，此在北里志中，如王福娘部份之「豪者張氏」，楊萊兒部份之「豪家」，張住住部份之所謂「平康富家陳小鳳」，均係實證。該等富豪，每日贈送鴇母一緡，藉以博取歡心。據此，樂妓雖無法免於官使，但亦可禁止其再行接客也。此種行爲稱爲「買斷」(註五八)。

文中之一緡，與普通夜宴費用約二十緡相比，爲數甚少，若每日一緡卽可買斷，則每月僅需三十緡卽可買斷，此款僅相當於一席夜宴費用，似過於便宜。故文中之所謂一緡，諒非「買斷」價格，而係豪者贈送鴇母之一種祝儀。考之張住住條文所載『俄而里之南有陳小鳳者，欲權聘住住。蓋取其元，已納薄幣。約其歲三月五日……。既而小鳳以爲獲元甚喜。又獻三緡于張氏。遂往來不絕。復貪住之明慧，因欲嘉禮納之』。按富豪陳小鳳，欲聘張住住落籍，首先預付薄幣，約定落籍日期，付淸落籍費用，並以每日三緡贈送張母，以保持與張住住接觸，直至以嘉禮迎接張住住來家落籍。據此，則文中之所謂三緡，亦係祝儀而非買斷費用也。

前項費用，若不稱其爲「祝儀」，則可視作爲樂妓繳納鴇母之一種稅金，上述樂妓參拜保唐寺每月三次(八日、十八、廿八日)每次繳納鴇母一緡，則每一樂妓每月繳納鴇母三緡，此就每次夜宴費二十緡言，亦非大金，何況樂妓除夜宴費外，尙有客人贈送之各種金品，每月三緡，實非太大負擔，惟該項緡金，對樂妓言則係精神拘束之一種方法也。

上述買斷費用每日一緡、張住住祝儀三緡、樂妓參拜保唐寺每次納金一緡、與上述官使茶錢五百文等，大致係指當時樂妓社會中之祝儀費用之一般標準。

其次爲參考起見，就當時物價比較之。按唐朝物價，波動甚大，唐初甚低，安史亂後暴漲。德宗時代下跌。唐末期間大體安定。就米價言，貞觀期間每斗（相當日本四升）僅需四—五文。安史亂後漲至每斗千文。宣宗、懿宗時降至每斗四十文前後(註五九)。按北里志時期，爲一升十文，則一緡可購買米一石，够供半年食用，故一緡當亦非小款也。

三、落籍費用

孫棨於請王福娘落籍時，曾引稱『某幸未敎坊籍，君子倘有意。一二百金之費爾』。文中之一、二百金，根據加藤博士「金銀之研究」第四〇頁內解釋爲金一—二百兩之意。唐末金價爲每兩五—七千文，若以每兩五千文計算，則金一—二百兩，相當於五百緡—一千緡實係巨款。是則所謂買斷費每日一緡等實微不足道，但是落籍費用一、二百金，亦非誇張之數。按孫棨之見聞記內所載數字，多係事實。此外參證解梁（今之山西省解縣）某氏誘拐福娘進入妓館條文所稱『漸遣見賓客，尋爲計巡遼所嬖。韋宙相國子及衞增常侍子所娶。輸此家不啻千金矣』。此即說明福娘進入妓館後侍隨客席時，爲「計巡遼」所嬖。接着又爲韋宙相國之子及常侍衞增之子所娶（按「娶」係指落籍爲家妓或家妾之意），其鴇母之收入，前後達千金也。是則所謂落籍費用一、二百金，當非誇張數字。此外，上述讀文中所載『間者亦有兄弟相尋。便欲論奪。某量其兄力輕勢弱，不可奪，無奈何。謂之曰「某已失身矣。心恐徒爲囚尤」。其家得數百金與兄。乃慟哭永訣而去。每遇賓客話及此，嗚咽久之』。闡述福娘有兄弟前來妓館與鴇母交涉，欲將福娘領回，福娘衡量其兄能力不逮，遂商諸鴇母付給乃兄數百金，使其斷絕念望而歸，是則數百金亦可證之爲當時樂妓移籍之費用標準也。此外，俞洛眞於落籍左丞相于琮之家，因不慣于琮妻妾虐待，月餘後訴之于琮，所謂『主卽出之，亦獲數百金，遂嫁一胥吏』。卽俞女獲得數百金，離開于琮，是則其離開時，尙可獲得金數百，判斷其落籍遺用，當不致少於此數也。

如上所述，落籍費用金一、二百兩，尙係當時一般標準也。

天水僊哥（別字絳眞）爲南曲名妓。常在宴席擔任席糾或都知，宰相劉鄴之子劉覃慕名招之，劉覃惡友結納絳眞，欺詐劉覃數百金。其詳細情形，如天水僊哥條文所載『劉覃登第，年十六、七，永寧相國鄴之愛子。自廣陵入舉。輜重數十車，名馬數十駟。時同年鄭賓先輩扇之。極嗜於長安中。天水之齒甚長於覃。但聞衆譽天水。亦不知其妍醜。所由輩潛與天水計議。每令辭以他事，重難其來。覃則連增所購。終無難色。會他日，天水實有所苦。不赴召。覃殊不知信，增緡不已。所由輩又利其所乞，且不忠告而終不至。時有戶部府吏李全者（戶部煉子也）居其里中，能制諸妓。覃聞，立使召之。授以金花銀榼可二斤許。全貪其重賂，徑入曲追天水入兜輿中，相與至宴所。至則蓬頭垢面，涕泗交下。褰簾一覩，亟使舁回，而所貪已百餘金矣。』按劉覃係宰相劉鄴愛子，從廣陵（今之江蘇江都）上京，驅名馬數十匹，隨帶輜重行李數十車，抵京後吃喝玩樂，揮霍無度。惡友鄭賓窺其財，勾結天水僊哥（絳眞）。劉賈亦慕絳眞盛名，屢召不至，雖購贈東西、財帛亦無成功。遂送北里聞人李令金花銀榼二斤，使約邀絳眞。鄭賓又勾通絳眞，使其蓬頭垢面，僞裝醜陋不堪。劉賈於其下輿時，一見醜態囑其卽返，而其被欺詐損失費用亦達金百餘兩。文中之所謂金花銀榼「二斤」，係重量單位，每斤爲十六兩。王團兒條文中有妓女福娘之詩詞。

苦把文章邀勸人，　吟看好箇語言新；
雖然不及相如賦，　也値黃金一二斤。

文中之黃金一二斤與金花銀榼，同係重量單位。故劉賈贈送李仝之款，爲數甚多，堪可稱爲重賂。欺詐之款卽達百餘金，是則落籍黃金一、二百餘兩，折合五百緡－一千緡，與夜宴費二十緡，買斷費每日一緡比較，固爲巨款。但參證上述說明，當屬可能也。

關於北里私營妓館之營業狀態，要言之大致如次：

(1)鴇母之收入：鴇母收入除了樂妓參拜保唐寺之捐獻，及買斷祝儀等零星收入外，另有爲數龐大之每日宴席費用及樂妓落籍費用。此等爲數甚大之收入均係鴇母個人所得。

(2)營業對象：與地方官吏獨佔之官妓不同。北里妓館，對於官吏或商人，均公開營業，按官妓係由地方官吏有優先落籍等移動權，而北里樂妓，則不論官吏或商人，必須繳付重金才能使樂妓落籍爲家妓或家妾也。

(3)官使樂妓，不論其爲私營、公開，係以服從官吏命令爲優先；而北里樂妓則無此種限制，故證明其爲私營也。

(4)「都知」具有侵犯鴇母監督權之性格，如都知管轄數個妓館，則成爲北里私營說之障礙。但北里中，實際上都知權限僅及於一個妓館內，故不至於侵犯鴇母監督權之障礙(註六〇)。

以上論說，益可證明由於鴇母存在而爲一種私營妓館性格也。

第三節　北里之性格與活動

第一項　樂妓之性格與活動

一、樂妓之性格

北里中記述有關樂妓性格才能者大致如次：

(1)天水僊哥：善談謔，能哥令，常爲席糾。寬猛得所。其姿容亦常常。但蘊藉不惡。時賢雅尚之。因鼓其聲價耳。

(2)楚　兒：素爲三曲之尤，而辯慧，往往有詩句可稱。

(3)鄭舉舉：亦善令章。嘗與絳眞互爲席糾。而充博非貌者，但負流品，巧談諧。亦爲諸士所眷。常有名賢醵宴辟數妓，舉舉者預焉。

(4)牙　娘：亦流輩翹舉者，性輕率，惟以傷人肌膚爲事。
(5)顏令賓：舉止風流，好尙甚雅，亦爲時賢所厚。事筆硯有詞句。
(6)楊萊兒：貌不甚揚，齒不卑矣。但利口巧言，談諧臻妙，陳設居止處，如好事士流之家，由是見者多惑之。……又善令章。
(7)楊永兒：婉約於萊兒，無他能。
(8)楊迎兒：旣乏丰姿，又拙戲謔，多勁詞以忤賓客。
(9)楊桂兒：最少，亦窘於貌，但慕萊兒之爲人，雅於逢迎。
(10)王少潤：少時頗藉藉者。
(11)王福娘：甚明白，豐約合度，談論風雅，具有體裁。
(12)王小福：雖乏風姿，亦甚慧黠（與二福環坐淸談雅諧，尤見風態）。
(13)兪洛眞：有風貌，且辯慧。……雖有風情而淫冶任酒，殊無雅裁。亦時爲席糾，頗善章程。
(14)王蘇蘇：女昆仲數人，亦頗善諧謔。
(15)王蓮蓮：微有風貌。
(16)劉泰娘：彼曲素無高遠者。……年齒甚妙，粗有容色。
(17)張住住：少而慧敏，能辯音律。

如上所述，名妓必須具備有「風姿」與「才氣」兩種性格。上例名妓中，風姿雖然平常，但才氣縱橫者如天水僊哥（絳眞）、鄭舉舉、楊萊兒、王小福等常爲席糾(註六一)，或爲都知(註六二)。尤以「絳眞」與「舉舉」，更兼任席糾、都知。至於「俞洛眞」雖風姿卓越，才華煥發，但因酒後常有惡癖，故缺乏雅裁，故偶而擔任席糾；其在妓館內之地位，尚不及絳眞也。

樂妓之才智，係指其對歌令、章令、章程、詞句等詩文之製作與歌唱技能而言。例如絳眞、舉舉、萊兒、洛眞之擅於章令。今賓、楚兒擅長詩句。其次談謔、談諧、諧謔之風趣亦很重要。至於樂妓之容貌，固亦重要，但北里遊客，如北里志作者孫棨，均係雅屬之士，並非單純遊蕩兒，對樂妓容貌關心程度或尚不及才智。如「絳眞」與「舉舉」才智煥發，常被擔任席糾、都知，故尊敬「才藝慧智」實爲北里特徵也。

二、樂妓之活動

樂妓之性格，當然亦反映於其日常活動，例如鄭舉舉條文所載『今左諫王致君調，右貂鄭禮臣轂、夕拜孫文府儲、小天趙爲山崇皆在席。時禮臣初入內庭，矜誇不已。致君以下倦不能對。甚減歡情。舉舉知之，乃下籌指禮臣曰：「學士語太多。翰林學士雖甚貴甚美，亦在人耳。至如李隲、劉允、承雍章亦嘗爲之。又豈能增其聲價耶。」致君以下皆躍起拜之。喜不自勝。致君禮臣，因引滿自飲更不復有言。於是極歡。至暮而罷。致君以下各取彩繒遺酬。』此係敘述有官史數人在舉舉家會宴，有鄭禮臣者初任翰林學士，席間自讚不絕，引起其他人員不歡。舉舉有鑑及此，詢問鄭禮臣「以翰林學士固爲重要職位，但李隲、劉允、承雍章亦曾任翰林學士，難道亦可增加其身價嗎？」，致使「鄭」無言可對，引起在席諸官酒興，乾杯銘飲。並贈舉舉彩繪以表謝意，舉舉才氣煥發，由此可見一斑。

其次，楊萊兒條文中記載有『進士天水（光遠）故山北之子，年甚富，與萊兒殊想，而一見溺之，終不能捨。萊兒亦以光遠聰悟俊少，尤諂附之。又以俱善令章。愈相知愛。天水未應舉時，已相昵狎矣。及應舉，自以俊才，期於一戰而取。萊兒亦謂之萬全，是歲冬，大誇於賓客，指光遠爲一鳴先輩。及光遠下第，京師小子弟自南院徑取道詣，萊兒以快之。萊兒正盛飾立於門前，以俟榜。小子弟輩馬上念詩以謔曰：

盡道萊兒口可憑，　一冬誇壻好聲名；
適來安遠門前見，　光遠何曾解一鳴。

萊兒尚未信。應聲嘲答曰：

黃口小兒口沒憑，　逡巡看取第三名；
孝廉持水添瓶子，　莫向街頭亂椀鳴。

其敏捷皆此類也』。

以上係敘說進士光遠於應舉前與楊萊兒相愛，及至應舉，自誇俊才，期一戰成名，萊兒亦認爲然，並在宴席間誇獎光遠。及光遠返回自宅，長安小弟子輩趕來南院（註六三），齊集於萊兒處。萊兒盛粧站立門首，靜候發榜消息，小弟子輩，以詩嘲謔萊兒，能否一舉成名殊有問題，萊兒亦招口誦詩，駁斥小子弟輩所言爲雌口信簧之說，其才氣及急智可見一斑。此外楊萊兒條文中讚稱『是春萊兒毷氉，久不痊於光遠，（京都以宴下第者謂之打毷氉，）光遠長以長句詩題萊兒室曰：

魚鑰獸環斜掩門，萋萋芳草憶王孫，
醉憑青瑣窺韓壽，困擲金梭惱謝鯤，
不夜珠光連玉匣，辟寒釵影落瑤樽，
欲知明惠多情態，鎖盡江淹別後魂。

萊兒酬之曰：

長者車塵每到門，長卿非慕卓王孫，
定知羽翼難隨鳳，却喜波濤未化鯤，
嬌別翠鈿粘去袂，醉歌金雀碎殘樽，
多情多病年應促，早辦名香爲返魂。

此外，關於楚兒才華性格，如楚兒條文所載『（前略）鄭光業（昌國）時爲補袞。道與之遇，楚兒遂出簾招之。光業亦使人傳語。鍛知之，因曳至中衢，擊以馬箠，其聲甚冤楚。觀者如堵，光業遙視之甚驚悔。且慮其不任矣。光業明日特取路過其居。偵之。則楚兒已在臨街窗下弄琵琶矣。駐馬使人傳語。已持彩箋送光業。詩曰：

應是前生有宿冤，不期今世惡姻緣，
蛾眉欲碎巨靈掌，鷄助難勝子路拳，

祇擬嚇人傳鐵券，　未應教我踏金蓮，
曲江昨日君相遇，　當下遭他數十鞭。

光業馬上取筆答之曰：

大開眼界莫言冤，　畢生甘他也是緣，
無計不煩乾偃蹇，　有門須是疾連夯，
據論當道加嚴箠，　便合披緇念法蓮，
如此興情殊不減，　始知昨日是蒲鞭。

前文中之「鍛」，係指楚兒落籍主人郭鍛，爲人凶惡。楚兒在街上偶遇舊識鄭光業，引簾招呼，郭鍛知之甚怒，拉至街上以鞭芬策，光業窺狀甚驚。獲楚兒詩贈，略以孱弱之軀（蛾眉鶏助之意）不堪凶責，嘆以宿緣，光業亦以詩答復安慰。

此外，顏令賓條文所載『見舉人盡禮祗奉，多乞歌詩，以爲留贈，五彩箋常滿箱篋』，敘說善於詩文之顏令賓，箱內常放滿五彩詩箋，遇及賓客有舉人時，必出詩箋允詩。

孫棨在北里志中，敘述其與王福娘交往情形，其在王團兒條文記有『予（係孫棨自稱）嘗贈宜之（福娘）詩曰：

彩翠僊衣紅玉膚，　輕盈年在破瓜初，
霞盃醉勸劉郎飲，　雲髻慵邀阿母梳，

不怕寒侵緣帶竇，　每憂風舉倩持裙，
漫圖西子晨粧樣，　西子元來未得知。
得詩甚多，頗以此詩為稱愜。持詩於窗左紅牆，請予題之。及題畢，以未滿壁，請更作一兩篇，且見戒無艷。予因題三絕句，如其自述。其一曰：
移壁回窗費幾朝，　指環偸解薄蘭椒，
無端鬬草輸鄰女，　更被拈將王步搖。
其二曰：
寒繡紅衣餇阿嬌，　新團香獸不禁燒，
東鄰起樣裙腰濶，　刺蹙黃金線幾條。
其三曰：
試共卿卿戲語𪗋，　畫堂連遣使兒呼，
寒肌不奈金如意，　百獺爲膏郎有無。
尙校數行未滿。翌日詣之，忽見自札後，宜之題詩曰：
苦把文章邀勸人，　吟看好箇語言新，
雖然不及相如賦，　也直黃金一二斤。
上文係敍述孫棨應福娘之請，在其室內新壁上題七言詩，後因牆壁尚有餘地再應要求，請題三首七言絕句詩，第二天往訪時，見福娘已在其該題之七言絕句詩後題詩讚謝。按福娘自認薄命，屢請孫棨協助落籍以脫離苦海(註六四)，爲孫棨所拒，終爲富商納爲家妾。兩者間之應酬常見之往返詩文，如該文中載『宜之（福娘）每宴洽之際，常慘然悲鬱，如不勝任。合坐則爲之改容，久而不已。靜詢之答曰「此蹤安可迷而不返耶。又何計以返。每思之不能不悲也。」遂嗚咽久之。他日忽以紅箋授予。泣且拜。視之。詩曰：

日日悲傷未有圖，　懶將心事話凡夫，
非同覆水應收得，　只問仙郎有意無。

余謝之曰，「甚知幽旨。但非舉子所宜。何如。」又泣曰「某幸未係教坊籍。君子倘有意，一二百金之費爾。」未及答。因授予筆，請和其詩。予題其箋後曰：

韶好如何有遠圖，　未能相爲信非夫，
泥中蓮子雖無染，　移入家園未得無。

覽之因泣不復言。自是情意頓薄……』

上述詩中，說明福娘悲痛苦運，求孫棨引救，因孫棨屢次拒絕，心灰意懶，於孫棨前往洛陽赴任之際，乃落籍富商家，惟兩人舊情難忘。翌春，曲江之宴，福娘見孫棨坐席主人之側，孫棨於第二天前往北里接請福娘眷恩詩文『至春上巳日，因與親知禊於曲水。聞鄰綳絲竹。因而視之。西座一紫衣，東座一縗麻，北座者徧揷麻衣，對米盂爲糾。其南二妓，乃宜之與母也。因於綳後候。其女傭以詢之曰「宣陽綵纈舖張，言爲街使郎官置宴。」張卽宜之所主也。時街使令坤爲敬瓌二緣，蓋在外艱耳。及下冊復見女傭曰「來日可到曲中否。」詰且詣其里。見能之（小福，卽福娘之女弟）在門。因邀下馬。予辭以他事。立乘與語。能之團紅巾擲予，曰「宜之詩也。」舒而題詩曰：

久賦恩情欲托身，　已將心事再三陳，
泥蓮既沒移栽分，　今日分離莫恨人。

予覽之，悵然馳回。且不復及其門。每念是人之慧性可喜也。』

根據上述情形，福娘對孫棨可稱一往情深，迨至曲江之宴，仍難忘前情，僅恨自己運命而已，孫棨見詩後悵然而去。

關於花客與樂妓間才氣縱橫，相互以詩應酬之例。如王蘇蘇條文所載『有進士李標者，自言李英公勣之後。久在大諫王致君門下。致君弟姪因與同詣焉。飲次，標題牕曰：

春暮花株繞戶飛，　王孫尋勝引塵衣，
洞中仙子多情態，　留住劉郎不放歸。

蘇蘇先未識。不甘其題。因謂之曰「阿誰留郎君。莫亂道。」遂取筆繼之曰：

怪得犬驚鷄亂飛，　羸童瘦馬老麻衣，
阿誰亂引閒人到，　留住青蚨熱趕歸。』

此外，有關北里樂妓詩作方面，北里志雖乏資料，但全唐詩第十一函第十冊內「平康名妓也」所註之「赴鸞鸞」之七言絕句，其典據及由來雖未見詳述，但爲難得之史料也。特錄於次：

『**雲鬟**

擾擾香雲鬟未乾，鴉領蟬翼膩光寒，
側邊斜插黃金鳳，妝罷夫君帶笑看。

柳眉

彎彎抑葉愁邊戲，湛湛菱花照處頻，
嫵媚不煩螺子黛，春山畫出自精神。

檀口

銜杯微動櫻桃顆，咳唾輕飄茉莉香，
曾見白家樊素口，瓠犀顆顆綴榴芳。

纖指

纖纖軟玉削春葱，長在香羅翠袖中，
昨日琵琶弦索上，分明滿甲染猩紅。

酥乳

粉香汗溼瑤琴軫，春逗酥融綿雨膏，
浴罷檀郎捫弄處，靈華涼沁紫葡萄。』

如上所述，妓館中之樂妓，不論其身份低卑，如其具有才藝，則常與第一流之智識份子如舉人等相接待，並在妓館中建立權威，倍受花客尊敬。如「絳眞」、「舉舉」，時爲「席糾」，或爲「都知」，經常侍隨諸名賢宴席；但該等名妓中亦有榨取敲詐花客者，如席糾「絳眞」曾勾結鄭賓，詐取新及第上京之鄭賓同寅劉覃，爲時人所歧視。關於「鄭賓」人誌，如其條文所註『鄭賓本吳人。或薦裴讚爲東床。因與名士相接。素無操守。粗有詞學。乾符四年，裴公致其捷，與覃同年。因詣事覃，以求維揚幕。不愼簾隅，猥褻財物。又薄其中饋。意爲時輩所棄斥。』由此可見具有相當才識，素爲賢雅所尊敬之席糾「絳眞」，亦發生勾結惡少，敲詐不懂世事之新進舉人「劉覃」者，證明樂妓本質，並非文人完全善良也。

關於樂妓惡性典型，當推「牙娘」。所謂牙娘「性輕率，惟以傷人肌膚爲事」。其有關記載，如『故硤州夏侯表中澤相國少子，及第甲科。皆流品知聞者，宴集尤盛。而表中性疎猛，不拘言語。或因醉戲之。爲牙娘批頰，傷其面頰甚。翌日期集於師門，同多竊視之。表中因厲聲曰「昨日子女牙娘抓破澤額。」同年皆駭然。裴公俛首而哂，不能舉者久之』。上文係闡述牙娘於醉後，拳擊宰相夏侯孜之子澤（字表中）(註六五)。夏侯澤因而負傷，翌日趨謁師門，同事竊視其頰傷，夏侯澤性情疏猛，厲聲大呼「昨日係被牙娘所擊傷」，聚聞之咸深驚駭，然樂妓本質，更尤超過牙娘者，如王蓮蓮一家條文中所載『諸妓皆攫金特甚。詣其門者，或酬酢稍不至，多被盡留車服賃衞而返』。此說明王蓮蓮與其門下諸樂妓貪圖財帛，如厭花客祝儀過少或不足時，則盡取其車馬服飾，此亦可見曲中鴇母及假父等惡劣本質也(註六六)。再參照絳眞勾結鄭賓敲詐劉覃之例，是則詐取花客，當爲妓館與樂妓之通性，唯以王蓮蓮家較爲露骨而已。此外惡性樂妓亦有謀殺花客者。如北里志附錄所跋『令狐博士滈，相君當權日，尙爲貢士，多住此曲。有昵熟之地，往訪之。一旦惣告以親戚聚會。乞輟一日，遂去之。滈於鄰舍密窺。見母與女共殺一醉人，而瘞之室後。來日復再詣之。宿中夜問女，女驚而扼其喉，急呼其母，將共斃之。母勸而止，及旦歸。告大京尹捕之，其家已失所在矣。（以博文事，不可不具載於明文耳）。』此說明「令狐滈」所住之熟悉妓館，某日，該妓館因事休業，遂移居鄰家（亦係妓館。）夜晚見樂妓、鴇母謀殺醉客，埋於室後，翌日往宿，夜詢樂妓，該妓驚扼其喉，令狐滈呼救，引來鴇母，樂妓擬與鴇母共同謀殺令狐滈，因鴇母反對作罷。翌日，令狐滈向京尹府告發，巡捕來捕時，該妓館業已他遷。關於妓館謀殺醉客，咸認爲主要係謀奪花客財物，多係鴇母主使樂妓爲之，觀令狐滈之例，其主要謀害動機，則係出自樂妓，故若完全歸罪鴇母亦屬不當。

關於「樂妓」性格，除上述情形外，亦有水性楊花，不安於室者(註六七)。如前述之「楚兒途遇舊識，引簾招呼，被主人，萬年縣捕賊官郭鍛笞鞭，翌日仍以詩贈其舊識鄭光業。」與「福娘贈詩孫棨」等。該楚兒、福娘，雖已落籍，仍瞞住主人懷情舊識，其中最著名者如「張住住」及其情人「龐佛奴」。請參閱張住住原條文所載『鄰有龐佛奴與之同歲。亦聰警，甚相悅慕。年六、七歲隨師於衆學中，歸則轉敎住住。私有結髮之契。』說明張住住與龐佛奴，相鄰而居，青梅竹馬，相互悅慕，遂私訂終身，及長，張住住因受家庭束縛，不准兩人見面，及至張住住接受花客訂金，更音信不通。再看張住住條續載『及住住及笄，其家拘管甚切。佛奴稀得見之。又力窘不能致聘。俄而里之南有陳小鳳者，欲權聘住住。蓋取其元。已納薄幣。約其歲三月五日，及月初音耗不通，兩相疑恨。佛奴因寒食爭毬。故逼其牕以伺之。忽聞住住曰「徐州子看看日中也。」佛奴龐勛同姓傭書徐邸。因私呼佛奴爲徐州子。日中蓋五日也。佛奴甚喜。前致誠懇。住住云「上巳日，家人皆踏青去。我當以疾辭。可自爲計。」佛奴因求其鄰宋嫗爲之地。嫗許之。是日舉家踏青去。而嫗與住住獨留。住住乃鍵其門。伺於東墻，聞佛奴語聲。遂梯而過。佛奴盛備酒饌。亦延宋嫗。因爲幔寢所。以遂平生。既而謂佛奴曰「子既不能見聘。今且後時矣。隨子而莽。兩非其便。千秋之誓，可徐圖之。五日之言，其何如也。」佛奴曰「此我不能也，但願保之他日。」住住又曰「小鳳亦非娶我也。其旨可知也。我不負子矣。子可負我乎。子必爲我計之。」佛奴許之。曲中雖有畜鬬鷄者。佛奴常與之狎。至五日因髡其冠。取丹物，託宋嫗致于住住。既而小鳳以爲獲元甚喜。又獻三緡于張氏。遂往來不絕。復貪住住之明慧。因欲嘉禮納之。時小鳳爲平康富家。車服甚盛。佛奴傭于徐邸。不能給食。母兄喻之。鄰里譏之。住住終不捨佛奴。指堦井曰「若逼我不已。骨董一聲即了矣」。平康里中素多輕薄小兒。遇事輒唱。住住誑小鳳也。鄰里或知之』。按平康坊之富商陳小鳳，欲藉金錢力量獨佔張住住時，住住於三月上巳之日，利用家人均赴曲江機會，拜託鄰家宋嫗，在宋家設盛宴款待龐佛奴叙舊，並就落籍之事相商，龐佛奴自認係被傭之身，無力贍養住住，爲住住鴇母及女伴輕視，更被鄰里人士譏嘲，但住住仍捨不得放棄佛奴，曲中小兒因而作歌唱之，變成公開秘密，住住乃與佛奴利用此種歌曲嘲弄小鳳，使小鳳不赴張家。詳如原文續載『俄而復値北曲王團兒。假女小福爲鄭九郎主之。而私於曲中盛六子者。及誕一子，滎陽撫之甚厚。曲中唱曰：

張公喫酒李公顚，　盛六生兒鄭九鄰。
舍下雄鷄傷一德，　南頭小鳳納三千。

久之小鳳因訪住住，微聞其唱。疑而未察其與住住昵者，詰旦告以街中之詞，曰「是日前佛奴雄鷄。因避鬬上屋傷足」。前曲小鐵鑪田小福者，賣馬街頭，遇佛奴父以爲小福所傷，遂毆之，住住素有口辯。因撫掌曰「是何龐漢，打他賣馬街頭田小頭」。街頭唱：

舍下雄鷄失一足，　街頭小福拉三拳。

且雄鷄失足是何謂也。小鳳既不審又不喻。遂無以對。住住因大咍。遞呼家人。隨弄小鳳。甚不自足。住住因呼宋媼。使以前言告佛奴。佛奴視鷄足且良。遂以生絲纏其鷄足置街中。召羣小兒共變其唱。如住住之言。小鳳復以住住家噪弄不已。遂出街中以避之。及見鷄跛，又聞改唱，「深恨向來誤聽。」乃益市酒肉。復之張舍。一夕宴語甚歡。至旦將歸街中。又唱曰：

莫將龐大作荍團，　龐大皮中的不乾，
不怕鳳凰當額打，　更將鷄脚用筋纏。

小鳳聞此唱，不復詣住住。佛奴初傭徐邸。邸將甚憐之。爲致職名。竟裨邸將。終以禮聘住住。將連大第。而小鳳家事日蹙。復不侯矣』。蓋說明小鳳因嘲而不再往訪張住住，此時，佛奴因獲主人栽培，獲得官職。禮聘住住，進住大廈，而小鳳家道反而沒落，住住之長期努力贏致好的寄托。當爲樂妓中最幸運者。

反之樂妓中一生寃對苦命者亦有人在，例如王團兒家之王福娘，福娘之悲痛情形已詳上述。此外頗負風流盛名顏令賓之樂妓薄命，更值同情。如顏令賓條文之最後一條所載『後疾病且甚。值暮春景色晴和，命侍女扶坐於砌前。顧落花而長歎數四。因索筆題詩云：

氣餘三五喘，　花剩兩三枝，
話別一樽酒，　相邀無後期。

因教小童曰「爲我持此出，宣陽、親仁已來，逢見新第郎君及舉人，卽呈之，云曲中顏家娘子，將來扶病奉候郎君」。因令其家設酒果以待。逡巡至者數人。遂張樂觀飲至暮。涕泗交下。曰「我不久矣。幸各製哀挽以送我」。初其家必謂求賻送于諸客。甚喜。及聞其言頗歎之。及卒，將瘞之日。得書數篇。其母拆視之。皆哀挽詞也。母怒擲之於街中，曰「此豈救我朝夕也」。』。按文中係述說名妓顏令賓患病臥病自知不起，某日，趁暮春景色晴和之日，寫五言絕句詩一篇，命侍童持往宣陽坊及親仁坊(註六八)，呈送新科及第郎君(註六九)及舉人，邀請來訪。另命家人設宴以待。新及第貴人從慈恩寺之大雁塔壁題命後，返家途中，因新及第者均未曾晤面，當時應邀來訪者僅數人。顏女仍大張宴席，歡飲至傍晚，顏女突以淚洗面，自稱大去之期不遠盼贈送挽詞，但顏家鴇母所期待者則爲香奠(金錢)。顏女埋葬之日，見其遺物中有哀挽詞數首，怒擲於地，稱挽詩豈能飽我肚腹。嘆顏令賓盛時，名噪曲中，被雅士文人推崇尊敬，及至抱病不起，舊客如雀，雖經囑托侍童前往街頭邀請，到者寥寥，請寄挽詩以自娛，但臨死之後，鴇母仍蔑視其願望，將挽詩擲於街中，其下場之悲慘，誠不令人心痛！

第二項　花客之種類與活動

一、花客之種類

北里志所載有關花客之遊興狀況者，約有四十人名字（註七〇），其身份方面，主要分爲官吏、舉人、新及第貴人、富商三種，其中以舉人及新及第貴人較多，共二十人，官吏次之十八人，富商僅有二人。究其原因，如孫棨在北里志自序中所云『自大中皇帝好儒術，特重科第。故其愛婿鄭詹事再掌春闈。上往往微服，長安中逢舉子，則狎而與之語。時以所聞質於內庭學士及都尉。皆聳然莫知所自。故進士自此尤盛。曠古無儔。然率多膏粱子弟平進，歲不及三數人。由是僕馬豪華，宴游崇侈。以同年俊少者爲兩街探花使，鼓扇輕浮，仍歲滋甚，自歲初等第，於甲乙春闈，開送天官氏，設春闈宴，然後離居矣。近年延至仲夏』。蓋宣宗時，皇帝大力獎勵學問，常微服步行長安街頭，每逢舉人，輒狎遊，親談結果，擢升新科進士者，爲數甚多。按當時科舉試驗及第者，按照規定爲數不多，每年僅有數人，而皇帝狎遊接談破格擢升者爲數却多，故舉人及第者，跑足花街者人數日增，造成北里志中所載人名，舉人、新科進士佔了一半之原因。他們還推選新科進士中俊秀年青爲探花使。所謂探花並成爲唐摭言卷三中「主樂」及「主宴」之宴會上役名（註七一）。

根據「新唐書卷四四」及上述之「唐摭言」，放榜後，新及第科舉人士酬酢甚多，較重要者如在主試官邸宅謝恩儀式及宴會，南院祝宴，赴慈恩寺之大雁塔之壁面題名及曲江之宴等。其中南院祝宴，可邀請妓館樂妓陪宴，至少亦可招宮廷直屬之非公開教坊樂妓出席(註七二)。如北里志自序中所述『京中飲妓，籍隸教坊。凡朝士宴聚，須假諸曹署行牒。然後能致於他處。惟新進士設筵(註七三)，顧吏故便可行牒，追其所贍之資，則倍於常數，諸妓皆屬平康里，舉子新及第進士三司幕府，但未通朝籍，未直館殿者，咸可就請，如不悋所費，則下車水陸備矣』，大意謂官吏之宴會可借用教坊樂妓，但必須辦理借召手續。如新科舉子，則所費手續費用將高達二倍。但新及第舉子，尚無官吏身份，亦可聘召樂妓，如不吝費用，當可名妓如雲。文中初稱「教坊」，繼又書寫「諸妓皆居平康里」，判該教坊當係妓館之花稱，而並非宮廷直屬之左右教坊也(註七四)。

二、花客之活動

官吏、舉人、商人在妓館之遊興方式各有特徵，前二者(官吏、舉人)以個人出入為主，大部份係同僚相約前往尋樂，其狀況可從北里志記載中窺見一斑也。如鄭舉舉條所載『孫龍光為狀元(名偓，文府第，為狀元在乾符五年)，頗惑之。與同年侯彰君潛、杜寧臣彥榮、崔勛美昭愿、趙延吉光逢、盧文舉擇、李茂勳等數人，多在其舍，他人或不盡預，故同年盧嗣業訴醵罰錢，致詩於狀元曰：

未識都知面，　頻輸復分錢，
苦心親筆硯，　得志助花鈿，

徒步求秋賦，　持盃給暮饘，
力微多謝病，　非不奉同年。』

同條中另載有『今左史劉郊文崇及第年，亦惑於舉舉，同年宴，而舉舉有疾不來云云』，此說明新科狀元偕同年多人，在鄭舉舉處設宴慶祝之意，按妓館對舉人及新科進士，確有特別優待，故其遊興費用亦必較貴，所謂一席四環，夜席加倍（八環），若係爲新科進士必再加倍，而變成夜席十六環也（註七五）。

但同寅宴會，亦僅限於親密數友，如上述狀元孫龍光在鄭舉舉家宴會時，同寅盧嗣業，就未被邀參加，即爲一例，其原因如原文所註『嗣業簡辭之子，少有詞藝，無操守之譽，與同年非舊知。聞多稱力窮，不遵醵罰。故有此篇』。按嗣業係「盧簡辭」之養子（註七六），生父「簡求」（係簡辭之弟），十個兒子中最具才名者，渠任禮部侍郎時，孫龍光任職禮部尙書，且盧、孫二家均係「節度使」世家，同時參加宴會，在身份上原無不妥之處。或因嗣業操守欠佳，而未邀約。嗣業常以較普通加倍費用邀宴，但鄭舉舉輙稱病拒絕出席。所謂『他人或不盡預』，鄭舉舉已爲孫龍光（註七七）等數人所獨佔。此外北里志序文中常有『膏粱子弟』稱謂，係指相國劉鄴之子劉覃，相國韓宙之子，常侍衛增之子等。其中有缺乏人情世故，被樂妓詐欺錢財者，如劉覃被樂妓絳眞勾結惡友鄭賓被騙巨財，即爲一例。大體言之，花客中多係文人騷士，以上流遊客較多。誦詩禮讚樂妓，及樂妓誦詩之例，不勝枚舉。但花客雖然多具高貴身份，但其本質，則好壞不一也。其中如上述之鄭賓，串通樂妓絳眞，詐騙同寅劉覃錢財；「楚兒」落籍之萬年縣捕盜官郭鍛，性情凶毒，每逢楚兒與舊識文通時，必遭笞打；宰相夏侯孜之子夏侯澤，亦性情凶猛，醉後打傷牙娘，此三人均係本質惡劣之花客也。

號稱智識階級之花客，出入遊廓，其對家庭似無多大影響。如北里志牙娘條所載『今小天趙爲山，每因宴席，偏眷牙娘，謂之郡君。爲山內子，予從母妹也。甚明悟，爲山頗憚之。或親姻中聞爲山屬意牙娘。遂以告其內子，他日爲山自外歸。內子謂爲山曰「今日顏色甚暢悅，定應是郡君也」。爲山愕然久之，無言以答。亦終不敢詰其言之所來』。按趙爲山之妻（內子）係賢惠嫡妻，爲山懼之。因其喜愛牙娘，稱爲郡君，親戚中有將此事密告趙妻者。他日，爲山自外歸，其妻嘲其面色暢快，諒係遇郡君而返，爲山愕然無言作答，亦不敢詢妻此言出所。由此，可見「爲山」雖眷愛牙娘，但瞞住乃妻，故文士出入遊里，對家庭似仍無影響也。

第三項　北里之性格

「北里」情形，從上述樂妓與花客之性格及活動狀況，以及前節「北里之組織」中，已有詳確報導。茲再就北里一般性格綜合介紹於后。按長安除北里外尚有妓館（散娼），此外長安以外地方亦有妓館，若就北里與其他地方妓館比較，當不難找出其性格特徵。但由於資料缺乏，故僅能從北里志中予以考察也，按北里中除了樂妓、鴇母、花客外，欲竟明北里性格尚須注意其北里全般風氣。根據孫棨對花客之警語稱『嘗聞大中以前，北里頗爲不測之地，故王金吾式，令孤博士滈皆目擊其事』。繼就以上兩事例稱『王金吾，故小南相國起之子。少狂逸。曾昵行此曲。遇有醉而後至者。遂避之床下。俄頃又有後至者，仗劍而來。以醉者爲金吾也。因梟其首而擲之曰「來日更呵殿入朝耶」。遂據其床。金吾獲免。遂不入此曲，其首家收瘞之』。此闡述相國王起之子王金吾（名式）耽溺北曲，爲刺客所乘(註七八)，幸早察知避於床底，得免於難。另一事例，如『令孤博士滈，相君當權日，尙爲貢士，多住此曲。有昵熟之地，往訪之。一旦忽告以親戚聚會，乞輟一日。遂去之。滈於鄰舍密窺。見母與女共殺一醉人。而瘞之室後。來日復再詣之。宿中夜問女。女驚而扼其喉，急呼其母，將共斃之。母勸而止。及旦歸。告大京尹捕之。其家已失所在矣。以博文事。不可不具載於明文耳』。此係說明鴇母與樂妓共同謀殺花客之例。因北里凶殺行爲，而被視爲不祥之地。但孫棨稱此種行爲乃係大中年間以前之事，也許大中以後，秩序已有改善。但據孫棨另稱『實昭著本末，垂戒後來。且又焉知當今無之。但不値執金吾曲台之泄耳』。似又暗示大中以後仍有此種不祥事情發生。按孫棨著作北里志之動機，非僅風流之談，兼有告誡遊客注意之意。其在跋文中最後一段記載爲『頃年舉子皆不及此里。惟新郎君恣遊於一春。近不知誰何啓廸。嗚呼有危梁峻谷之虞，則回車返策者衆矣。何危禍之惑甚於彼。而不能戒於人哉。則鼓洪波遵覆轍者，甚於作俑乎。後之人可以作規者，當力制乎。其所志是不獨爲風流之談，亦可垂誡勸之旨也。……引執金吾而與曲臺，所以裨將來爲危梁峻谷之虞也。可不戒之哉』。此即說明近年來，舉子很少出入北里，僅新科進士等前往遊樂。在北里中所載舉子往遊者，僅爲與楊萊兒親熱之天水光遠及十六、七歲入舉登第之劉覃兩人，但新科及第進士往遊者則大有人士，此或由於北里爲不測之地，年青舉子懼而却步。

關於北里爲不測之地原因，除上述殺人事件外，實係由於樂妓或鴇母具有凶惡性格者甚多，如王蓮蓮家除了凶惡之鴇母外，尚有心地凶惡之假父共同榨取花客。總之，樂妓或鴇母之情夫與廟客，均係游手好閒之徒。如張住住原文所載『平康里中，素多輕薄小兒。遇事輒唱』。蓋北里中不良少年經常結羣徘徊，凡事作詞歌唱嘲弄，流行北里。如歌嘲「張住住與陳小鳳」及「楊萊兒與天水光遠」。此類廟客與輕薄之徒，其搗亂北里風紀情形當不難想像也。

以上係從北里內部所見北里性格，若與其他地方官妓比較，例如北里志序所載『其中諸妓，多能談吐，頗有知書言話者。自公卿以後，皆以表德呼之。其分別品流，衡尺人物，應對非次，良不可及。信可輟叔孫之朝，致楊秉之惑。比常聞蜀妓薛濤之才辯。必謂之過言。及覩北里二三子之徒。則薛濤遠有慚德矣』。文中所稱蜀中名妓薛濤與北里二三子相比，尚有慚色，也許誇張之詞。但北里樂妓之辯爲全國樂妓中姣姣者，則屬事實也。此外海輪三曲中事所載『比見東洛諸妓體裁，與諸州飲妓，固不侔矣。然其羞匕筯之態，勤參請之儀，或未能去也。北里之妓，則公卿與舉子，其自在一也。朝士金章者始有參禮。大京兆但能制其舁夫，或可驅其去矣』。亦卽說明洛陽樂妓與長安北里樂妓相較，尚遜一籌之謂也。

以上所述，對於以長安北里爲中心之唐代妓館內容，已有詳盡報導。但其中心論點，北里爲公開之私營妓館。當然如北里之私營妓館，無論集居或散居（散娼）洛陽、揚州等地亦必與地方都市之官營樂妓共同存在，但渠等規模氣魄，恐均不及北里。總之，「長安」佔支配勢力者爲私營妓館，但地方都市中官營妓館却佔壓倒盛勢。但是從唐末至宋代，隨着文化生活普及庶民，妓館亦發展爲大衆化方向，從官營妓館轉移私營妓館之風氣，業於唐末萌芽也。

第四節　宋朝妓館

研究唐代妓館之組織及其活動情形，由於史料貧乏，深感困難。若僅就唐末孫棨所著之北里志作爲唯一之中心資料，實嫌不足。故必須考究唐代妓館發展形態之宋代妓館，作爲補助智識，此種方法，猶若研究盛唐舞樂之中樞「教坊」，單靠唐朝中葉崔令欽所著之教坊記，終嫌不够，考究史料比較豐富之宋代教坊之組織與變遷，供作補充資料情形相同。本節「宋朝妓館」亦與上述情形相若，係以研究前節「唐代妓館組織之補充資料爲目的」；但宋代教坊係宮廷內之制度，而宋朝妓館則係民間設施，種類奇多。尤以北宋與南宋間變化複雜。故本節係就北宋、南宋之妓館種類與組織爲主軸，闡明其變遷經過情形。

本節中，屢將樂妓稱爲公妓、民妓，此係根據本章第一節本人將唐宋樂妓，就利用者及所有者之不同，這分爲宮妓、官妓、公妓、私妓、民妓五種所來者。此外唐宋期間，由於商業發達，各地大小都市繁榮，都民生活豐富，如北宋首都汴京（即今之開封）繁昌情形，有孟元志所著之東京夢華錄（註七九）。記述南宋首都杭州市民生活之吳自牧之夢梁錄（註八〇）。與周密之武林舊事（註八一）等所載妓館情形甚詳。較記載宋朝教坊之宋會要、宋史樂志等內容更爲詳盡。按教坊係唐朝中葉爲最繁盛，迨至宋朝衰落，而妓館情形相反，宋朝更較唐代發達也。

至於「妓館」內容，唐宋兩朝看法稍有不同。按唐代爲妓館發達初期，當時專就私營妓館繁昌而言，而宋朝隨着妓館隆盛，除了私營妓館益形發達外，官營妓館亦已完成整備，關於一般所稱之「酒樓」，具有酒、料理、樂妓三種要素。如以飲酒爲主者亦有稱爲酒店；以樂妓爲中心者亦有稱爲妓館以北宋至南宋間，酒店料理化之傾向最爲顯著，另有兼具妓館，食店性質之茶坊更堪注目。惟上述酒；尤店茶坊等，多少仍帶有妓館性質。唐朝將酒樓旗亭通稱「妓館」。宋朝亦不例外。東京夢華錄中多使用「燕館歌樓」，「舞場歌館」名稱(註八二)，亦持有上述之酒店、酒樓、茶坊等特定意義。故本節表題，採用爲宋朝「妓館」。

本節說明宋代妓館順序，係就酒樓、茶坊（歌館）妓館（狹義之妓館）三者之變化情形，亦細述其樓名住址，種類、營業狀態，最後綜合考究其酒樓、茶坊及妓館之樂妓活動狀況並與唐代樂妓比較。

第一項　酒　樓

「酒樓」亦稱「酒店」、「酒肆」，又名「妓館」(註八三)。「東京夢華錄」及「武林舊事」多使用「酒樓」。「夢梁錄」則與茶肆相併，稱爲「酒肆」。大體上言，酒樓係蓄有樂妓，並供食料理及置酒兼營飲食遊興場所；對於酒樓、酒店、妓館，北宋與南宋，變化甚大。第一，北宋時期，僅有私營妓館發達繁榮，但南宋期間另有官營妓館出現。第二北宋酒樓傳至南宋已漸趨大衆化、飲食店化，本節目的係究明酒樓具有妓館性格，故採用上述二種方法論究之。

一、樓名、店名及其所在地址

①張家酒店	宣和樓前街東	（東京夢華錄）卷一
②仙正店	麴院街南	卷一
③看牛樓酒店	潘樓街東牛行街	卷一
④鐵屑樓酒店	土市子南	卷一
⑤和樂樓（莊樓）	楊樓街東	卷一
⑥欣樂樓（任店）	楊樓街北	卷一
⑦白礬樓（豐樂樓）	大貨行	卷一
⑧宜城樓	州西	卷一
⑨八仙樓	州北	卷一
⑩張八家正店	州北載樓門	卷一
⑪王家正店	州北鄭門河	卷一
⑫李七家正店	州北鄭門河	卷一
⑬長慶樓	州北景靈宮東墻	卷一
⑭李慶家酒店	州西保康門	卷一

⑮郭厨	州西東鷄兒巷	卷一
⑯宋厨	州西鄭皇后宅後	卷一
⑰李家酒店	州西曹門博筒	卷一
⑱李家酒店	州西寺東骰子巷	卷一
⑲黃胖家酒店	州西寺東骰子巷	卷一
⑳會仙樓	新門裏門四	卷四
㉑仁和店	州東新門裏	卷四

此外林廣記乙集卷一收載之東京城圖內與「白礬樓」，同時繪有「太平樓」及「長樂樓」三所酒樓；宋朝朱弁之曲洧舊聞卷七（樂津討原本），更將東京開封府等各地方都市之著名酒店及其館酒名稱網羅列舉；東京開封，除了上述之豐樂樓、欣樂樓、和樂樓、仁和樓（仁和店）、會化樓、八仙樓外，另記有鐵薛樓、高陽店、遇仙樓、玉樓、時樓、班樓、潘樓、千春樓、中山園、銀王樓、蠻王店、朱宅園、邵宅園、張宅園、方宅園、姜宅園、梁宅園、郭子齋園、楊皇后園等名稱。按上述所記載之酒樓、酒店當屬有名者。其中尤以「白礬樓」「長慶樓」規模最大。惟東京城圖內所繪之三樓，東京夢華錄僅記載「白礬樓」一處，並無太平樓，長樂樓之名稱，令人費解。或者夢華錄所載者，係該兩樓別稱，亦未可知。夢華錄內所稱『京師任店八』（註八四），所謂『在京正店七十二戶，此外不能遍數，其餘皆謂之脚店』。據此，酒樓之數，僅正店就有七十二家，任店十二家，此外脚店爲數更多，

茲上述二十一家僅屬代表而已。

其次南宋首都杭州之酒樓，更較東京開封府整備及繁盛，武林舊事之「酒樓」條所戴官營妓館（官庫）之酒樓如次：

和樂樓　昇陽宮南庫
和豐樓　武林園上庫
中和樓　銀甕子中庫
春風樓　北庫
太和樓　東庫
西　樓　金文庫
太平樓
豐樂樓
南外庫
北外庫
西溪庫

以上共計十一家酒樓，至於私營妓館（市樓）方面所戴如次：

熙春樓、　三元樓、　五間樓、　賞心樓、　嚴　厨、　花月樓、銀馬杓、康沈店、翁廚、任廚、陳廚、周廚、巧張、日新樓、沈廚、鄭廚、虼蝛、張花。

以上共計十八家。所謂「官庫」，係指公營酒樓；「市樓」係指私營酒樓。夢粱錄卷十之點檢所酒庫條，所記官庫十三所店各如次：

①東　庫（太和樓）　崇新門裏
②西　庫＝金文庫（西樓）　三橋南惠遷橋側。湧金門外
③南　庫＝昇陽宮（和樂樓）　社壇南。清和坊界
④北　庫（春風樓）　祥符橋京。鵝鴨橋東
⑤中　庫（中和樓）　衆樂坊北
⑥南上庫＝銀甕子庫（和豐樓）　東青門外。睦新坊北
⑦南北庫＝雪醅庫　便門外清水閘。嘉會門外
⑧北外庫　江漲橋南。左家橋北
⑨西溪庫　九里松大路
⑩天宗庫　天宗水門裏。餘杭門外上閘東
⑪赤山庫　赤山教場。左軍教場側
⑫崇新庫　崇新門外

⑬徐村庫　六和塔南徐村市中

該書內接着記載有小酒庫、碧香諸庫等類，並列舉大安撫司酒庫等庫名（註八五）。其中，將錢塘正庫稱爲先得樓，兼營酒庫與酒樓，但並無兼營酒店與酒樓者。

關於以上所述官庫外，同書卷一六酒肆條所述市樓情形如次：

①三元樓康沈家　中瓦子前武林園
②熙春樓王厨　新街巷口
③花月樓施厨　融和坊
④×嘉慶樓　（康沈脚店）
⑤×聚景樓　（康沈脚店）
⑥風月樓嚴厨　靈椒巷口
⑦賞新樓沈厨　壩頭西市坊
⑧×雙鳳樓施厨　下瓦子
⑨新樓鄭厨

以上共計九店（其中有×印之三店未見載於武林舊事）。

上述各店，均係北宋汴京及南宋臨安府之官私酒樓。至於首都以外之大小都市，酒樓林立，亦極繁榮，但網羅困難，茲就南宋蘇州及相州例舉如下。按宋朝樓鑰之北行日錄所載『（乾道五年己丑十二月）

十五日丙申，晴四更，車行三十六里至相州，城外安陽驛早頓馬入城。人煙尤盛。二酒樓，曰康樂樓，曰月白風清。又二大樓夾街，西無名，東起三層秦樓也，望傍巷中，又有琴樓，亦雄偉，觀者如堵』。此外范成大之攬轡錄（寶顏堂秘笈本）所載『過相州，市有秦樓、翠樓、康樂樓、月白風清樓，皆旗亭也，秦樓有胡婦。……』上述相州之康樂樓、月白風清樓、秦樓、琴樓及翠樓等五個酒樓即爲市樓（私營妓館）。又范成大之吳郡志卷六（守山閣叢書本）之「倉庫場務市樓附」條所載如次：

『清風樓　　在樂橋南
黃鶴樓　　西樓之西
跨街樓　　西樓之西
花月樓　　飲馬橋東北
麗景樓　　樂橋東南
花月，麗景皆淳熙十二年郡守邱密建雄盛甲於諸樓。』上述五樓，係蘇州之市樓，其中跨街、花月、麗景三樓，見諸繪於平江圖碑中。

二、種　類

(1)官營與私營之分別

酒樓有官營與私營之別，已詳如上述；亦卽官庫與市樓之別。前武林舊事卷六酒樓條於列擧和樂樓等十一樓庫名稱以後，曾說明官庫情形，如『已上並官庫，屬戶部點檢所，每庫設官妓數十人，各有金銀酒器千兩以供飲客之用。每庫有祗直者數人。名曰下番。飲客登樓，則以名牌點喚侑樽，謂之點花牌。元夕諸妓併番互移他庫。夜賣各戴杏花冠兒，危坐花架。然名娼皆深藏邃閣。未易招呼。凡肴核杯盤，亦各隨意攜至。庫中初無庖人。官中趁課，初不藉此，聊以粉飾太平耳。往往皆學舍士大夫所據，外人未易登也』。

此外關於市樓方面，如所載市樓之熙春樓以下十五店名『已上皆市樓之表表者。每樓各分小閣十餘。酒器悉用銀。以競華侈。每處各有私名妓數十輩。皆時粧袪服，巧笑爭妍。夏月茉莉盈頭，香滿綺陌，凭檻招攬，謂之賣客。又有小鬟，不呼自至，歌吟強聒，以求支分，謂之擦坐。又有吹簫、彈阮、息氣、鑼板、歌唱、散耍等人，謂之趕趁……謂之香婆。……謂之撒暫。……謂之家風。……謂之醒酒口味。……歌管歡笑之聲，每夕達旦。往往與朝天車馬相接，雖暑風雨雪不少減也』。

如上所述，官庫、市樓之別，主要係官庫係隸屬戶部點檢所管下酒釀所附屬之販賣所；市樓則係民營之販賣店。官庫係官妓陪酒；市樓則係私妓陪酒。官庫專供學會士大夫階級享樂；而市樓則係開放爲一般人所公開享樂之處。兩者不同之處主要如次：

①官庫係隸屬戶部點檢所。如夢粱錄卷一〇點檢所酒庫條所載『點檢所管酒庫各庫，有兩監官，下有專吏、酒匠，掌其役。但新煮兩界係本府關給。工本下庫醞造所，解利息，聽充本府贍軍激賞公支。則朝家無一毫取解耳』。由此可以窺見官庫與點檢所之關係。按點檢所隸屬戶部，其職掌爲監理官酒之釀造與販賣，故設監官兩人分掌其事，其下爲負實際責任之官吏及釀造工

酒匠。至於酒庫收入則充作本府之軍費賞與，公支並不繳中央政府(註八六)。市樓則係私營並無管理監督關係。惟如吳郡志前引文所載『花月、麗景皆淳熙十二年郡守邱宗建雄盛甲於諸樓』。該市樓中之花月、麗景二樓，係吳郡守所建。根據加藤繁博士解釋，該二樓或係官建後開放民營者(註八七)。

②其次關於樂妓方面，官庫爲接待客人，在法規上決定設置官妓。如夢粱錄所載『其諸庫皆有官名角妓，就庫設法賣酒』。文中之所稱「設法」，迨至宋代變爲特殊用語(註八八)，除了有關酒類販賣諸法規外，似包括有關樂妓接待規定在內，至於樂妓人數，武林舊事所載爲官庫每庫設置官妓數十人，私樓每處有私名妓數十輩，是則兩者在數目上並無不同之處。所差異者，僅官庫係每庫數人，輪流當値。此外官庫同志間亦可互相交換官妓，而市樓則數十人全體出番。官妓與私妓在風格上亦不相同，前者較優者稱爲「角妓」或「官名角妓」；後者優秀者普通稱爲「私名樂妓」(註八九)，如夢粱錄之點檢酒庫條所載『其諸庫皆有官名角妓，就庫設法賣酒。此郡風流才子欲賣一笑，則逕往庫內點花牌。惟意擇所，但恐酒家人隱庇推托。須是親識妓面，及微利啗之可也』。及武林舊事官庫條所載『每庫有祗直者數人，名曰下番。飲客登樓，則以名牌點喚侑樽，謂點花牌。元夕諸妓皆併番互移他庫。夜賣名戴李花冠兒，危坐花架。然名娼皆深藏邃閣，未易招呼』。由此，可見飲客登樓，必須先辦指名手續，此爲官庫特徵，但遊客縱使指名，若係名妓，深居簡出，如非熟客，輒避不出席。所以官庫縱爲學者士大夫階級獨

佔之遊樂場所，若非具有才名，指名招請名妓陪席，亦很困難，但市樓方面情形，則完全相反，如武林舊事「市樓」條所載『每處各有私名妓數十輩，皆時粧袪服，巧笑爭妍。夏月茉莉盈頭，香滿綺陌，凭檻招邀，謂之賣客。』……『又有小鬟，不呼自至。歌吟強聒，以求支分，謂之擦坐』。可見市樓樂妓，盛粧憑欄，招攬遊客，客至時，縱不招呼，亦羣集客席，此與官妓之深居不出，迥然不同。

(2)本店與支店之分別

關於酒樓官私之別，概如上述。此外，酒樓尚有「正店」與「脚店」之分別。如東京夢華錄卷二酒樓條所載『州北八仙樓，戴樓門張八家園宅正店，鄭門河王家，李家七家正店，景靈宮東墻長慶樓。在京正店七十二戶，此外不能遍數。其餘皆謂之脚店』。文中之所謂正店與脚店，按常識判斷，似係正店卽爲本店，脚店卽爲分店。但文中所稱者似係指爲大店與小店。此外除了上述之八家園正宅，鄭門河之王家正店，與李家七家正店外，尚有仙正店（如宣和樓前省府宮宇條所載『街（西大街）南則仙正店，前有樓子，後有臺。都人謂之臺上。此一店最是酒店上戶，銀瓶酒七十二文一角，羊羔酒八十一文一角』），及會仙樓（如卷四會仙樓條所載『如州東，仁和店新門裏會仙樓。正店常有百十分廳館，動使各各足備，不尙少闕，一件大抵都人風俗奢侈，度量稍寬』。）上述之仙正店與會仙樓，當係規模較大之著名大店。此外同文卷五之民俗條所載『其正店酒戶，見脚店三兩次打酒，便敢借與三五百兩銀器，以至貧下人家，就店呼酒亦用銀器供送，有連夜飲者，次日取之。諸妓館只就店呼酒而已。銀器供送亦復如是。其闊略大量，天下無之也』。文中所述正店酒戶（即係正店之謂）對於脚店、妓館，與貧戶前往訂購酒者，常用高價銀器盛裝後發送。對於脚店，如交易三、五次亦可借給三、五百兩銀器。據此該脚店當非分店，若兩者爲本店分店，諒關係密切，當不至於交易數次，取得信用後再予借貸銀器也。根據上述所述「正店」與「脚店」關係，諒係指「大店」與「小店」所言。

此外「曲洧舊聞」列舉之「中山園」以下十一個店名，均附註有「正子店」三字，例如「蠻王園正子店」。諒係正店、子店簡寫。若是，則正店當爲本店，子店諒係分店，如果「正店」解作本店，是則所謂「正店」、「脚店」者，解釋爲「本店」與「分店」或亦有可能也。

除了正店、脚店稱呼以外，尚有稱爲「任店」者。如東京夢粱錄酒樓條所載『凡京師酒店，門首皆縛綵樓歡門。唯任店八，其門一直主廊，約百餘步南北。天井兩廊皆小閤子。向晚燈燭，熒煌上下相照，濃粧妓女數百聚於主廊槏面上，以待酒客，呼喚望之，宛然若神仙』。文中所稱「任店」，雖意義欠明晰(註九〇)，但其主廊大約百餘步，擁有樂妓數百，當係第一級較大酒樓也。所謂汴京任店八家(註九一)，諒係正店七十二家中規模較大之八家也。書內稱爲任店者，僅舉爲欣樂樓(註九二)，但和樂樓、白礬樓、仙正店、會仙樓規模甚大，或亦呼爲任店也。

以上爲北宋時代，東京夢粱錄稱汴京酒樓樓名，僅爲正店、脚店、任店；迨至南宋，酒樓之稱呼，如夢粱錄酒肆條所載『大抵酒肆除官庫、子庫、脚店之外，其餘謂之拍戶』。是則南宋酒樓名稱，似係改爲「官庫」、「子庫」、「脚店」、「拍戶」四種(註九三)。該四者意義，除了『官庫』已詳如上節解釋外，『子庫』或係官庫中規模較小者，其與官庫關係，或如「正店」、「脚店」之別也未可知(註九四)。按北宋之市樓規模較南宋爲大，如夢粱錄酒肆條所載『曩者，東京楊樓、白礬、八仙樓等處酒樓盛於今日。其富貴又可知矣』。加藤博士認爲北宋酒樓係三層樓建築，南宋改爲二層樓房。蓋「酒樓」在北宋時代，係以飲酒狎妓爲中心，傳至南宋，演變爲食店化和大衆化，故南宋時代官庫衰落，市樓代立而起，普遍發展。雖規模較北宋爲小，但到處林立尤若雨後春筍，依其規模大小，稱爲官庫、子庫(與北宋之正店脚店相仿)，而北宋時期正店衰落，原有脚店仍可能殘存(註九五)，至於大部份脚店，自大衆化後變成多種性質酒店，總稱爲拍戶；亦卽目前之小酒店，此或爲上述四種酒樓名稱之由來。

三、營業狀態

關於酒樓之營業狀況，茲就妓館之建築、裝飾、醼酒、賣食情形，分別簡介於次，其中值得注意者爲北宋南宋不同之處。

(1) 建築及裝飾

①北宋時期

關於北宋酒樓，根據東京夢華錄酒樓條所載『凡京師酒店，門首皆縛綵樓歡門。(唯任店八)。其門一直主廊約百餘步。南北天井兩廊皆小閤子。向晚燈燭，熒煌上下相照，濃粧妓女數百聚於主廊槏面上，以待酒客，呼喚望之，宛然若神仙』。此文當爲北宋酒樓之建築構造及裝飾之代表情形，唯語焉不詳，難以瞭解。如參證夢粱錄酒肆條所記南宋酒肆情形，其語句意義當爲

『但此店（三元樓康沈家）入其門，一直主廊，約一二十步。分南北南廊。皆濟楚閣兒，穩便坐席，向晚燈燭熒煌，上下相照，濃粧妓女數十聚於主廊槏面上，以待酒客，呼喚望之，宛如神仙』。東京夢華錄續載『白礬樓後改爲豐樂樓。宣和間更修三層。相高五樓相向，各有飛橋欄檻，明暗相通，珠簾繡額，燈燭晃耀。……元夜則每瓦隴中皆置蓮燈一盞。內西樓後來禁人登眺。以第一層下視禁中。大抵諸酒肆瓦市，不以風雨寒暑，白晝通夜駢闐如此』。同卷飲食菓子條文所載『諸酒店必有廳院，廊廡掩映排列小閤子，吊窗花竹，各垂簾幙，命妓歌笑』。卷四「會化樓」條文所載『常有百十分廳館，動使各各足備，不尙少闕一件』。根據上述各文，北宋時期之酒樓外觀盛況，可見一斑也。其中所述白礬樓，係由五棟三層大樓相連而成，根據加藤博士考證，東京城園內確描有三層樓建築之白礬樓。其他「太平」、「長安」兩樓係兩層樓建築物。此外根據北行目錄（前引）所載『（相州）又二大樓夾街，西無名，東起三層，秦樓。望傍巷中，又有琴樓，亦雄偉，觀者如堵。……』，南宋時期，相州（河南省安陽縣）地方亦有三層樓建築之秦樓，但是三層樓建築物究屬爲數甚少。根據加藤博士所稱，南宋大樓通常均係二層樓建築物，但是當時都市中之建築物，除了宮殿寺院以外，二、三層樓房的確不多，此等高建築之酒樓，當屬大店。按唐朝大規模妓館均係一層樓建築，迨至宋朝，都市教坊制取消後，一般商店及住宅均可臨街建築，故三層樓壯觀之酒樓隨之出現，此當非唐朝平康坊之妓館所可項背者。其次關於高樓構造，所謂門內主廊直線延伸，兩側客室林立，『一直主廊約百餘步』。

該主廊長度，約五十間(註九六)，僅南北兩側設有客室，惟該走廊究係與門外馬路平行抑或縱交，未見明確說明(註九七)；(後述之張店似係平行方向)至於「廳院」、「分廳館」諒係指「接客室」而言。所謂正店擁有接客室一百十個，此與「一直主廊約百餘步」之說，剛相吻合（南北兩側各五十間左右也）其構造參證我國現有妓館規模（註：似係指北平之八大胡同等而言）。當非誇大之詞。「廳院」、「廊廡」兩相掩映，北宋酒樓盛況當可想見一斑。所謂『天井兩廊皆小閤子』(註九八)及『元夜則每瓦隴中皆置蓮燈』，前者之「小閤子」，可能係指欄間小窗。後者之「瓦隴」係指棟樑，倒處懸掛蓮燈(註九九)，上下相互耀照，益顯出酒樓之美觀也。白礬樓係宣和年間改築，五棟三層樓房，中閃以掛橋相連，橋側爲紅欄，珠簾低垂，所謂「飛橋欄檻」，其壯麗莫比。

②南宋時期

根據夢粱錄卷一六，酒肆條所載『中瓦子前武林園，向是三元樓、康沈家在此開沽。店門首綵畫。歡門設紅綠杈子，緋綠簾幙貼金紅紗梔子燈，裝飾廳院廊廡，花木森茂，酒座瀟灑。(但此店入其門，一直主廊，約一二十步，分南北兩廊，皆濟楚閣兒，穩便坐席。向晚燈燭，熒煌上下相照。濃粧妓女數十聚於主廊櫞面上，以待酒客，呼喚望之，宛如神仙)』。後段括弧內所述，似係引用東京夢華錄，已詳如前述。北宋時期，由此推斷南宋酒樓建築多係承繼北宋，故南宋酒肆大致與北宋酒肆相同；其中所不同者則爲規模，如北宋主廊長百餘步，樂妓數百，而南宋主廊僅長一、二十步，樂妓人數亦減爲數十；此外，武林舊事酒樓條所載『已上皆市樓之表表者。每樓各分小閣十餘』。「小閣」當係「接客室」，按北宋志一百十所云，爲數亦遠較南宋爲多。南宋酒樓規模，如上所述，遠較北宋縮小。此外，北宋酒樓大門懸掛綵球，廊內掛燈結綵，華麗無比，而南宋酒樓所謂「廳院廊廡，花木森茂」(註一〇〇)，其陳設雖無北宋時期之華美壯麗，似漸有簡素瀟洒傾向也。

(2) 醡酒

醡酒情形，南宋與北宋相同。按酒樓除了販賣當地特產之銘酒外，同時出售本店自製之酒類，一種乃至二種，此種情形除了市樓外，南宋之官庫（官營酒樓）情形亦同(註一〇一)。關於酒樓售酒價格，根據東京夢華錄卷二宣和樓前省府宮宇條文所載，仙正店爲出售最高級酒樓，其售價爲銀瓶酒七十二文一角，羊羔酒八十一文一角(註一〇二)，此價係純粹酒的賣價，販賣數量很多，獲利甚巨；此外，武林舊事卷六諸色酒各條所載官庫酒息，如『點檢所酒息，日課以數十萬計。而諸司邸第及諸州供送之酒不與焉。蓋人物浩繁，飲之者衆故也』。所稱臨安點檢所之酒息，每日數十萬錢，則市樓醡酒之利，當可想見也。蓋酒樓除了料理外，尚有樂妓陪酒，其售價當遠較普通價格高貴也。又東京夢華錄卷四會仙酒樓條文所載『凡酒店中不問何人，止兩人對坐飲酒，亦須用注碗一副，盤盞兩副，果菜楪各五斤，水菜碗三、五隻，卽銀近百兩矣』，按二人登樓小飲，卽需銀百兩。考其原文，除了料理（菜肴）及樂妓陪酒外，因其使用高貴盛器，亦有關係。此種情形，如同文續載『雖一人獨飮，盌遂亦用銀盂之類』。又同書酒樓條所稱，官庫均各設備有金、銀酒器千兩，市樓酒器悉用銀器，相互以華侈競爭，使用豪華盛器供應酒，此或爲酒樓接待客人之一種手段，如上述情形，正店對脚店，妓館甚至於貧家訂購酒時亦有借貸銀器之習慣也。

(3)賣食

飲酒時必須小菜，故賣食亦爲酒樓營業之一。南宋時期，隨着酒樓之食店化、大衆化，其重要性尤超過南宋，玆分述如次：

①北宋時期

關於北宋時期酒樓賣食情形，如東京夢華錄卷二飲食果子條所記（註一〇三）『店內賣下酒廚子謂之茶樓。……所謂茶飯者，乃百味羹、頭羹……洗平蟹之類。逐時旋行索喚，不許一味有闕。或別呼索變，造下酒亦即時供應。又有外來托賣炙鷄、燠鴨……。又有小兒子着白虔布衫、青花手巾，挾白磁缸子賣辣菜。又有托小盤賣乾果子，乃旋炒銀杏……蝦具之類，諸般蜜煎香藥……之類。更外賣軟羊諸色包子……之類。其餘小酒店亦賣下酒，如煎魚、鴨子……粉羹之類。每分不過十五錢。諸酒店必有廳院』。如上所述，酒店內出售下酒之料理場稱爲「茶飯」。所謂「茶飯」，係調製百味羹等所有一切料理，除了依據菜單調製外，亦可應客人所好調製。此外亦可應訂出張宴席，至於菜肴種類繁多，僅盛裝小盤點心，即達數十種之多，甚至連最小酒店亦具備有煎魚、鴨子等數種料理，此當爲酒店亦兼營賣食之佐證。但值得注意者酒店菜單未載有麵飯之類，此似係以「酒」爲主體之酒樓、酒店，與以供應料理爲主之料理店所中似並基本不同之處，此在東京夢華錄內隨處可見。按同書酒樓條所載『(在京正店七十二戶……其餘皆謂之脚店。)賣貴細下酒。迎接中貴飲食則第一白廚』。此係說明酒店出售高貴料理及美味菜肴，以接待酒客情形。又同書飲食條所載『唯州橋炭張家，乳酪張家不做前項。人入店亦不賣下酒。唯以好淹藏菜蔬，賣一色好酒』。係說明「炭張家」及「乳酪張家」兩酒店，不賣一般下酒，僅特藏有該店名菜及上級酒供應客人。此外會仙樓條所載『凡酒店中不問何人，止兩人對坐，飲酒亦須用注碗一副，盤盞兩副，果菜楪各五片，水菜碗三、五隻，卽銀近百兩矣。雖一人獨飲，盌遂亦用銀盂之類。其果子菜蔬非精潔。若別要下酒，卽使人外賣』。說明會仙樓之果子蔬菜並不精潔，若須特別料理，則派人到外面訂購。以上皆係酒店、酒樓並非以料理爲營業重心之傍證也。

其次，簡單說明以料理爲營業重心之食店情形。按食店在南宋時期相當發達，但北宋期間已極繁盛。如東京夢華錄卷四食店條所舉食店種類如次『大凡食店大者謂之分茶。則有頭羹、石髓羹、白肉胡餅、軟羊、大小骨肉角、𠇍犒腰子、石肚羹、入爐羊罨生、軟羊麵、桐皮麵、薑潑刀、回刀、冷淘、棊子、寄爐麵飯之類，喫全茶，饒虀頭羹。更有「川飯店」，則有揷肉麵，大燠麵、大小抹肉淘、煎燠肉、雜煎事件，生熟燒飯。更有「南食店」，魚兜子、桐皮熟膾麵、煎魚飯。又有「瓠羹店」』。上述各種料理，品目奇多，尤若飲食、果子。所不同者，本條所載。多係麵食之類。又上文續載『門前以枋木及花樣沓結縛如山棚，上掛成邊猪羊相門三二十邊。近裏門面窗戶，皆朱綠裝飾，謂之驩門，每店各有廳院東西廊稱呼坐次。云云』。根據上述，則所謂「分茶、川飯店、瓠羹店等較大食店，均係由廳院及東西走廊構成，建築雄偉，尤如酒樓。也許「酒樓」與「食店」在外觀上相似之處甚多；所不同者爲酒店僅供應酒與下酒菜肴，食店則以麵、飯爲主食。

②南宋時期

酒樓賣食狀況，迨至南宋，有了顯著變化。如上所述，南宋時期，一方面出現供應部份士人享樂之高級酒樓之官庫，另方面民間大衆食堂也相當發展，當時酒樓繁榮，幾被官庫獨占，市樓乃逐漸發揮於食店化效用。關於南宋時期食店發達情形，夢粱錄內有關飲食關係條文，計有「茶肆」、「酒肆」、「分茶酒店」、「麵食店」、「葷素從食店」五條。其中「麵食店」與「葷素從食店」二條係屬於食店範疇。根據麵食店條開頭所載『向者汴京開南食麵店、川飯、分茶，以備江南往來士夫，謂其不便北食故耳。南渡以來，幾二百餘年，則水土既慣，飲食混淆，無南北之分矣。大凡麵食店亦謂之分茶店，若曰分茶』，北宋時間之大的食店統稱爲「分茶」（註一〇四），南宋亦用作麵食店（註一〇五）。按麵食店係北宋時期之「南麵食店」之簡稱。按北宋時期，汴京地方爲了南來人士，特設南食麵店、川飯店（註一〇六）等南方口味麵食，迨至南宋，北方與南方口味混淆不分，而麵食店亦成爲代表性之食店而與「分茶」意義相同了。由於南方食類之一般化與麵類之增加，益形成食店之大衆化。根據夢粱錄所載，南宋時期麵食店料理種類，大致與北宋時期食店相同。其次夢粱錄對於麵食店之建築、裝飾、客人點菜方法，送菜情形，營業狀態均有詳盡描述；南宋之「麵食店」係繼承北宋之「食店」，大體上並無變化，但麵食店種類增多，如專賣餛飩店，及販賣飯食之專門店，及菜羹飯店等，此等麵、食店類，夢粱錄稱爲『此不堪尊重，非君子待客之處也』，並比喻爲『此乃下等人求食麤，往而市之矣』，此係都市生活庶民化之一斑也。

南宋時期之食店，「從食店」與「麵食店」同樣佔重要地位。此在夢粱錄之「葷素從食店，(諸色點心事件附)」條文中，已有詳細敘述。所謂「從食」，武林舊事卷六市食條，開頭記載有「蒸作從食」，並列舉包子、餅、饅頭、餡等種類，而從食區分爲葷、素。四季供應，武林舊事內列舉種類數百，其中有專售素點心之從食店與饅頭店、粉食店等，以及在街頭巷首之露天食店。後者亦即所謂『應于市食，就門供賣，可以應倉卒之需』之露天輕食店。總之，專門出賣點心食類之從食店，北宋時期所未曾有，適爲南宋時期市食發展爲大衆化例證。隨着食店之大衆化，酒樓、酒店亦有相當變化，如夢粱錄酒肆條所載『大抵酒肆，除官庫、子庫、脚店以外，其餘謂之拍戶。兼賣諸般下酒，食次隨意索喚。酒家亦自有食牌，從便點供』。按文中之「拍戶」，係官庫、子庫、脚店以外酒店之總稱，兼賣下酒，是則官庫、子庫、脚店三種酒店不賣下酒也。此外根據武林舊事之酒樓條『(官庫)……凡肴核杯盤亦各隨意携至。庫中初無庖人。官中趲課，初不籍。云云』。是則官庫中並無厨司，酒肴均由客人自行帶來。按官庫係專供士大夫階級使用，外人不能輕易入內，並非市樓之大衆化也。至於公開開放之市樓（亦卽民營妓館），其情形則與官庫不同，如武林舊事之市樓條(註一〇七)所載『凡下酒羹湯，任意索喚。雖十客各欲一味，亦自不妨。過賣鐺頭，記憶數十百品，不勞再四，傳唱如流。便卽製造供應。不許少有違誤。酒未至，則先設看菜數楪。及舉杯，則又換細菜。如此屢易，愈出愈奇。極意奉承，或少忤客意，及食次少遲，則主人隨逐去之』。由此可見酒樓酒店之盛況也(註一〇八)。

如上所述南宋之酒樓、酒店，具有日本目前濃厚之「料亭」性格，此外夢粱錄續文所載『更有包子酒店，專賣灌漿饅頭、薄皮春繭包子……之類。又有肥羊酒店……專賣軟大骨……四件』。蓋「食店」除了以麵類、飯類爲主食外，更有專賣包子等點心之從食店。此外，夢粱錄酒肆條『（曩者，東京楊樓、白礬、八仙樓等處酒樓盛於今日。其富貴又可知矣。）且杭都如康沈、施厨等酒樓店，及薦橋豐禾坊王家酒店、闇門外鄭厨分茶酒肆，俱用全桌銀器皿沽賣。（更碗頭店一、二處，亦有銀臺碗沽賣。於他郡却無之）』。文中將酒店區分爲康沈店、施厨等之酒樓店，薦橋豐禾坊王家之酒店，及鄭厨等分茶酒肆等三種。故分茶酒肆（亦卽分茶酒店）當與以往之酒樓及酒店等不同。按夢粱錄在酒肆條文後面特設「分茶酒店」一條，叙述分茶酒店除供應酒食（例舉料理數百種），及其具有廳院等建築設備外，幾與東京夢華錄飲食果子條文所述酒樓大致相同(註一〇九)。故南宋之分茶酒店，卽係北宋時期食店兼具酒店營業性質而成。

此外夢粱錄在敘述上述三種酒樓、酒店及分茶酒肆外，更例舉「碗頭店」之名稱。同條所載『又有挂草、葫蘆、銀馬杓、銀大碗。亦有挂銀裏直賣牌。多是竹柵布幕。謂之打碗頭。只三二碗便行』。故所謂打碗頭，似係小型露天酒店，但此種小店亦使用銀器，係較酒樓、酒店、分茶酒肆小規模之一種低級酒店（註一一〇）。

第二項　歌館（茶坊）

茶坊與茶肆皆係以茶點供應客人享樂之處，規模大小不一，有的小至露店程度，大者大如酒樓，並設有華麗單人客室，奏樂，設置樂妓，接待客人，所謂「歌館」，諒係指後者而言。

一、坊名及其所在位址

武林舊事「歌館」條所載『平康諸坊，如上下抱劍營、漆器墻、沙皮巷、清和坊、融和坊新街，太平坊巾子巷、獅子巷、後市街、薦橋。皆羣花所聚之地。外此諸處茶肆，

清樂茶坊
八仙茶坊
珠子茶坊
潘家茶坊
連三茶坊

連二茶坊

及金波橋等兩河，以至瓦市。各有等差』。根據上述，茶坊多集中於左一北廂（淸和坊、融和坊、太平坊、巾子巷、後市街），此外右二廂（抱劍營、薦橋），西右二廂（沙皮巷、金波橋路）等處亦間有茶坊。夢粱錄並例舉五處「花茶坊」如次：

『市西坊南潘節幹茶坊

市西坊兪七郎茶坊

保佑坊北朱骷髏茶坊

太平坊郭四郞茶坊

太平坊北首張七相幹茶坊』

此外尙例舉士大夫集會之茶坊四處如次：

『黃尖嘴蹴毬茶坊（張寶麵店隔壁）

王媽媽家茶肆（一名一窟鬼茶坊）（中瓦內）

車兒茶肆（大街）

蔣檢閣茶肆（大街）』

按「太平坊」與「市西坊」相同，設有著名「花茶坊」兩店。蓋「市西坊」與「太平」、「融和」、「市南諸坊」同在「左一北廂」內，附近「茶坊」羣集。此外，綜觀夢粱錄卷七之「禁城九廂坊巷條」

及同卷九「瓦會之條」，和清和坊相對者爲「南瓦子」。「南瓦子」位於熙春樓之下，而「市南坊」之北設有三元樓（代表性之酒樓），其前爲「中瓦子」。「中瓦子」內開設有「王媽媽家茶肆」。又「市西坊」內設有「大瓦子」。總之，左一南廂內，茶肆、酒樓、瓦子、羣集，形成爲一大歡樂街也。

二、種　類

茶坊係以「點茶」與「歌妓」供應客人。至其種類，並非以「點茶」、「歌妓賣笑」、「酒宴」、「奏樂」等手段區分，而以顧客種類而分類。根據梁夢錄所載『大凡茶樓多有富室子弟諸司下直等人會聚。習學樂器上教曲賺之類，謂之挂牌兒』。則一般茶樓，係富家子弟及官吏等聚會之所，與南宋時期之官酒庫爲學會大夫所據，一般人不易登堂入室情形相同。此外同書同條，續載有『更有張賣麵店隔壁黃尖嘴蹴毬茶坊，又中瓦內王媽媽家茶肆，名一窟鬼茶坊，大街車兒茶肆，蔣檢閱茶肆，皆士大夫期朋約友會聚之處』。文中所謂蹴毬茶坊以下四店，係士大夫會聚之處，此與上述以學習樂器爲主之挂牌兒不同，而以士大夫約會友朋談歡爲主，但亦與前者同樣具有高尙性格。又同條載有『蓋此處多有吵鬧，非君子駐足之地也』，說明茶肆吵雜，非君子所留連之地。另同條載有『又有茶肆，專是五奴打聚處』之句，說明茶肆爲拳術家（跑江湖的人）聚集之處。同文續載『亦有諸行借工，賣伎人會聚，行老謂之市頭』。更說明茶肆係供商人談論賣買之所。根據上述各種利用方法，宋朝茶坊，與目前我中華民國北方之茶館相似之點甚多。

三、營業之內容

(1) **點　茶**

關於「茶坊」營業內容，如衆所週知，係以點茶爲主。但就茶坊出現言，則並非完全如此，如夢粱錄卷一六茶肆條所載『人情茶肆本非以點茶湯爲業。但將此爲由。多覓茶金耳』。是則茶肆並非以點茶湯爲本業，而係以茶點接待顧客，賺取大量茶錢。如僅販賣茶者則稱爲茶肆；而以點茶接待顧客者則稱爲茶坊，此或爲「茶肆」與「茶坊」之區別也。按喫茶風氣，始自唐朝，但唐朝並無茶坊名稱，北宋時期始有茶坊。如東京夢華錄卷二所載『新門瓦子以南殺豬巷亦妓館。以南東西兩教坊，餘皆居民，或茶坊（以上係朱雀門外街巷條）。

東十字大街日從行裏角茶坊（以上係潘樓東街巷條）

投東則舊曹門街北山子茶坊內有仙洞、仙橋。士女往往夜遊喫茶於彼（同上述條文）』。但是北宋盛況尚不及南宋。如武林舊事卷六歌館條所載點茶實況如『凡初登門，則有提瓶獻茗者，雖杯茶亦犒數千。謂之點花茶。登樓甫飲一杯，則先與數貫，謂之支酒。然後呼喚提賣，隨意置宴，趕趁祗應。撲賣者亦皆紛至，浮費頗多』。卽遊樂茶坊時，入門茗茶，登樓後更飲一杯，前一杯價數千錢，次一杯（登樓後飲一杯）必須支付數貫，爾後則可隨意點茶，及設宴（註一一）。所費不貲，費用甚巨。茶坊供應之茗茶亦必精選之高級茗茶。此從夢粱錄茶肆條所載『四時賣奇茶異湯。冬月添賣七寶擂茶、饊子葱茶，或賣鹽鼓湯，暑天添賣雪泡梅花酒，或縮脾飲暑藥之屬』。可見一斑也。

(2)銀　器

「茶坊」點茶，一擲千金，故茶坊在招待方面，亦竭盡服務，點茶用具，使用銀器。如夢粱錄所載『紹興年間賣梅花酒……賣之，用銀盂、杓盞子。亦如酒肆。論一角二角。今之茶肆……敲打響盞，歌賣。正用瓷盞漆託。供賣則無銀盂物也』。此外根據武林舊事所載『凡酒器沙鑼、冰盆、火箱、粧合之類，悉以金銀為之』。是則酒器等各種盛器，使用金銀兩者兼有。亦可證明「茶坊」除點茶外尚供應飲酒，並以茶器，酒器相互競爭。此外根據續文所載『帳幔茵褥多用錦綺。器玩珍奇，他物稱是，下此雖力不逮者，亦競鮮華。蓋自酒器、首飾、被臥、衣服之屬。各有賃者，故凡佳客之至，則供具為之一新。非曾遊者不察也』。關於貨物方面，同文續載如次：

『賃物

花擔、酒擔、首飾、衣服、被臥、轎子、布囊、酒器、幃設、動用、盤合、喪具。凡吉凶之事，自有所謂茶酒厨子，專任飲食、請客、宴席之事。凡合用之物，一切賃至。不勞餘力。雖廣席盛設，亦可咄嗟辦之』。

(3)裝　飾

茶坊在點茶及酒席方面，除了使用華麗盛器外，並竭盡裝飾。如夢粱錄茶肆條所載『汴京熟食店，張挂名畫，所以勾引觀者，留連食客。今杭城茶肆亦如之。插四時花，挂名人畫，裝點店面。……今之茶肆列花架，安頓奇松異檜等物于其上，裝飾店面』。此係描說北宋汴京之熟食店，懸掛名畫，勾引來觀並使食客留戀，此種方法，南宋茶肆業已採用，當時除懸掛名畫外並插鮮花。至於酒樓建築方面，裝飾花竹吊窗，陳列花架，設置奇松異檜，使酒樓增加高尚情趣。

(4) 樂妓

茶肆由點茶演變酒宴，實已具備酒樓性格，故需樂妓隨伴。如武林舊事「歌館」條所載「平康諸坊……後市街，薦橋皆花所聚之地。外此諸處茶肆，清樂茶坊……及金波橋等兩河，以至瓦市，各有等差。莫不靚粧迎門，爭妍賣笑，朝歌暮絃，搖蕩心目」，按歌館係以樂妓伴隨遊興爲主，故所謂「歌館」，係指有歌妓之妓館而言。同條續載『或欲更招他妓，則雖對街，亦呼肩輿而至。謂之過街橋』。又續文另載『前輩如賽觀音、孟家蟬、吳憐兒等甚多。皆以色藝冠一時。家甚華侈。近世目擊者，惟唐安安最號富盛』。此係描述該歌館以前曾駐有色藝超羣之歌妓如賽觀音、孟家蟬、吳憐兒等輩，最近(係指南宋末葉)以唐安安最爲有名，按南宋期間，官私酒樓，名妓輩出。至於歌館亦即茶坊內，歌妓極爲活躍。如夢粱錄所載『大街有三、五家，開茶肆，樓上專安著妓女。名曰花茶坊。如市西坊南潘節幹，俞七郎茶坊……。蓋此五處多有吵鬧，非君子駐足之地也』。由此可見樓上設置樂妓之茶肆稱爲花茶坊，其地吵鬧不息，非君子所能立足。是則花茶坊當係最低級之茶肆，其歌妓藝色諒非上乘，恐已脫離茶坊本來以點茶爲營業之本業，而趨向賣色形勢。

(5) 鼓樂

茶坊清遊，與酒樓遊宴相似，故必須樂舞陪伴。按「茶坊」係「歌館」之別稱，當可想像鼓樂之重要。至其使用方法，如參照夢粱錄所載『向紹興年間，賣梅花酒之肆，以鼓樂吹梅花引曲破』。則該賣梅花酒之茶肆，以鼓樂奏梅花之曲以招引酒客。此外另據夢粱錄所載『大凡茶樓多有富室子弟諸司下直等人會聚。習學樂器，上教曲賺之類，謂之挂牌兒』。是則茶樓又爲富家子弟及官吏會聚習樂之所（註一一二）。此間稱爲「茶樓」，而不叫做「茶肆」、「茶坊」、「歌館」，諒非僅以點茶爲樂之茶肆，亦非以遊樂樂妓之花茶坊，似係爲點茶與音樂娛樂，遊客淸遊之特別氣氛之茶坊，想像其規模必大若酒樓也。

第三項　妓　館

南宋與北宋時期，以酒宴、喫茶爲中心，並以歌樂，女色伴樂者。除上述酒樓，及茶坊兩種外，尙有妓館。按妓館一般係指賣色處所而言。宋朝李昌齡之樂善錄卷下所載『黃荃及居家寶貨名畫尤善……又有好遊妓館而子孫遂至荒淫』。似係指妓館賣淫而言，關於北宋時期妓館情形，特摘錄東京夢華錄有關條文，藉供究察也。

①街北薛家分茶，羊飯熟羊肉舖。向西去皆妓女館舍，都人謂之院街。（御廊西卽鹿家包子，餘皆羹店、分茶、酒店、香藥舖、居民）。

②出朱雀門東壁亦人家，東去大街麥稭巷狀元樓，餘皆妓館。至保康門街。其御街東朱雀門外西通新門瓦子，以南殺猪巷亦妓館。以南東西兩教坊，餘皆居民。（卷二，朱雀門外街巷條文）

③出舊曹門，朱家橋瓦子，下橋南斜街北斜街內有泰山廟，兩街有妓館。橋頭人煙市井不下。州南以東牛行街，下馬劉家藥舖，看牛樓酒店，亦有妓館。（卷二潘樓東街巷）

④土市北去乃馬行街也。人煙浩鬧，先至十字街，曰鷄兒市。向東曰東鷄兒巷。西向曰西鷄兒巷。皆妓館所居。（同前）

⑤北去楊樓以北穿馬行街，東西兩巷謂之大小貨行，皆工作伎巧所居。小貨行通鷄兒巷妓館。大貨行通牋紙店（卷二酒樓）。

⑥寺東門大街皆是幞頭腰帶書籍冠朶舖席丁家素茶。寺南卽錄事巷妓館。（繡巷皆師姑繡作居住。北卽小甜水巷，巷內南食店甚盛，妓館亦多。……又向北曲東稅務街、高頭街、薑行後巷，乃脂皮畫曲妓館）。（卷三寺東門街巷）

⑦景德寺在上淸宮背。寺前有桃花洞，皆妓館。（卷三上淸宮）

⑧州西新鄭門大路直過金明池，西道者院，院前皆妓館。（卷六，收燈都人出城探春）

以上所述，當可推想妓館存在及其位置。但對妓館內容，則無詳確記載，除了參酌酒樓、茶坊等有關條文史料對照外，恐無其他方法。此間值得注意者，妓館多與酒樓、酒店、茶坊、分食及瓦子等飲食娛樂機關混合出現，究其性格，似特別與酒樓有較深之關係，或位於同一坊、街、巷，相併建設或在鄰街、巷，相互聳立。根據上述第②例，「酒門瓦子」與「妓館」、「敎坊」在朱雀門外逋接營業；根據第③例，牛行街上設有看牛樓酒店與妓館；第④例東西鷄兒兩巷附近著名之楊樓與莊樓（和樂樓）相對（註一一三）；第⑤例所稱通小貨行之鷄兒巷妓館，聳立由三層五樓閣構成之最大酒樓白礬樓（豐樂樓）（註一一四）；第⑥例所稱小甜水巷內「南食店」與「妓館」繁盛；第⑧例稱新鄭門大路當面之金明池，妓館羣集，並開設有宴賓樓、集賢樓、蓮花樓等大酒樓。

綜觀上述史料，「妓館」與「酒樓」似甚難區別，閱讀酒樓條文，亦載有酒樓內樂妓，濃粧爭艷之說，而東京夢華錄內更將酒樓稱爲「某樓酒店」、「某正店」、「某樓」、「酒肆」等，一般人通常認爲「某樓」必指酒樓而言，但實際上某樓亦有包括妓館者，如「妓館」條文所載『州西新鄭門大路直過金明池，西道者院，院前皆妓館。以西宴賓樓……有集賢樓、蓮花樓。乃之官河東、陝西五路之別館，尋常餞送，置酒於此』。文中之所謂宴賓樓、集賢樓、蓮花樓係指妓館。河東、陝西五路官員，上京或返鄉時，專在此處設宴餞送，似可解釋爲各地官有妓館之別館（註一一五），故妓館與酒樓，兩者區別甚難。但是根據所謂『州南以東牛行街，下馬劉家藥舖，看牛樓酒店，亦有妓館』，證明酒店之外尚有妓館，是則妓館係獨立存在，當無疑問。此外參證東京夢華錄卷五民俗條所載『其正酒店戶見脚店三兩次打酒，便敢借與三五百兩銀器以至貧下人家。就店呼酒，亦用銀器供送，有連夜飲者，次日取之。妓館只就店呼酒而已。銀器供送亦復如是。其闊略大量天下無之也』。所謂小酒店（脚店）向大店（正店）打酒時，可向大店借用銀裝酒器，而『妓館只就店呼酒而已』之說，似係闡明妓館經常向酒店打酒供應客人，是則妓館本身似無賣酒營業。

按「妓館」性質，根據各館名稱推測，似係以樂妓接待客人享樂爲主，但是酒宴爲遊客買與所不可缺少者，故需借重酒店，而酒樓規模較大，除酒宴外並另以樂妓陪酒，故仍以酒宴爲着眼（註一一六），此或係兩者不同之處；假若「妓館」所需酒宴料理必須借重酒店，則酒樓所需樂妓，有時似亦借重妓館者，上述茶坊（歌館）可招請其他茶坊樂妓（稱爲過街橋），有時似亦能向妓館招請也。很多妓館，均設在酒樓、酒店、茶坊、瓦子等附近，究其用意，或與其營業有關。

北宋汴京，似已有妓館，當時性格，或與酒樓相似，着眼於酒宴兼營賣色，樂妓多具有娼妓性格。所謂「酒樓」相當於日本藝妓料亭，「妓館」則相當於「娼館」，但是若干妓館經常派遣樂妓前往酒樓、酒店、茶坊，故亦具有日本藝妓屋性質，究其設施，雖類似酒樓，惟規模遠較酒樓爲小。

唐朝長安平康坊之北里妓館，係規模較小之營業設施，相互毗鄰，爾後隨着條坊制度解消，汴京各地，酒樓、酒店、茶坊等如雨後春筍紛紛設立。其發達結果，演變爲宋朝酒樓，較唐朝大衆化，規模亦大。故唐朝北里妓館，迨至宋朝變爲酒樓。至於妓館似係酒樓之從屬機構者。

第四項　樂　妓

關於酒樓、茶坊、妓館情形，已如上述。茲再簡介宋代樂妓組織及活動概況，藉供研究唐朝妓館及樂妓之參考，惟宋代樂妓組織及活動，史料貧乏，論究困難。東京夢華錄、夢粱錄、武林舊事等史書，對於酒樓、茶坊、妓館之誰酒與賣食情形，雖有詳盡報導，但對官私樂妓之種類、職能、組織、性格、活動等，則僅片斷鱗爪。但夢粱錄卷二〇「妓樂」條記載事項，尙可窺見樂妓活動情形之一斑。茲綜合分述於次：

一、樂妓之種類與性格

如前所述，唐朝樂妓，分爲宮妓、家妓、官妓、民妓及公妓五種。迨至宋朝，宮妓、家妓、官妓重要性業已衰退，而私營妓館（包括酒樓、茶坊、妓館）之民妓，與官營妓館（南宋之官庫）之公妓所佔比重極大。茲將私營妓館之民妓統稱爲私妓；官營妓館之公妓統稱爲官妓。至於唐朝官妓中之一種營妓，宋朝時期仍然保有，但此並非私營妓館之樂妓性質，故附在官營妓館內論述。本節所論究者係以私妓與官妓爲主。

(1)酒樓樂妓

酒樓樂妓，可分爲市樓（私營）與官庫（官營）兩種。有關北宋市樓樂妓情形，如東京夢華錄酒樓條所載『濃粧妓女數百。聚於主廊槏面上，以待酒客，呼喚望之，宛若神仙』。至於南宋酒樓情形，如武林舊事所載『每處各有私名妓數十輩。皆時粧袪服，巧笑爭妍。夏月茉莉盈頭，香滿綺陌，凭檻招邀，謂之賣客』。如上所述，南、北宋時期樂妓，均濃粧華服，憑檻招客，此爲唐朝「北里」所未有之現象，亦爲妓館趨向公開化之最有力之明證。尤其是南宋，樂妓賣弄風騷情形，更盛於北宋。惟上文中所稱北宋樂妓數百，南宋則稱數十人。故南宋時期市樓規模已較北宋爲小，但其規模雖然縮小，而內部營業狀況，反精益求精，邁向大衆化方向推進，故並不能稱作衰退也。

市樓除了普通樂妓外，另有比較下級樂妓。如東京夢華錄之飲食菓子條所載『又有下等妓女，不呼自來筵前歌唱，臨時以些小錢物贈之而去，謂之劄客，亦謂之打酒座』（註一一七）。此種劄客，係賣唱性質，非市樓樂妓，類若賣藝女人（註一一八），其稱謂流傳至南宋，如武林舊事所載。『又有小鬟不呼自至，歌吟彈聒，以求支分，謂之擦坐。又有吹簫彈阮，息氣鑼板，歌唱散耍等人。謂之趕趁』。文中之「擦坐」卽係北宋之「劄客」。至於「趕趁」則係南宋以後之稱謂（註一一九）。關於南宋官庫樂妓，如武林舊事所載『每庫設官妓數十人。……每庫有祗直者數人。名曰下番。飲客登樓，則以名牌點喚侑樽，謂之點花牌。元夕諸妓皆併番互移他庫。夜賣各戴杏花冠兒，危坐花架。然名娼皆深藏邃閣，未易招呼』。文中官庫樂妓每樓數十人數，與市樓相同，證明市樓規模確較北宋縮小，此處値得注意者，則爲勤務狀況，所謂「官庫每庫數十樂妓，而當値者僅有數人」，語焉不詳理解爲難，究諸唐代妓館設置「都知」情形，推斷此當値者或係指妓女中負有特別任務或地位者而言。其次關於文中所稱之「點花牌」，諒係官庫特有習慣。蓋登樓入室之客，必指名樂妓（花名）然後訂食酒菜；武林舊事卷一〇點檢酒所條文所載『此郡風流才子欲賣一笑，則徑往庫內點花牌。惟意所擇。但恐酒家人隱庇推托，須是親識妓面，及微利啗之可也』。文中之所謂「點花牌」係指定所喜歡樂妓陪酒，但若尙未謀面者，酒樓方面，則基於本身營業方面需要，有時藉詞婉拒；此外參證前文所述「夜賣各戴杏花冠兒，危坐花架」一語，判係普通樂妓雖危坐花架，但名妓則深居高樓點花牌時始接待客人者。

(2) 茶坊（歌館）及妓館之樂妓

關於茶坊及妓館之樂妓，上述各節中業已提及。茶坊之名妓部份容併入以後有關節款中論究外，至於酒樓茶坊及妓館之樂妓，相同之處甚多，尤其是酒樓茶坊之樂妓，多係妓館出差者，此點頗堪注意也。

(3) 營妓

營妓亦即所謂軍營或樂營之樂妓。唐代時期，營妓係官妓之一種，具有特殊性格；迨至宋朝，官私妓館制度雖已確立，但營妓制度依然存在。如宋朝錢希白之洞微志所載『宋景德時，馮敢唱喝馱子。十四姨言，此曲單州營妓教頭葛大姊所撰。梁祖付後騎唱之，名葛大姊後謁喝馱子』。宋朝周密之雲煙過眼錄所載『初杭州營妓周韶能詩，……籍中諸妓之內有吳楚、龍靚二妓詩最佳。事在候鯖錄』。以及周密之齊東語錄卷七所載『謹按入內內侍省東頭供奉官幹辦內東門司董宋臣宦寺之貪黠省也。竝緣造寺豪奪民田，密召倡優，入褻清禁』。文中之所謂教頭葛大姊，當係營妓中之姣姣者，與唐朝妓館「都知」地位相當也，此外根據程大昌之演繁露所載『今謂優女爲弟子。命伶魁爲樂營將』。以及王明清之熙豐日曆所載『均州奏言編管練亨甫與兄劼，弟沖甫，收養女弟子魯麗華，踰濫毆打，樂營將申舉送司理院昭對』。則樂妓之主官稱爲樂營將，營妓亦可稱爲弟子或女弟，教頭則相當於樂營將之身份。此外朱彧之萍州可談所載『娼婦諸郡隸獄官，以伴女囚。近世以迎使客待宴謂弟子，其魁謂之行首』。與朱子文集之按唐仲友第三狀所載『悅營妓嚴蕊欲係以歸。都行首嚴蕊』。是則弟子中之首領稱爲「行首」或「都行首」也，根據上述名稱及稱謂，推測營妓必有一定組織，但是營妓究竟是否軍營之妓，根據俞正燮所稱，分爲隸屬軍隊者及隸屬郡者兩種，但兩者均係屬於官衙軍營之官妓，而似非公開之官營妓館也（註一二〇）。

二、樂妓之活動

關於宋代樂妓活動狀況，茲就夢粱錄卷二〇妓樂條所載『官妓及私名妓數內揀擇上中甲者，委有娉婷秀媚，桃臉櫻唇，玉脂纖纖，秋波滴溜，歌喉宛轉，道得字眞韻正，令人側耳聽之不厭』。文中列舉名妓選拔標準和條件，續載有名妓姓名如次：

『官　妓：

金賽蘭、范都宜、唐安安、倪都惜、潘稱心、梅醜兒、錢保奴、呂作娘、康三娘、桃師姑、沈三如

私名妓女：

（蘇州）錢三姐、七姐　呂雙雙

（文字）季惜惜　十般大

（鼓板）朱一姐　胡憐憐

（媳婦）朱三姐

（婺州）張七姐　　　　　　　　　　（轎番）王四姐
蠻王二姐　　　　　　　　　　　　（大臂）吳三媽
（搭羅）邱三姐　　　　　　　　　（浴堂）徐六媽
（一丈）白揚三媽　　　　　　　　沈盼盼
舊司馬二娘　　　　　　　　　　　普安安
（裱背）陳三媽　　　　　　　　　徐雙雙
（屐片）張三娘　　　　　　　　　彭新
（半把纖）朱七姐

上述官妓十一人中之唐安安，如武林舊事歌坊條所載『前輩如賽觀音、孟家蟬、吳憐兒等甚多。皆以色藝冠一時，家甚華侈，近世目擊者，推唐安安最號富盛』。是則唐安安當與賽觀音等，同屬歌館樂妓。故官妓除官庫樂妓外，茶坊樂妓亦有屬於官妓範疇者，證明茶坊亦有官營者。根據此列類推，私名妓二十三人，也許可能有茶坊樂妓在內，（後者茶坊當係指民營所言）。列舉之二十三妓，僅係指「蘇州」與「婺州」（即今之浙江省金華縣）兩地而言，名妓上面括弧內所註之「文字」、「鼓板」等係指該樂妓「文章秀氣」，「擅長鼓板樂品」等各種專長而言者。

此等樂妓所唱之樂曲歌詞，統稱為『詞』。至於樂曲型態方面，除說唱外，尚有唱賺、慢曲、曲破、大曲、嘌唱、耍令、番曲、叫聲等。如夢粱錄之妓樂條曾對此作如下說明：

『說唱，諸宮調，昨汴京有孔三傳，編成傳奇、靈怪，入曲說唱。今杭州城有女流熊保保及後輩女童，皆效此說唱，亦精於上鼓板無二也。

蓋嘌唱爲引子，四句就入者，謂之下影帶。無影帶。名爲散呼。若不上鼓面，止敲盞兒，謂之打拍。

唱賺，在京時祇有纏令、纏達。有引子尾聲爲纏令。引子後只有兩腔迎互循環，間有纏達。紹興年間，有張五牛大夫。因廳動鼓板。中有太平令或賺。鼓板卽今拍板。大節揚處是也。遂撰爲賺，賺者悞賺之義也。正堪美廳中不覺已至尾聲。是不宜爲片序也。又有覆賺，其中變花前月下之情及鐵騎之類。今杭城老成唱賺者如竇四官人、離七官人、周竹窗、東西兩陳九郎、包都事香沈二郎、彫花楊一郎、招六郎、沈媽媽等。凡唱賺最難，兼慢曲、曲破、大曲、嘌唱、耍令、番曲、叫聲，接諸家腔譜也。若嘌唱、耍令，今者如路岐人王雙蓮、呂大夫，唱得音律端正耳。

今街市與宅院，往往效京師叫聲，以市井諸色歌叫賣物之聲，採合宮商成其詞也』。

如上所述，說唱（卽今之大鼓）名人爲杭州熊保保等女流。唱賺名人爲竇四官人、離七官人、陳九郎、沈二郎、楊一郎、招六郎等男人及沈媽媽。嘌唱、耍令方面，女流王雙蓮和男性呂大夫亦同列名流，由於上述女流和男人混雜賣唱情形推測，諒非樂妓（註一二二）。

最後，關於樂妓活動，亦不僅局限於妓館與酒樓也，如夢梁錄卷二〇妓樂條所載『朝庭御宴是歌板色承應如府第。富戶多于邪街等處，擇其能謳樂妓，顧倩祗應。或官府公筵及三學齋會，縉紳同年會、鄉會，皆官差諸庫角妓祗直』。富戶多於妓館酒樓，選擇善歌能唱者，前來宅邸會時陪宴。按唐朝富戶雖有私蓄家妓者，但從北里招妓來家陪宴之例尚無。文中所稱「朝廷御宴是歌板色承應如府第」一語，說明宋朝無論宮庭、官邸宴會時，亦招請樂妓陪宴，但其所指樂妓，恐多係官妓。至於官府公宴，三學（國子學、太學、四門學）齋會、縉紳同年會、鄉會，官庫妓女亦應官差陪宴，此種情形與唐代「北里」之所謂官使相似（註一二三）。此亦證明官私樂妓除了酒樓、妓館以外，進出商人富戶及官邸、宮廷等事實。此外夢粱錄卷二諸庫迎煮條亦有詳細記載，如次：

『臨安府點檢所，管城內外諸酒庫，每歲清明前開煮，中前賣新迎年，諸庫呈覆本，所擇日開沽呈樣，各庫預頒告示。官私妓女新麗粧著，差僱社隊鼓樂，以榮迎引。至期侵晨，各庫排列整肅，前往州府教坊，伺候點呈。首以三丈餘高白布，寫「某庫選到有名高手酒匠，釀造一色上等醲辣無比高酒，呈中第一」，謂之布牌。以大長竹起挂三五人扶之而行。次以大鼓及樂官數輩。後以所呈酒數擔。以八仙道人。諸行社隊，如魚兒、活擔、糖糕、麵食，諸般市食。車架異檜奇松，賭錢行、漁父、出獵、臺閣等社。又有小女童子執琴瑟，妓家伏役婆嫂，喬妝繡體浪兒。手擎花籃精巧籠杖。其官私妓女，擇爲三等，上馬先以頂冠、花衫子、襠袴。次擇秀麗有名者，帶珠翠朵玉冠兒，銷金衫兒、裙兒，各執花斗鼓兒，或捧龍阮、琴瑟。後十餘輩，著紅大衣帶，皁時髻，名之行首。各僱賃銀鞍、鬧妝、馬匹。借倩宅院及諸司人家虞候，押番，及喚集關僕、浪子，引馬隨逐。各青絹白扇馬兀，供值。預十日前本庫官小呈，五日前點檢所僉廳官大呈，雖貧賤潑妓，亦須借備衣裝首飾。或記人僱賃，以供一時之用。否則責罰再辦。妓女之後，專知大公皆新巾紫衫，乘馬隨之。州府賞以綵帛、錢會、銀碗。令人肩駄于馬前，以爲榮耀。其日在州治呈中祗應訖，各庫迎出街，直至鵝鴨橋北酒庫。或俞家園都錢庫，納牌放散。最是風流少年。沿途勸酒，或送點心，間大有年尊人不識羞耻，亦復爲之旁觀哂笑。諸酒肆結綵歡門，遊人隨處品嘗。追歡賣笑，倍於當時』。

如上所述，點檢所管下之各酒庫，每年清明節前，新酒上市時，必列隊遊行宣傳，該項宣傳隊伍，係從各州府教場出發，至鵝鴨橋之北酒庫爲止。隊列先頭持長三丈餘之布牌竹竿，上書各庫特產酒店，其次爲官私樂妓粧裝打扮隊伍，其次爲敲擊大鼓樂人，後爲挑抬新酒數樽，及八仙道人（係假扮唐代著名酒仙「李白」、「賀知章」、「李適之」、「王璡」、「崔宗之」、「蘇晉」、「張旭」、「焦遂」等八人）以及化粧行列。其中樂妓隊伍分爲三等，其一戴冠穿花衫子，襠袴騎馬者；其二爲名妓隊伍，帶珠翠朶玉冠，着銷金衫裙，手持斗鼓或琴瑟等樂器；其三爲最後一羣約十多人，着紅大衣，結皁時髻。此間值得注意者爲官私樂妓共同參加遊行。按官庫爲販賣新酒之慶祝遊行，私營樂妓亦參與者，似係僅爲官庫宣傳，而象徵酒樓全體之慶祝也。此外亦可窺知官私樂妓間沒有隔離而相互交流者。

根據本節所述情形，北宋期間，酒樓、酒店、茶坊與妓館均係以賣色爲主之娛樂場所，但樂妓活動中心地爲酒樓，而酒樓本業則爲賣酒賣食。北宋酒樓規模甚大，爲唐宋之盛期。

妓館當推唐朝較爲繁榮，傳至北宋，酒樓興起，漸趨衰落，南宋則已無妓館之名。酒樓以北宋爲盛期，惟隨食店化及一般化之發展，迨至南宋，規模縮小。食店方面，亦因庶民生活活躍，原以料理爲主之熟食店，演變爲食麵店。隨着酒樓降格，南宋時期，改稱酒樓爲酒店。所謂分茶酒店，卽係食店與酒店的結合形態。

茶坊以南宋最爲發達，又稱歌館。其營業性質，超出點茶淸唱範圍，幾與妓樓相同。花茶坊卽係代表，但其規模遠不及酒店，僅爲一種低級享樂場所。南宋時期成立官庫（官營妓樓）。按官庫隸屬臨安府點檢所掌管，官造酒庫附設之酒樓，和市樓同樣設有樂妓數十人，專供士大夫階級享樂之用。由此可見，宋朝雖然商民抬頭，促進了文化庶民化，但以官僚爲中心之封建制度，仍支配當時社會，官庫原係應此種需要而設立者。亦可視作以貴族爲中心之封建主義濃厚之唐朝酒樓，隨着宋代積極演變之庶民化過程中之一種產物。

關於宋代妓館，酒樓之內容和性格，本節雖未能作有組織之具體介紹，但由此當可證實唐代封建制度傳至宋代已逐漸開放也。

第四章　妓館注釋

（一）全唐詩第十二函第六册所載呂巖之詩，題名爲「題東都妓館壁」，實係罕有之例。

（二）酒樓、靑樓、妓館三者，目前吾人稱酒樓爲料亭（飯店），靑樓爲遊廓（娼家），妓館却相當於日本之藝妓屋，就其性質言，當以選用「妓館」爲妥。

（三）關於家妓之例

貴族方面：如舊唐書卷六〇所載「（隴西王）博乂有妓妾數百人，皆衣羅綺，食必梁肉，朝夕絃歌，自娛驕侈無比」。與孟棨之本事詩（龍威秘書本）所載「寧王曼貴盛，寵妓數十人，皆絕藝上色」。實不勝枚舉也。

官吏方面：如本事詩所載「杜牧爲御史，分司東都時，李司徒罷鎭閑居，家妓豪華，爲當時第一。洛中名士咸謁見之。……時會中已飲酒，女奴百餘人，皆絕藝殊色」。與舊唐書卷一四憲宗本紀卷上所載「元和六年四月癸酉，以張茂昭家妓四十七人歸定州」等。按張茂昭爲德宗帝之重臣，德高望碩，官居極品，惟李司徒則係監察御史杜牧赴東都履任時之部屬，爲一中級官吏，兩者均有家妓。

文人方面：如舊唐詩卷一六六（稗海叢書本）「居易有妓，樊素善歌，小蠻善舞。當爲詩曰『櫻桃樊素口，楊柳小蠻腰』。年既老而小蠻豐艷，因爲楊柳枝詞以託意云」。按白居易之家妓樊素、小蠻兩人，當時曾名噪遐邇也。

（四）樂妓係奴隸之一，其溯源於古代支配階層之奴婢。按「家妓」爲個人私蓄之樂妓，「宮妓」則爲宮廷之樂妓，根據史料記載，前者最初見諸於史記卷八五呂不韋傳所載「戰國時期，趙國呂不韋，將家姬贈送秦國公子子楚」，後者爲同書所載「晉太康二年，孫皓將其妓妾五千人，納入宮廷」，兩者成立時間，因乏史料論證，惟判斷「家妓」產生時間，可能在「宮妓」以後。

（五）根據唐會要卷三四，論樂雜錄所載「其年（神龍二年）九月勅三品以上，聽有女樂（女樂即係樂妓）一部，五品以上女樂不過三人。皆不得有鐘磬樂師」。則官吏之樂妓人數，似有勅令限制。此外根據唐會要卷四一所載「開元三年二月，勅，禁別宅婦人。如犯者，五品以上貶遠惡處，婦女配入掖庭」。（別宅婦人即係妾、婢，當亦包括樂妓在內）。及楊憑傳所載「……入拜京兆尹……時憑治第永寧里。功役叢煩。又幽妓女於永樂別舍」。則玄宗帝初年，對於官吏蓄婢，限制極嚴。及其晚年，如同書卷三四所載「天寶十載九月二日勅，五品以上正員清官，諸道節度及太守等，並聽當家蓄絲竹，以展歡娛，行樂盛時，覃及中外」。則蓄婢禁令，已形同具文，此或係反映玄宗帝自身之心境變化。

（六）天子賜贈女樂，爲歷朝常見之事，唐史所載者爲一典型。如舊唐書卷一四一張茂昭傳「（貞元二十一年）賜女樂二人，三表辭讓」。同書卷一四四李元諒傳「（興元元年）帝還宮，加檢校尚書右僕射，實封七百戶，賜甲第、女樂」等。

（七）根據舊唐書卷一四，憲宗紀上所載「元和六年四月癸酉，以張茂昭家妓四十七人，歸定州」。則憲宗帝將張茂昭所呈獻之家妓四十七人，遣還伊等故鄉定州之謂。

（八）宋朝尤二柔之全唐詩話（津逮秘書本）載有「楊那伯妓人出家詩」，及吳融所著之「本是歌妓」之還俗尼詩文等。

（九）家妓殉節事例，可參閱白居易之「叩彈集燕子樓詩序」（白氏長慶集）。

（十）所謂官妓，如全唐詩第八函第七冊之杜牧「不飲贈官妓」及全唐詩第八函第九冊之李商隱「飲席代官妓贈兩從事」。全唐詩第八函第五冊之張祐「陪范宣城北樓夜讌」內所載「華軒敞碧流，官妓擁諸侯」等史料。

（一一）石田氏之唐史漫抄，所發表之內容，固並無詳述其出典及考證意見，但亦可視作學術論文參考。

（一二）關於成都官妓之例，另見諸於舊唐書卷一二九張延賞傳所載「初大曆末，吐蕃寇劍南，李晟領神策軍戍之，及旋師，以成都官妓高氏歸。延賞聞而大怒，即使將吏令追還焉」。

（一三）宇文融傳係韋堅傳之誤。該書同卷原文爲「先是人間戲唱歌詞云得體紇那也，紇囊得體耶潭裏船車鬧楊州銅多三郎當殿坐看唱得體歌。至開元二十九年田同秀上言，見玄元皇帝云，有寶符在陝州桃林縣古關，令尹喜宅發中使求而得之，以爲殊祥，改桃林爲靈寶縣。及此潭成陝縣尉崔成甫以堅爲陝郡太守，鑿成新潭。又致揚州銅器翻出此詞。廣集兩縣官使婦人唱之」。

（一四）本文引用司空圖之七絕詩「處處亭台只壞墻，軍營人學內人妝，太平故事因君唱，馬上曾聽隔教坊」。（按文內之內人，係指教坊之第一種樂妓，即宜春院人；軍營人係指營妓，模倣教坊樂妓裝扮之意，是則證明營妓與宮妓有別。故所稱唐伎均屬樂營，入籍太常之語，當非正確之結論也。

（一五）介紹樂妓，冠以地名之例甚多，最著名者爲全唐詩白居易之「餘杭名勝」所註「蘇小小錢塘妓人也」之句……。

（一六）黃現璠氏所引用之例證如次：

(1)白居易「代諸妓贈送周通判」

妓筵今夜別姑蘇，　客棹明朝向鏡湖，
莫令扁舟尋范蠡，　且隨五馬覓羅敷，
蘭亭月破能迴否，　娃館秋涼卻到無，
好與使君爲老伴，　歸來休染白髭鬚。

(2)白居易「湖上醉中代諸妓寄嚴郎中」

笙歌杯酒正歡娛，　忽憶仙郎望京師，
借問南宵直南省，　何如盡日醉西湖，
峨嵋別久心知否，　鷄舌含多口厭無，
還有些些惆悵事，　春來山路見蘼蕪。

(3)麗情集

嚴尙書宇鎭豫章，以陳陶操行淸潔，欲撓之，遣小妓號蓮花者往侍焉。陶殊不顧，妓爲求詩去云「蓮花爲貌玉爲腮，珍重尙書遣妾來。處士不生巫峽夢，虛勞神女下陽台」。陶答之云「近來詩思淸於水，老大心情薄似雲，已向青天得門戶，錦衾深愧卓文君」。

(4)舊五代史馬郁傳

嘗聘王鎔於鎭州，官妓有轉轉者，美麗善舞，因宴席。郁屢挑之。幕府張澤亦以文章名。郁曰「子能座中成賦，可以此妓奉酬」。抽筆操紙，即時成賦，擁妓而去。

(5)堯山堂外紀

玲瓏餘杭妓者，樂天作郡日，賦詩與之。時微之在越州聞之，厚幣邀去。月餘始遣還。贈之詩，兼寄樂天云「休遣玲瓏唱我詞，我詞多是寄君詩，明早又向江頭別，月落潮平是去時」。

(6)杜樊川詩集「張好好詩序」

牧太和三年，佐故吏部沈公江西幕，好好年十三，始以善歌來舞籍中。後一年，公移鎭宣城，復置好好於宣城籍中。

(7)本事詩

韓晉公鎮浙西，戎昱爲部內刺史，郡有官妓善歌，色亦媚妙。昱屬情甚厚。浙西樂將聞其能，白晉公召置籍中，昱不敢留，餞於湖上，爲歌詞以贈之。且曰「至彼令歌必首歌是詞」。既至，韓爲開筵，自持盃，命歌送之。遂唱戎詞。曲既終，韓問曰「戎使君於汝寄情耶」。悚然起立曰「然」，淚下隨言。韓令更衣待命。席上爲憂危。韓召樂將責曰：「戎使君名士，留情郡妓，何妓不知而召置之，成餘之過」。乃笞之。命與妓百縑。即使歸之。其詞曰：「好是春風湖上亭，柳條藤蔓繫人情，黃鶯坐久渾相識，欲別頻啼四五聲」。似此風流艷史，當時定屬不少。

（一七）舊唐書卷一四七所載「參軍沈傳師廉察江西宣州，辟牧爲從事」。杜牧當時隨同宣州刺史沈傳師前往宣州赴任也。

（一八）東都洛陽，固與長安不同，但與地方都市亦有區別，根據杜牧之「張好好詩並序」所述「後二才於洛陽東都，重覩好好」一語，則其與官妓張好好，在洛陽重逢，似可證實洛陽亦有官妓之設施，惟實情如何，因乏確證，論究較難。

（一九）長安之光宅坊與延政坊，洛陽之明義坊，均係教坊所在地，並無妓館。

（二〇）石田博士認爲詩文內之北里，即係平康坊之北里。故根據駱賓王之「朝遊北里暮南鄰」與盧照鄰之「娼家日暮紫羅裙……南陌北堂連北里」等詩句，認爲平康一坊之外，尚有娼家狹斜之巷。（亦有人認爲北里即係都市北部之意，而平康坊則並未位於長安北部）。

（二一）「北里志」係唐末孫棨所撰。續百川學海、古今說海、五朝小說、唐人說薈、說郛等叢書，均有記載。

關於孫棨其人，根據其在續百川學海與古今說海等自序，爲「自大中皇帝好儒術，特重科第。故其愛婿鄭詹事，再掌春闈。上往往微服，長安中途舉子，則狎而與之語。時以所聞，質於內庭學士，及都尉。皆聳然莫知所自。故進士自此尤盛。曠古無儔。然率多膏粱子弟平進，歲不及三數人。由是僕馬豪華，宴遊崇侈。以同年俊少者，爲兩街探花，使鼓扇輕浮，仍歲滋甚。自歲初等第於甲乙春闈，開送天官氏，設春闈宴。然後離居矣。近年延至仲夏，京中飲妓，籍屬教坊。凡朝士宴聚。須假諸曹署行牒，然後能致於他處。惟新進士設□顧吏，故便可行牒，追其所贈之資，則倍於常數。諸妓居平康里，舉子新及第進士，三司幕府，但未通朝籍，未直館殿者，咸可就詣。如不恡所費，則下車水陸備矣。其中諸妓多能談吐。頗有知書言語者。自公卿以降，皆以表德呼之。其分別品流，衡尺人物，應對非次，良不可及，信可輟叔孫之朝，致楊秉之惑。比常聞蜀妓薛濤之才辯，必謂人過言。及覩北里二三子之徒，則薛濤遠有慚德矣。予頻隨計吏，久寓京華。時亦偷遊其中。固非興致。每思物極則反。疑不能久。常欲記述其事。以爲他時談藪。顧非暇豫。亦竊俟其叨忝耳。不謂泥蟠未伸。俄逢喪亂。鑾輿巡省崤函。鯨鯢逋竄山林，前志掃地盡矣。靜思陳事，追念無因。而久罹驚危，心力減耗，向來聞見不復盡記。聊以編次，爲太平遺事云。時中和甲辰歲，孫棨序」。此外明朝陳繼儒在「續百川學海本」註語「孫棨，唐翰林學士，居長安中，頗有介靜之名，其撰北里志，風韻爾雅，雪簑子青樓集。崔令欽教坊記莫能逮也。此志不典，無補風教。然天子狎遊膏粱平進，粉黛之妖，幾埒鄭衛，萬乘西巡，端由北里。作志者，其有憂患乎。陳繼儒識」。又欽定全唐詩第十一函第三冊孫棨條所載「孫棨字文威，自號無爲。歷官御史翰林學士，中書舍人」等語。

綜上所述，北里志著者孫棨，字文威，宣宗年間，曾歷任翰林學士、中書舍人等職，應友人邀，常遊北里，熟悉北里情形。唐末避難鄉間，撰寫本書，時爲僖宗中和四年。本書內容，多係著者親身閱歷，亦爲唐朝妓館最盛時期之寫照，此與教坊記所述開元天寶教坊盛期之情形相同，由此亦可反映教坊與妓館盛衰交替之事實，殊堪玩味。

（一二二）根據足立喜六博士之「長安史蹟之研究」。長安以朱雀門街（即中央之南北大街）爲最繁華，東西兩市之四週，亦甚熱鬧，中北部之南四、五坊則爲閑散之地。惟本書作者認爲長安東北部並非文化之地，興慶宮與大明宮則位於東北部之南北處。

（一二三）根據宋朝宋敏求之長安志卷八，崇仁坊條文所載「北街當皇城之景風門，與尙書省選院最相近。又東市相連。按選人京城無第宅者多停憩此。因此一街輻湊。遂傾兩市，晝夜喧呼，燈火不絕，京中諸坊莫之與比」。按文中所稱選人，係指地方舉人上京應試者而言，是則崇仁坊南鄰之北里，爲舉人進出之地，當非偶然。此外根據唐朝段安節之樂府雜錄所載「大約造樂器，悉在此坊。其中二趙家最妙」。則崇仁坊亦爲樂器商集中之地。

（一二四）根據唐朝白行簡之李娃傳（唐人說薈本）所載「汧國夫人李娃，長安之倡女也。……抵長安，居於政布里。嘗遊東市。還自平康東門入，特訪友於西南。至鳴珂曲。見一宅門庭不甚廣，而室宇嚴邃，闔一扉，有娃方凭一雙鬟青衣立。……」文內所稱從平康坊東門進入，前往坊之西南部之某友人住宅，途經「鳴珂曲」，該曲當係南曲中之二小路也。

（一二五）唐朝沈既濟之任氏傳（唐人說薈本）「任氏女妓也。有韋使君者，名崟第九。……天寶九年夏六月，崟與鄭子偕行於長安陌中，特會飲於新昌里。……任氏曰可去矣。某兄弟名係教坊，職屬南街。……」文中所稱之任氏兄弟，落籍教坊，却在南街工作，該教坊當係民間妓館之別稱，南街則爲平康坊之南街。此外根據北里志所載「諸妓以出里爲艱難，每南街保唐寺有講席」。該保唐寺位於平康坊南部，故南街當位於坊中十字街之東西大街之南側，是則北里三曲中之南曲，可能位於東西大街南側，而書寫爲南街者。

(二六) 北曲楊妙兒之家「居第最寬潔。賓甚翕集」。設備良好，亦盛極一時。

(二七) 請參照石田幹之助氏「唐史叢抄」中之唐代風俗史抄之(一)元宵觀燈；與小笠原氏之「關於上元放燈之起源」；以及那波利貞氏之「元宵觀燈」等書籍。

(二八) 禮記之曲禮上所載「細人之也以姑息」一語，即係一例。

(二九) 北里志王團兒條文所載「至春上巳月，因與親和禊於曲水。聞鄰綳絲竹。因而視之。西座一紫衣，東座一縗麻。北座者編揷麻衣。對米盂爲糾。其南二妓，乃宜之與母」。文中所稱宜之，係樂妓福娘別名，與其鴇母王團兒共侍客席。故王團兒除經營妓館，擔任鴇母而兼營樂妓也。

(三〇) 石田氏認爲假父與廟客相同。王蓮蓮條文中，亦有類似解釋。惟本書作者，却認爲此說有誤。

(三一) 文中「鴇母有郭氏之癖，假父無王衍之嫌」。係根據晉書卷四三王衍傳所載『衍(註，係晉惠帝之功臣)妻郭氏，賈后之親，藉宮中之勢，剛愎貪戾，聚斂無厭，好干預人事，衍患之而不能禁。時有鄉人幽州刺史李揚，京師大俠也。郭氏素憚之。衍謂郭曰：非但我言卿不可，李揚亦謂不可。郭氏爲之小損。衍疾郭之貪鄙，故口未嘗言錢。郭欲試之。令婢以錢繞床，使不得行。衍晨起見錢，謂婢曰，舉阿堵物去。其措意如此』。此係指鴇母貪戾，尤若郭氏惡癖，假母無王衍惡妻貪戾之嫌，而與鴇母同樣貪戾無比之謂也。

(三二) 史料中有關王團兒家之樂妓情形者，爲「有女數人。長曰小潤……次曰福娘……次曰小福」。有關楊妙兒家者，如「長妓曰萊兒……次妓曰永兒……次妓曰迎兒……次妓曰桂兒……」等。

(三三) 北里志有關楊妙兒之四妓所載者爲「長妓曰萊兒，貌不甚揚，齒不卑矣，但利口巧言，詼諧臻妙，陳設居止處，如好事士流之家。……以敏妙誘引賓客，倍於諸妓，榷利甚厚。……次妓曰永兒……婉約於萊兒，無他能。……次妓曰迎兒，既乏豐姿，又拙戲謔，多勁詞，以忤賓客。次妓曰桂兒，最少，亦窘於貌，但慕萊兒之爲人，雅於逢迎」。由此可證各妓之年齡與能力成正比也。

(三四) 唐人說薈本，將「姓」字寫爲「威」字，故以續百川學海本及古今說海本中之「姓」字較爲正確。

(三五) 就註解第三三條「楊妙兒家妓言」即爲一良好實例。其中永兒、迎兒、桂兒三妓，容姿才華，均極貧乏，僅賴長妓萊兒共維營業。楊妙兒本人年事已長，容貌衰退，憑伶俐口齒，爭取風流人士眷顧，其對四妓，亦具有豪俠之氣。

(三六) 石田氏亦有同樣解釋。

(三七) 「唐代教坊組織」內曾有詳細記述。唐代教坊都知人數，其在咸通年間，有教坊俳優三十人，蒙朝恩稱爲都知，其中「李可及」被選爲「都都知」、「王鐸」任「都都統」，則教坊擁有樂工樂妓數百人，而都知人數達三十人，似嫌過多。迨至宋朝教坊，雖仍有樂人數百人，但樂官中充任都知及高班都知者，僅有六人。故唐代教坊實有都知人數，是否僅有數人，却無從稽考。至於教坊都知與妓館都知，因兩者職掌不同，故無法以教坊都知人數去推定妓館都知人數也。後者恐較前者爲少。

(三八) 根據北里志所載有關王團兒條文，如「至春上巳日，因與親知禊於曲水。聞鄰棚絲竹。因而視之。西座一紫衣，東座一綠疏。北座者遍揷麻衣，對米盂爲糾。其南二妓乃宜之與母也」。當時環繞宴席，南座爲樂妓福娘及鴇母王團兒，其他三面，均係男客，此亦爲男子擔任酒糾之例（參照註解第四十條）。

（三九）根據宋朝陸游之老學庵筆記卷六（學津討伐本）「蘇叔黨，政和中至東都，見妓稱錄事。太息語曰，今世一切變古，唐以來舊語盡廢。此猶存唐書。爲可善。前輩謂妓曰酒糾。蓋謂錄事」。是則宋朝視酒糾與錄事，係相同人物也。

（四〇）王保定之唐摭言卷三，所載「大凡謝後使往期集院。院內供帳宴饌卑於輦轂。其日狀元與同年相見，後便請一人爲錄事。其餘主宴、主酒、主樂、探花、主茶之類，咸以其日辟之。主樂二人。一人主飲。妓放榜後，大科頭二人，常詰旦一至期集院。常宴則小科頭主張，大宴則大科頭。縱無宴席，科頭亦逐日請給茶錢。第一部樂官科地每日一千，第二部五百。見燭皆倍。科頭皆重分」。據此，則錄事之職，舊例係狀元自身擔任，後移讓同年。至於樂妓錄事名稱，似係爾後由樂妓擔任此職時而採用者。

（四一）請參照井上紅梅所著之「支那風俗」上卷中之「花柳語彙」及同著之「支那各地風俗叢談」書籍。

（四二）北里志中尚未載有幼年入妓籍之例，相近似者爲張住住之例。「少而聰慧，能辨音律。鄰有龐佛奴與之同歲。亦聰警，甚相悅慕。年六、七歲，隨師於衆學中。歸則轉教住住。私有結髮之契。及住住將笄，其家拘管甚切」。按張住住，六、七歲時住在妓館，因其係母之腹女，則爲當然之事。及笄之年（十五歲）禁止其與幼年男友同遊者，似係當時張住住已開始從事樂妓生活故也。

（四三）請參照新唐書卷一九七韋宙傳。

（四四）請參照舊唐書卷一四九及新唐書卷一〇四于琮傳。

（四五）樂妓陪客外出，必有下婢隨伴，原則上尚需付給鴇母若干費用，但此並無確證。

（四六）所謂踏靑，係指仕女野外出遊。通常爲舊曆元月初八，二月初二，三月初三及淸明節日。根據舊唐書卷十一，代宗本紀大曆二年條文所載「二月壬午，幸昆明池踏靑」一語（壬午係初二之意）則踏靑亦係舊末之習慣也。

（四七）關於「三月上巳，曲水宴遊之事」，根據北里志王團兒條文所載「至春上巳日，因與親和禊於曲水。聞鄰棚絲竹。因而視之。西座一紫衣，東座一縗褊，北座者編揷褊衣。對米盂爲糾。其南二妓乃宜之(福娘)與母也。因於棚後候其女傭以詢之。……及下棚復見女傭。曰來日可到曲中否。詰旦詣其里」。此係北里志作者孫棨甫從地方公出返京，上巳之日，偕友人同遊曲水，設筵於福娘鄰席，聞福娘歌聲，經秘密透過下婢，與其久未狎遊之福娘，約定再晤之期。此雖與張住住僞病留家，秘密與童年男友相晤情形不同，但證實樂妓於上巳之日「踏靑」者，則相同也。

（四八）請參照加藤繁博士所著之「唐宋金銀之研究」「郢爰考」及「支那經濟史」等書籍。

（四九）根據宋朝龔鼎臣之東原錄「世俗謂一錢爲金，百金爲一鍰，與古甚異」。一語，則百錢（百文）爲一鍰當係宋例。此外根據唐朝皇甫牧之三水小牘卷上「唐咸通庚寅歲，洛師大飢，穀價騰貴……至蠶月，而桑，多爲蟲食，葉一斤値鍰。……明日凌晨，荷桑葉，詣都市鬻之，得三千文」。則唐朝亦係百文爲一鍰，而一鍰爲六兩，故自唐末至宋朝間，係通行「百文爲一鍰」之制度。

（五〇）新郎君通常係指新及第之選人而言。惟妓館教坊，均有男女倒用習俗，如指樂妓，則新郎君爲初次營業之樂妓，其費用當較普通樂妓加倍。但根據北里志自序稱，此種樂妓爲「下車」（容後詳段）則此項推測，無法成立。

（五一）加藤繁博士之「唐宋金銀之研究」中第三六八頁所載「鋌尤如鎰，至於所謂『兩』之異稱理由，並不成立。」

（五二）稗海叢書本所載者「進士榜出，謝後，便往期集院。其日狀元與同年相見。請一人爲錄事。其餘主宴、主酒、主樂、探花、主茶之類，咸以其日辟之。主樂二人一主飲。妓放榜後，大科頭兩人第一部也。小科頭一人第二部也。常宴卽小科頭主之，大宴大科頭主之。縱無宴席科頭日給茶錢」。此文較學津討原本所載者簡潔，且內容豐富，似係經過整理後撰寫者。

（五三）科頭之名，未見於北里志。但雲麓漫抄與摭言，均有進士小宴使用小科頭之記載，是則科頭之名，或係妓館樂妓備用於出席公宴時所職司之名稱。至於任大科頭及小科頭之樂妓，當係所謂都知或席糾職稱樂妓中之佼佼者。

（五四）「科地」所指意義，尚無具體參考資料，此或係如日本之民謠、舞踊、三味線所表示，以地方爲基礎之意義者。

（五五）「科頭皆重分」之「重」字，雖不能解釋爲「二重」意義，但其較「科地」所分者較多，則無疑義。

（五六）目前中華民國仍有使用茶錢、茶料、茶儀等稱呼。

（五七）根據第一節所述，官使婦人係公妓之別稱，則「官使」二字內容當不難想像也。

（五八）「買斷」，卽係客人繳納大量金錢，送贈假母，以達到其獨佔樂妓之目的。

（五九）請參照加藤博士之「支那經濟史」第十一章「物價」。

（六〇）唐時商業上之同業組織，已極發達。如當時商業行爲，均集中於平康坊隣旁之東市，妓館是否受此影響而亦有同業組織，未敢斷言。至於北里分爲南、中、北三曲，此乃係地域關係，與同業組織無關，若「都知」係由每曲推選若干人充任，則有同業組織之可能性甚大，或經營者亦參加其內，亦未可知。或爲名譽職稱，若此，則其與鴇母間之關係，當不致於發生衝突也。

（六一）請參照本章第二節「妓館之組織」。

（六二）請參照本章第二節「妓館之組織」。

（六三）根據王保定之唐摭言（與津討原本）所載「南院放榜（南院乃禮部主事受領文書於此。凡板樣及諸色條流多於此列之。）張榜牆，乃南院東牆也。別築起一堵，高丈餘，外有壖垣未辯色。卽自北院將榜就南院張掛之。元和六年爲監生郭東里決破棘籬（籬在垣墻之下，南院正門外亦有之）折裂文榜因之。後來多以虛榜自省門而出，正榜張亦稍晚」。「南陽」係屬於禮部之一個機構，負責文書受領及發表府令之場所，高等文官考試成績，亦在此發表因而有南院放榜之稱。

（六四）請參照本章第二節「妓館之組織」。

（六五）請參照舊唐書卷一七七夏侯孜傳，新唐書卷一八二及七五宰相世系表。

（六六）請參照第二節「妓館之組織」。

（六七）請參照第二節「妓館之組織」。

（六八）宣陽坊及親仁坊，位於平康坊之正南方。

（六九）請參照第二節「妓館之組織」。

（七〇）該四十人之姓名及身份如左：

鄭修範（仁表）	右史	官吏
劉　覃	登第，相國鄴之子	
鄭　賓	同年	
李　全	戶部府吏	官吏
郭　鍛	萬年（縣）捕賊官	官吏
鄭光業	補袞	官吏
王致君（調）	左諫	官吏
鄭禮臣（穀）	左貂	官吏
孫文祉（儲）	夕拜	官吏
趙爲山（崇）	小天	官吏
李　隲	翰林學士	官吏
劉　氏	翰林學士	官吏
承雍章	翰林學士	官吏
孫龍光	狀元	
侯彰臣（濬）	同年	
杜寧臣	同年	

崔勛美	同年	
趙延吉	同年	
盧文舉	同年	
李茂勳	同年	
盧嗣業	同年	
劉郊文（崇）	及第（後左史）	
李深之	同年	
夏表中	及第中甲科（後硤州刺史）相國少子	
天水光遠	進士，故山北之子（山北卽沈侍郎）	
崔垂休	及第（後小天）	
崔知之	侍郎	官吏
張　氏	豪者	富商
令　坤	街使	官吏
計巡遼	（韋宙相國子）	
衛　增	（常侍子）	
于　琮	左揆	官吏
李茂遠	進士	

李　標	進士	官吏
王致君	大諫	官吏
孫　棨	計吏	官吏
陳小鳳	富家	富商
裴思謙	狀元	
鄭光業	及第	
鄭合敬	及第	
令孤滈	博士	官吏
王金吾	金吾（山南起子）	官吏

（七一）「探花」係貢舉第三名之尊稱，此處却作為宴席上之職稱，請參照本章註解第四十條之記載。

（七二）關於唐摭言之南院宴會中，妓女出勤之記載，續前文所述「逼曲江大會則先牒教坊奏。上御紫雲樓垂簾觀焉。時或擬作樂則為之移日。……」。文內所述之曲江大會，似係指放榜後曲江之宴。該宴會，因係皇帝御駕親臨，其所命教坊樂參加。該教坊當係直教坊，而並非妓館之別稱也。

（七三）□字係原本之缺字，可能為『筵』字。

（七四）妓館之樂妓，住平康里，而落藉於教坊之說，顯係不可能之事，因教坊直屬宮廷，而妓館係民營，兩者截然不同也。

（七五）請參照第二節「妓館之組織」第四項「經營」。

（七六）如舊唐書卷一六三盧簡辭傳所載「簡辭弟弘正、簡求……簡辭無子，以簡求子貽殷、玄禧入繼。簡求十子，而嗣業、汝弼最知名。嗣業進士登第，累辟府。廣明初次長安尉，直昭文館左拾遺。右補闕王鐸徵兵收兩京。辟爲都統判官檢校禮部郎中，卒」。則嗣業當非簡辭之養子。

（七七）請參照新唐書卷一八三孫龍光傳。

（七八）新唐書卷一六七王式傳，曾載爲「王式曾任左金吾大將軍」。

（七九）關於東京夢華錄之資料，單刊本計有元刊影本之「幽蘭居士東京夢華錄」，及明、弘治刊本，叢書刊載者計有津逮秘書本、唐宋叢書本、秘冊彙函本、說郛本、學津討原本，以及一九五六年上海古典文學出版社鉛印本等。本研究則係以學津討原本爲主，參照元刊影本所撰寫者。

（八〇）關於夢粱錄，單刊本計有光緒十六年嘉惠堂丁氏刊本，叢書本計有知不足齊叢書本、學津討原本、學海類編本、武林掌故叢編本、上海文學古典出版社本等。本研究主要係採用光緒單刊本資料所撰寫者。

（八一）關於武林舊事，叢書本計有陳眉公寶顏堂秘笈本、津逮秘書本、知不足齊叢書本、武林掌故叢編本、上海古典文學出版社本等。本研究係以寶顏堂秘笈本爲主撰寫者。

（八二）請參照東京夢華錄卷五及卷六。

（八三）加藤繁博士，在「宋朝都市發達」一文中，曾認爲酒樓亦稱爲妓館。其他史料，確亦如此混用，此可由「東京夢華錄」予以證實。

（八四）文中之「京師任居八」之「八」字，元刊所載爲「京都任居入」，此處係作「入其門」之解，故任店作八店之解，似不合理。

（八五）根據該書所載，小酒庫計有安溪、餘杭、奉口、解城、鹽官、長安、許村、臨平、湯鎮等地，關於錢塘縣之碧香諸庫如次：

錢塘正庫（先得樓）　錢塘門外上船亭南

錢塘前庫　錢塘縣前

北正庫　鵝鴨橋北，醋坊巷口

煮碧香庫　西橋東

藩封棧庫　禮院貢院對河橋西

又常州無錫縣之藩封正庫，其與上述錢塘縣各庫，均係臨安府點檢酒所提領者。此外，尚有安撫司酒庫之說，如同書同卷之安撫司酒庫所載如次：

「餘杭縣閒林酒庫

餘杭縣石瀨步東西二酒庫

臨安縣青山酒庫

臨安縣桃源酒庫

安吉州德清縣正酒庫

安吉州德清縣東西二酒庫

安吉州歸安縣璉市東西二酒庫

嘉興府華亭縣上海酒庫

（八六）「新煮兩界」，似係指新界庫與煮界庫兩者而言。

按原文所載，東庫亦稱爲清界庫、煮界庫、造清界庫、造煮界庫及煎煮庫等名。南庫如所載「南庫，元名昇陽宮，煮界庫在社檀南，新界庫在清河坊南，酒樓扁之曰和樂」。是則分爲新界、煮界兩庫者，僅係南庫而已。

茲將十三庫（包括東庫、西庫、北庫、西溪庫、崇新庫等五庫）內部詳予研究。似可大別爲清界庫、煮界庫兩類。根據那波博士解釋，「煮界庫」係貯藏火釀之酒庫；「清界庫」則係長年靜置，使酒澄純之庫。至於造清界庫與造煮界庫，雖冠以「造」字，實係同樣意義。除上述四種庫名外，南庫之新界庫，南上庫之煮酒庫及赤山庫之煎煮庫三種，亦堪注意。按南上庫之煮酒庫與造清界庫對照，似可解作爲煮界庫。赤山庫之煎煮庫當亦具有相同意義。是則所謂酒庫，似僅分爲煮界庫與清界庫兩種。若此，所謂新界庫，如係清界庫之誤，據此解釋，「新煮兩界，係本府關給」一語，則酒庫利益，完全由臨安府處理，故其表面上雖屬戶部點檢所提領，事實上却由臨安府管理（參照那波貞博士之「唐宋時代之旗亭酒樓」）。

（八七）請參照桑原隲藏博士還曆紀念東洋史論叢之「關於宋朝都市之發達」。

（八八）宋朝王楙之野客叢書卷一五所載「今用女娼賣酒，名曰設法。或者謂漢晉末間僕謂此。卽卓文君當壚之意。晉人阮氏醉臥酒壚。婦人側司馬道子於園內爲酒壚，列肆使姬人酤鬻酒肴，是矣」。此雖說明賣酒置之淵源。但對「設法」一語，並未提及。惟夢梁錄卷二〇之妓樂條所載「自景定以來，諸酒庫設法賣酒。妓官妓及私名妓女數內揀擇上中甲者，委有嫂婷秀眉，桃臉櫻唇，玉指纖纖，秋波滴溜」。所謂設法賣酒，所記爲景定年間之事。按景定帝爲理宗之年號，係南宋滅亡前二十年之時（西曆一二六〇—一二六四）

。所述設法盛行，名妓輩出者，當係景定以後之事。

（八九）根據夢粱錄，點檢所酒庫條所載「其諸庫皆有官名角妓」，「官差諸庫角妓祗直」，「官妓及私名妓女」等語，當時，官妓之稱爲官名角妓，私妓之稱爲私名妓女，似極流行。惟所謂官名角妓（頭角之意）似係表揚優秀官妓，私名妓女則係表揚優秀私妓者。

（九〇）「任店」之「任」字係指篤實，誠實之意。或係將具有信用之大店稱爲任店，亦未可知也。

（九一）任店之下「八」字，元刊本所載者爲「入」字，夢粱錄內亦載爲「入其門」，故並非指任店之數爲八店者。

（九二）東京夢華錄卷一繙樓東街巷條文所載「近北曰任店，今改作欣樂樓」。

（九三）本文係屬於「酒肆」條文之一部份，其所引用者，並非僅限於市樓，亦包括有官庫之一般酒樓也。

（九四）臨安府小酒庫名稱，本章註解內，業已詳細列舉文中之小酒庫，或係相當於子庫，亦未可知。

（九五）南宋時代之脚店，並非僅解釋爲小店。夢粱錄卷十六酒肆條所載「嘉慶樓、聚景樓俱康沈脚店」一語，可資證明。按同條文曾述及康沈即係三元樓康沈家，該嘉慶樓及聚景樓當爲其支店也。

（九六）原文所載「一直主廊約百餘步」一語，揆諸東京夢華錄引用者，已改爲「約一、二十步」，似係考慮南宋時代實況予以更正者。當較可能北宋時期所謂百餘步之大，似屬不可能，或係誇張之說，亦未可知。

（九七）夢華錄對於主廊情形，載爲「分南北兩廊」。據此，則主廊兩端，各連接成直角之平行走廊兩條，至於此說，是否正確，似有疑問。

（九八）夢華錄引用本文時，亦未記載有「小閤子」一語，似係因懷疑而不予採用者。

（九九）七月十五日有將水瓜皮作成燈籠，隨河水漂流習俗，此種燈籠稱爲蓮燈。至於妓館，於元宵節所懸掛之蓮燈，似係出源於此。按東京吉原妓樓，七月初旬，爲追瞻名妓玉菊，亦有懸掛燈籠習俗。

（一〇〇）根據武林舊事酒肆條所載「如酒肆門首排設杈子，及梔子燈等，蓋因五代時，郭高祖游幸汴京。茶樓酒肆，俱如此裝飾。故至今店家倣成俗也」。則此等裝飾，實係五代後周之高祖時代業已風行。

（一〇一）武林舊事卷六，「諸色酒名」項內，列舉有官庫之各種酒名五十四種。又曲洧舊聞內，亦列記有各市樓之特製酒名。

（一〇二）前條內載有「仙正店，前有樓子，後有臺。都人謂之臺上。此一店最酒店上戶。銀缾酒七十二文一角，羊羔酒八十一文一角」。所謂銀缾酒，似係以銀缾所製之酒；羊羔酒則係山西特產之名酒。

（一〇三）根據本條文內所指各種飲食名稱，似可認爲係專指酒樓而言者。

（一〇四）東京夢華錄所載「大凡食店大者謂之分茶」。按北宋時代，較大食店稱爲分茶；南宋時，則總稱爲食店，亦有稱爲分茶與分茶店者。

（一〇五）麵食店之名。因南宋食店以麵類佔主要地位而得名者。至於北宋時之南食麵店，則係專賣華南料理而來者。

（一〇六）「川飯店」係北宋時代食店之一種售賣麵類，燒飯爲主。夢粱錄曾記有「更有專賣諸色羹湯，川飯並諸肉魚下飯」。認爲係麵食店料理之一種。

（一〇七）夢粱錄內所記，除官庫、子庫、脚店外，尚有賣下酒之店稱爲「拍戶」。按北宋酒樓，均備有下酒，其後繼之南宋脚店，則不售賣下酒，似係不可思議之事，令人難以想像。

（一〇八）對於飯店夥計，夢梁錄之麵食店記事內有詳細記載。按夢梁錄係引用東京夢梁錄者。

（一〇九）修改內容中較爲重要者，夢梁錄中之「劄客」，夢梁錄改稱爲「禮客」。此外東京夢華錄飲食果子條文所載「凡店內賣下酒厨子謂之茶飯量酒博士。至店中之小兒子，皆通謂之大伯」。而夢梁錄則改爲「凡分茶酒肆，賣下酒食品厨子謂之量酒博士師公。店中小兒謂之大伯」。後者將飯店厨子名稱之「茶飯」兩字，改寫爲食店與酒店混稱之「分茶酒肆」，顯屬錯誤。

（一一〇）夢梁錄另載有「（大凡入店不可輕易登樓。恐飲宴短淺。如買酒不多，只座樓下散坐，謂之門牀馬道。初坐定，酒家人先下看菜問酒多寡，然後別換好菜蔬有一等。外郡士夫未曾諳識者，便下筯喫，被酒家人哂笑。）然店肆飲酒在人出著。且如下酒品件，其錢數不多，謂之分茶。小分下酒，或命妓者被此輩索喚珍品下細食次，使其高抬價數。惟經慣者不墮其計」。據此，酒樓方面，依飲食高低對待客人，如客人點菜較少，價格低廉者，店方爲其準備分茶。此即北宋之分茶與南宋之分茶酒店，在觀念上所不同之處，後者似係因「酒店食店化」以後，所襲用爲分茶酒店之名者。

（一一一）請參照入矢義高所著之「宋代市民生活之一面——關撲」

（一一二）請參照筆者所著之「燕樂名義考」（東洋音樂研究第一卷第二號）。

（一一三）同文續稱之「近北街曰楊樓，街東曰莊樓，今改作和樂樓」。

（一一四）同文續稱「白礬樓，後改爲豐樂樓，宣和間，更修三層相高，五樓相向云云」。

（一一五）根據本章註解第一一三條所述「近北街曰楊樓，街東曰莊樓」。該楊樓、莊樓，依據其他史料，證明爲酒樓。

（一一六）酒店與酒樓之名，實無多大區別，蓋兩者兼用之例甚多。

（一一七）關於夢粱錄之分茶酒店條文內，將「劄客」改稱「禮客」，其是正確，難以斷言。

（一一八）關於北宋市樓，所謂跑堂之男女職稱。東京夢華錄曾載有「凡店內賣下酒厨子謂之茶飯量酒博士。至店中小兒子皆通謂之大伯。更有街坊婦人，腰繫青花布手巾綰危髻，爲酒客，換湯斟酒，俗稱之焌糟。更有百姓入酒肆，見少年子弟輩飲酒，近前小心供過。使令買物命妓取送錢物之類，謂之閒漢。又有向前換湯斟酒、歌唱，或獻果子、香藥之類，客散得錢。謂之厮波。又有賣藥及果實蘿蔔之類，不問酒客買與不買，散與坐客，然後得錢謂之撒暫。」文中之焌糟，當爲女性，其他是否僅屬女性未敢斷言。

（一一九）趕趁所吹之「簫」，即係豎笛。「阮」似爲琴與琵琶混合之物，始自宋朝，「鑼」爲銅鑼之類，「板」係拍板之一種，「散耍」則爲樂曲形式之種類。

（一二〇）俞正燮曾指稱有「營婦」，爲宮女之一種，屬於宮妓，與宮妓不同（請參照清朝俞正燮，癸巳類稿卷一二「除樂戶正戶籍及女樂考，附古事」）。

（一二一）關於說唱等宋代俗曲，目前中華民國正積極進行研究中，筆者擬與「唐代變文」共同論述，容另著發表。

（一二二）文中之「官差諸庫角妓祗直」中之「祗直」。如舊林武事所載「每庫有祗直者數人」。則祗直成爲一種職稱，即數十位官庫樂妓中，有所謂角妓或角名樂妓中，再選拔數人稱爲「祗直」。此與北里樂妓中佼佼者之稱爲「都知」情形相同。但本文「官差諸庫角妓祗直」之「祗直」兩字，如作爲値勤服務之解釋，亦能通達也。

第五章 十部伎

十部伎與二部伎、教坊、梨園、四部樂等共稱爲唐朝宮廷音樂文化之精華。特別是十部伎，早於隋初濫觴，迨至唐初始告完成。茲就其成立經過後組織情形分述於次。

第一節 成立及其變遷

第一項 成立過程

(一) 開皇七部伎

西域音樂傳入中國，最初爲張騫遠征西域帶來「摩訶兜勒」曲（註一）；其次爲東晉永和時期之天竺伎；「呂光」及「沮渠蒙遜」時代之龜茲樂傳來涼州，此爲中國古代史上所常見者。但是胡樂正式東傳，則在北魏武帝西征以後。武帝遠征龜茲結果，首先是號稱西域樂主流之龜茲樂，繼爲疏勒樂，安國樂陸續輸入。北周武帝時輸入康國樂，迨至隋初，已陸續東輸者計有扶南、高麗、百濟、新羅、倭國、突厥、悅般等四夷音樂，特別爲北朝宮廷所重用。當時兵荒馬亂，雅樂制度瀕臨廢滅，亦因胡樂輸入關係，失却復興良機。隋文帝統一天下，企圖復興雅樂，同時將上述胡樂與中國俗樂（淸商樂）加以整理，因而出現了所謂開皇「七部伎」。根據隋書卷一五，音樂志所載『始開皇初定令置七部樂，一曰國伎，二曰清商伎，三曰高麗伎，四曰天竺伎，五曰安國伎，六曰龜茲伎，七曰文康伎。又雜有疏勒、扶南、康國、百濟、突厥、新羅、倭國等伎。（其後牛弘請存鞞、鐸、巾、拂等舞與新伎竝陳……請竝在宴會與雜伎同設於西涼前奏之……）』。文中係說明文帝開皇將俗樂之「清商樂」，新俗樂之「國伎」（西涼樂），東夷樂之高麗伎，西域樂之天竺、安國、龜茲三樂，再另加「文康伎」（係樂曲之曲名）編成爲七部伎，至於組成時間，文中並無具體說明，所謂「開皇之初」依字眼判斷，當初開皇元年，但另據隋志清樂條所載『宋武平關中，因而入南，不復存於內地。及平陳後獲之』。按高祖平陳係開皇九年，故清伎之創設當在九年以後。此外開皇九年，太常寺新設立清商署，以加強整備清商樂；此外鄭譯，牛弘等倡議有關雅樂復活之上奏，亦爲開皇二年至九年之事。所謂雅鄭分別，爲渠等論議之根本思想，七部伎之創設或亦與此想法有關，若係事實，則七部伎成立時間，當爲開皇九年前後。

唐朝劉貺之太樂令壁記所載「凡七部通謂之國伎」一語，與隋志記載大有出入。惟太樂令壁記所稱「七部伎共稱國伎」一語，似與事實不符，當不及隋志之正確也（註二）。此外隋志西涼樂所載『西涼者，起符氏之末，呂光、沮渠蒙遜等據有涼州，變龜茲聲爲之，號爲秦漢伎。魏太武既平河西，得之，謂之西涼樂。至魏周之際，遂謂之國伎』。是則國伎係西涼樂，已極明顯也（註三）。

（二）大業之九部伎

根據隋書卷一五音樂志前引所載『及大業中，乃定清樂、西涼、龜茲、天竺、康國、疏勒、安國高麗、禮畢、以爲九部。器工依創造，既成，大備於茲矣。』開皇七部伎，於煬帝大業期間，擴充爲九部伎。當時各伎所用樂器種類，數量以及樂工人數，歌曲、解曲、舞曲等曲目、均已決定，堪稱大成。

按九部伎係由原來之七部伎及雜伎中之疏勒，康國兩伎共同組成。惟原屬雜伎中之扶南樂及百濟樂仍未被納入係太樂令壁記曾刊載有『隋文平陳，得清樂及文康禮畢曲，而黜百濟樂因爲九部伎。煬帝平林邑，獲扶南工人及匏琴，以天竺樂轉寫其聲，而不齒（樂）部』。據此，百濟樂似原屬七部伎，於成立九部伎時，始被罷黜者。惟參證註解三說明，令壁記所載，似並不正確也。至於所稱扶南樂於煬帝平定林邑時所獲，鑑於九部伎成立時間，究係大業何年，未見明載，預測其時間當在煬帝平定林邑前後。因其使用之樂器匏琴，亦即今日印度使用之 Vina 之絃樂器，當時僅有絃一根（註四），過於簡陋，而未予單獨編部。

此外通典卷一四六坐立部伎所載『武德初未暇改作。每讌享，因隋舊制，奏九部樂。（一讌樂，二清商，三西涼，四扶南，五高麗，六龜茲，七安國，八疏勒，九康國）』。上文所述與唐六典所錄十部伎之前面九伎相同，僅第四伎以扶南代替高麗。按扶南樂所用匏琴，係屬印度音樂直系之南洋音所載樂，與天竺伎相接近，故唐六典所載者恐係誤載爲「扶南」者。

（三）貞觀十部伎

大業時制定之九部伎，迨至唐朝太宗貞觀年中，始擴充爲十部伎。如通典卷一四六坐立二部伎條『武德初未暇改作，每讌享，因隋舊制，奏九部樂』。大樂令壁記前引所載『魏通高昌始有高昌伎，唐太宗平高昌，收其樂。又造讌樂去禮畢曲，今著令唯此十部』。以及通典一四六「四夷樂」條於引用太樂令壁記上文後所載『龜茲、疏勒、安國、康國、高麗、西涼、高昌、讌樂、淸樂伎、天竺。凡十部』。上述三節中第一節係說明隋煬帝制定之九部伎，直至唐初，仍未改制。後兩節係說明大業時之九部伎，於貞觀年間，剔除禮畢（文康伎），另加入「高昌伎」與「讌樂伎」而成爲十部伎（註五）。關於成立時間，則無史料查證，猜想其可能與十部伎初次上演時間相接近也。

關於高昌伎出現時間，根據上文所載『（西）魏通高昌，始有高昌伎』。以及隋書卷一四音樂志北周條所載『太祖輔魏之時，高昌款附，乃得其伎，教習以備饗宴之禮』。高昌樂曾於北周太祖時，一度東傳，而未被繼續採用，故連雜伎中亦未納入，直至上文所載『太宗平高昌盡收其樂』。按唐太宗大將侯君集係貞觀十四年八月平定高昌，同年十二月，伴同高昌王朝見唐太宗，太宗曾在觀德殿賜讌款待，高昌樂之編入太常寺，亦恐在此前後。

其次關於讌樂。（註六）如通典卷一四六坐立部伎所載『讌樂……貞觀中，景雲見河水淸。協律郎張文收，采古朱雁天馬之義，製景雲河淸歌，名曰讌樂，奏之管絃，爲諸樂之首』。舊唐書卷二八音樂志及卷八五張文收傳條所載內容，大致相同，並稱成立時間爲貞觀十四年。

最後關於十部伎上演時間，根據通典前引所載『貞觀十六年十一月宴百寮，奏十部。先是伐高昌收其樂，付太常，至是增爲十部伎』。及玉海卷一〇五「十部伎」條引（太宗）實錄所載『貞觀十六年十一月乙亥還宮，宴百僚，奏十部伎』。是則十部伎初次上演時間爲貞觀十六年。

根據以上三種史實，十部伎成立時間當在貞觀十四年八月（平定高昌）至貞觀十六年十一月（初次上演）之間。

第二項　實施狀況及其變遷

（一）隋代及唐朝初葉

漢朝以後，宮廷燕饗除了雅樂外，尚採用雜伎（亦卽散樂）。南北朝開始，西域音樂傳入後，雜伎形式與內容，益形複雜。迨至隋朝，才算整理，內容亦較前豐富，尤其是煬帝大業元年，突厥染于入朝時，煬帝設宴款待，並上演散樂，盛況空前。（註七）惟自七部伎與九部伎出現後，始取而代之。惟綜觀史料，無九部伎或七部伎隋朝上演記錄。唐初以後，九部伎才被經常採用。貞觀十六年十部伎初次上演以後，九部伎仍較十部伎爲盛，上演次數亦較十部伎爲多，究其原因有二：其一，唐初九部伎甚爲風行，名稱普及，故中唐以後史料僅有九部伎而無十部伎之記載，其二、可能因十部伎中之高昌樂與龜茲樂相似，而未被經常採用。

關於九部伎及十部伎實施狀況，根據唐六典所載『凡大燕會則設十部之伎於庭，以備華夷』。則十部伎常爲宮廷重要讌會所使用，且華夷併用，諸如接待外國進貢使節及國內重要祝宴。此外根據新唐書卷一九禮樂志所載『皇帝元正、冬至、受羣臣朝賀……設九部樂。則去樂縣，無警蹕。太樂令帥九部伎立於左右延明門外。羣臣初唱萬歲，太樂令則引九部伎，聲作而入，各就座以次』。是則正月元旦及冬至，定期在宮城太極殿設宴，羣臣高喊萬歲後，由太樂令指揮九部伎，從延明門進入殿前庭園演奏，又舊唐書卷四三職官志所載『禮部尚書……凡千秋節御樓設九部之樂』。是則九部伎亦用於慶祝皇帝壽誕。（九部伎，十部伎演出年表容後列報）。

（二）中唐及唐末

九部伎與十部伎自唐朝中葉、武后、中宗開始漸告衰退，失却上演機會。（註八）按中唐玄宗時期，唐初新形式之宴饗音樂漸次盛行，立坐二部伎制度完成，且新胡樂經由河西方面傳入，結合中國原有之俗樂（淸樂）而生法曲。當時朝庭，爲了新古胡樂，設立內外教坊；爲了法曲，新設梨園。十部伎在二部伎、教坊、梨園三種制度成立以後，盡失光芒。按安祿山之亂前，天寶十四年三月曾上演九部樂，亂後，太常寺、教坊、梨園等一度荒廢，貞元十四年，十部伎才告復活。

唐末，胡樂與法曲漸漸融合，形成了新俗樂（註九），風靡當時樂界。斯時二部伎衰退，與二部伎同形式之新曲陸續問世。中和樂旣爲其一。貞元十四年，利用中和樂初演機會，九部伎與二部伎中之兩曲亦告同時上演，故唐末，九部伎業已復活（註一〇）。懿宗時，十部伎樂工人數號稱五百（通典記載僅爲兩百，五百數字稍嫌誇張）。

如上所述，九部伎與十部伎，從隋朝至唐朝末葉，雖數經盛衰，但在變化激烈的唐朝音樂史中仍能保持實施，誠屬不可思議者。至於唐末尚能保持之十部伎，傳至五代及宋朝，則完全絕跡，按宋朝音樂多受唐末影響，僅十部伎例外，此又令人有所玩味者。

九部伎及十部伎演出年表列載於次。

①武德元年十月突厥使來朝。帝宴太極殿，奏九部樂。（「實錄」即玉海卷一〇五引之唐實錄）

武德元年始畢使骨咄祿特勒來朝。宴於太極殿，奏九部樂。賚錦彩布絹，各有差。（實錄）

（舊唐書卷一九四突厥上）（新唐書卷二一五上略同文）

②武德元年十一月己酉，降薛仁杲，帝大悅置酒高會，奏九部樂。（實錄）

③武德二年二月癸巳，宴羣臣。（奏九部樂）。（實錄）

④武德二年閏二月甲辰，考羣臣置酒。（奏九部樂）。（實錄）

⑤武德二年五月丙寅，宴涼州使人，奏九部樂。（實錄）

⑥武德三年正月甲午，宴突厥。（奏九部於庭）。（實錄）

⑦武德三年五月庚午，宴突厥使。（奏九部樂）。（實錄）

⑧武德三年八月庚戌，宴羣臣奏九部於庭。（實錄）

⑨武德四年三月丁酉，宴西突厥使（奏九部樂）。（實錄）

⑩（武德四年）六月（建德）凱旋……十月……賜金輅一集……前後部鼓吹及九部之樂。（舊唐書卷二太宗紀）

⑪武德四年七月戊辰，宴羣臣，舉酒屬百官。（奏九部樂）。（實錄）

⑫武德七年二月，宴突厥使。（奏九部樂）。（實錄）

⑬武德七年四月癸卯，宴羣臣，奏九部樂。（實錄）

⑭武德七年六月戊戌，乇和謁見，高祖奏九部樂，饗之。（實錄）

（乇）和遣司馬高士廉，奉表，請入朝，詔許之。高祖遣其子師利迎之，及謁見，高祖爲之，興引入臥內，語及平生甚歡，奏九部樂，以饗之。（舊唐書卷五九乇和傳）

⑮武德八年四月己丑，林邑獻方物，設九部樂饗之。（實錄）

（林邑）武德八年又遣使獻方物。高祖設九部樂，以宴之。

（舊唐書卷一九七南蠻傳）（新唐書卷二二二下，南蠻傳）

⑯貞觀二年五月丙辰，以麥稔，宴羣臣。（奏九部樂）。（實錄）

⑰貞觀二年九月壬子，慶有年賜酺三日，奏九部樂。（實錄）

⑱貞觀十六年十一月乙亥，還宮，宴百僚奏十部伎。（實錄）

至貞觀十六年十一月宴百寮，奏十部。（通典卷一四六坐立部伎）

⑲貞觀十七年閏六月庚申，於想思殿大饗百僚。盛陳寶器，奏慶善，破陣樂，竝十部之樂。薛延陀，突利設再拜上壽。（實錄）

……帝曰善，許以新興公主下嫁。召突利失，大享羣臣，侍陳寶器，奏慶善，破陣盛樂及十部伎。（新唐書卷二一七下回鶻傳）

⑳（貞觀十九年）初三藏自西域（回）。詔太常卿江夏、王道宗，設九部樂，迎像入寺。

（酉陽雜俎續集卷六）

㉑貞觀二十一年正月己未，鐵勒、回訖、俟利發等諸姓朝見，御天成殿，陳十部樂，而遣之。
(實錄)

帝坐秘殿，陳十部樂。
(新唐書卷二一七上回鶻傳)

㉒貞觀二十二年，高宗在春宮，爲文德皇后立爲寺……寺成，高宗親幸，佛像幡華竝從宮中所云。太常九部樂，送額至寺。
(長安志卷八進昌坊條)

㉓顯慶六年九月壬子；……是日，勒中書門下五品已上諸司表官，尙書省侍郎竝諸親（王）三等已上竝諸沛王宅設宴，禮奏九部樂。禮畢……。
(舊唐書卷四高宗本紀)

㉔龍朔元年，沛王宅宴，奏九部樂。
(實錄)

㉕乾封元年封泰山，畢宴羣臣，陳九部樂。
(實錄)

㉖乾封元年四月甲辰，景雲閣晏，設九部樂。
(實錄)

㉗永隆二年正月十日，王公已下太子初立，獻食。勅于宣政殿，會百官及命婦。太常博士袁利貞上疏曰「伏以恩旨，于宣政殿上兼設命婦坐位，奏九部伎及散樂，竝從宣政門入。散樂一色，伏望停省。若于三殿別所，自可備極恩私。」上從之，改向麟德殿。(唐會要卷三〇大明宮)

袁利貞……高宗時爲太常博士。永立二年，王立爲皇太子，百官上禮。高宗特命百官及命婦於宣政殿，並設九部伎及散樂。利貞上疏諫曰『臣以前殿正寢，非命婦宴會之地，象闕路門，非倡優進御之所。望詔命婦會於別殿，九部伎從東西門入，散樂一色，伏望停省。若於三殿別所，自可備。極恩和微，臣庸蔽不閑典則忝預禮司輕陳狂瞽」。帝納其言。卽令移麟德殿，至會日，酒酣……（下略）。（舊唐書卷一九〇文苑上）等

㉘長安二年內出等身全銅像一鋪幷九部樂。（酉陽雜俎續集卷六）

㉙天寶十四載春三月丙寅，宴羣臣於勤政樓，奏九部樂。（舊唐書卷九玄宗本紀）

㉚貞元四年正月甲寅……宴羣臣於麟德殿，設九部樂。內出舞馬……。（舊唐書卷一三德宗紀下）

㉛貞元十四年二月戊午，上御麟德殿，宴文武百寮，初奏破陣樂，徧奏九部樂及宮中歌舞妓十數人列於庭。先是上制中和樂舞曲。是日奏之，（下略）。（舊唐書卷一三德宗紀下）

貞元十四年二月，德宗自製中和舞，又奏九部樂及禁中歌舞伎者十數人布列於庭。上御麟德殿，會百寮觀新樂。……（舊唐書卷二八音樂志）（唐會要卷三三諸樂略同文）

㉜大中十一年（封敖）還爲太常卿，卿始視事，廷設九部樂。（新唐書卷一七〇封敖傳）

（大中）十二年十月，太常卿封敖，左授國子祭酒，舊式。太常卿上事，庭設九部樂。時敖拜命後，欲便于觀閱，移就私第視事，爲御史所擧。遂有叱責。（東觀奏記卷下）

㉝帝（昭宗）遂問遊幸費。（楊復恭）對曰，聞，懿宗以來，每行無慮用錢十萬金帛五車十部樂工五百……。（新唐書卷二〇八宦者下）

第二節　組　織

十部伎於隋朝及唐初，係集「外來樂」及「俗樂」之大成。大別為「俗樂系」之清樂伎、西涼伎；「西域系」之龜茲、天竺、疏勒、安國、康國、高昌六伎；「東夷系」之高麗伎；以及「燕饗樂」代表之讌樂伎（隋九部伎則為文康伎）等四種。本節係根據唐六典、通典、新舊唐志等史書，以探究各伎之樂器、樂曲、服飾等內容及其來由。按十部伎係以外來音樂為主體。據查唐朝外來音樂中尚有「南蠻系」及「北狄系」，且為數甚多，惟十部伎僅擇其主要者。本節論述時，除十部伎中之外來七伎以外，對於不屬於七部伎之外來音樂及其狀態，亦予簡單分析。

有關十部伎之組織、內容，隋志、六典、通典、舊唐志、新唐志等解釋，亦相互有不同之處。按通典及根據通典編彙之舊唐志，對於各伎樂器之種類，樂工及舞伎之人數，服飾均有詳細記載；「六典」及「新唐志」僅記述樂器及舞伎情形；隋志則與上述唐朝四種史料不同，首先記載各伎由來，其次列舉樂曲曲名，最後詳述樂器及樂工人數。至於在論說程序方面，「隋志」、「六典」、「新唐志」係按照九部伎順序說明；而「通典」、「舊唐志」首先敍述十部伎之「四方樂」，其次「論述」十部伎以外之「四方樂」（按東夷、南蠻、西戎、北狄順序分類列記），並特設「清樂條文」。另在二部伎內詳細闡明「讌樂」，（讌樂為二部伎之一伎與清樂不屬於四方樂，故通典特別設條說明之）。

解釋十部伎之制度，當以「六典」最可信賴。但「通典」在編纂方面固有變動，大致內容，仍無多大不同，故本節在論究方面，係綜合參考上述五種史料，特別對於隋朝之九部伎與唐朝十部伎之不同之處予以指出。

本節對於樂器編成，因在樂器篇將有詳細說明，未予贅述。至於服飾方面，則予詳細考證，並根據原田淑人博士所著之「支那唐代服飾」、「西域繪畫對服飾之研究」、「漢六朝服飾」。但原田博士上述著作很少提及樂人，舞人之獨特服飾，故本節係就各有關文獻，儘量詳細論究。

第一項　俗　樂　系

(一) 清樂伎

十部伎中，外來樂佔七伎，俗樂僅有一伎，諒係反映當時音樂界之情勢。清樂伎爲俗樂之代表，內容豐富，相當於十部伎中其他三、四伎合併在一起的規模，故「通典」中將外來樂「七伎」合併在「四方樂條」，而清樂亦單獨列爲一條。

(1) 由來

關於清樂由來，隋書卷一五音樂志九部伎「清樂條」曾載有『清樂，其始卽清商三調是也。竝漢來舊曲，樂器形制並歌章古辭，與魏三祖所作者皆被於史籍屬。晉朝遷播，夷羯竊據，其音分散。苻永固平張氏始涼州於得之。宋武平關中，因而入南，不復存於內地。及平陳後，獲之。高祖聽之，善其節奏曰「此華夏正聲也。昔因永嘉流於河外，我受天明命，今復會同。雖賞逐時遷而古致猶在。可以此爲本。」微更損益，去其哀怨，考而補之，以新定律呂，更造樂器』。此說明清樂原係號稱清商三調之漢代俗樂。所謂清商三調係指平調，清調，及瑟調。根據魏書卷一〇九樂志所載『又依琴五調調聲之法，以均樂器。其瑟調以宮爲之，清調以商爲主，平調以宮爲主。五調各以一聲爲主。……』蓋原來琴樂，以商爲主音之音調稱爲清調，此即所謂清商三調之由來也。此外根據上述七部伎清樂伎條所稱，「清樂」自漢朝經三國(魏)至晉室南遷，華北被五胡佔據，因而失散，苻堅破涼州張氏始獲得之。南朝，宋武帝平定關中，北朝文物南移，「清樂」復爲江南所保存。蓋清樂原係漢民族之音樂，迨至隋朝平陳，統一全國，文帝評清樂爲「華夏正聲」。當時在西域音樂紛紛東來時期，僅清樂爲中國固有音樂，故隋朝之清樂係漢朝流傳者。此外根據通典卷一四六清樂條所載『因置清商署，總謂之清樂。先遭梁陳亡亂，而所存蓋尠，隋室以來，日益淪缺』。此係說明文帝保存此「華夏正聲」之清樂方法，其一設立清商署；其二設七部伎。關於清商署情形，各說第一章第一節內已予詳述。按掌管禮樂之太常寺，原轄太樂署及鼓吹署，前者掌管雅樂、散樂以及軍樂以外之一切雅胡俗樂；後者專管軍樂。此外爲了清商樂，特設立清商署。按清商樂原屬太樂署，因其爲唯一之固有俗樂，持有特別地位。北齊時期，由中書省管轄下之清商部來掌理。隋朝則設爲獨立之清商署，此當因文帝重視清商樂之價値而圖復興之舉。但在隋煬帝時期，因煬帝喜愛所謂西域樂淫聲，不好雅正之清樂，因而廢止清商署。迨至唐朝，清商署並未復活，此也許與其編入十部伎之舉有關連。

其次關於創設七部伎情形，亦於前節詳述。按七部伎係開皇初年由西涼伎、清商伎、高麗伎、天竺伎、安國伎、龜茲伎及文康伎組成。七伎中以西域伎三伎為主，另加外來樂之高麗伎，與胡俗折衷之西涼伎，其餘兩伎屬純俗樂系，文康伎容後另述外（文康伎係晉代作曲，大體上亦屬於俗樂系）。至於清商伎，實質上係俗樂代表，而編入七部伎者，僅以一伎與西域系數伎對抗，表面上似甚困難，實際上，清樂內容豐富，堪與西域系各伎站於對等地位。七部伎於發展為九部伎、十部伎時，其均衡情勢仍未變動。如上所述，七部伎係開皇九年前後設立，而開皇九年，清商署獨立，該兩種措置，似係重複矛盾，但亦可視為清商樂為隋朝樂界重鎭所造成之現象也。

⑵**樂曲**

如上所述，十部伎之樂曲，通典以下均無記載，僅在隋志九部伎條有簡單敍述，但此不能認為唐朝十部伎沒有樂曲，當可視作繼續沿襲隋朝制度者。隋志清樂伎有關樂曲記載為『其歌曲有陽伴，舞曲有明君，並契』。但樂曲種類，當不至此三曲，此三曲諒係隋朝流傳唐朝者。如通典清樂條所載『大唐武太后之時，猶六十三曲。今其辭存者有：白雪、公莫、巴渝、明君、明之君、鐸舞、白鳩、白紵、子夜、吳聲四時歌、前溪、阿子歌、團扇歌、懊儂、長史變、督護歌、讀曲歌、烏夜啼、石城、莫愁、襄陽、棲烏夜飛、估客、楊叛、雅歌、驍壺、常林歡、三洲采桑、春江花月夜、玉樹後庭花、堂堂、泛龍舟等共三十二曲。明之君，雅歌各二首，四時歌四首，合三十七曲（註略）。又七曲有聲無辭、上林、鳳曲、平調、清調、瑟調、平折、命嘯等。通前爲四十四曲存焉，當江南之時，巾舞、白紵、巴渝等衣服各異，梁以前舞人竝十二人（舊唐志作二十八人），梁武省之減用八人而已……舞容閑婉曲有姿態。沈約宋書惡江左諸曲哇淫。至今，其聲調猶然。其政已亂，其俗已淫，旣怨且思矣。而從容雅緩，猶有古士君子之遺風。他樂則莫與爲比。……自長安以後，朝庭不重古曲，工伎轉缺，能合於管絃者，唯明君、楊叛、驍壺、春歌、秋歌、白雪、堂堂、春江花月夜等八曲。舊樂章多或數百言，時明君尙能四十言，今所傳二十六言。就中訛失與吳音轉遠，以爲宜取吳人使之傳習。開元中有歌工李郎子，郎子北人，聲調以失，云學於兪才生，江都人也。自郎子亡後，清樂之歌闕焉。又闕（舊唐志作聞）清樂唯雅歌一曲，辭典而言雅，閱舊記，其辭信典』。根據上文所述，則天武后期間尙殘存六十三曲。武后末年，歌樂曲具備者僅爲八曲。開元期間，歌詞眞確，且有雅正樂曲者，僅爲「雅歌」一曲。清樂之餘流而成爲玄宗朝代「法曲」之一部。

唐會要卷三三諸樂條所載『太常梨園別教院教法曲樂章等，王昭君樂一章，思歸樂一章，傾盃樂一章，破陣樂一章，聖明樂一章，五更囀一章，玉樹後庭花一章，泛龍舟一章，萬歲長生樂一章，飮酒樂一章，鬪百草一章，雲韶樂一章，十二章。』文中之「玉樹後庭花」及「泛龍舟」卽爲實例。但法曲大部份滲雜俗樂化之胡曲，並非純正清樂，所謂清樂系之法曲，恐與清樂原形，已有變化，其結果適如通典所稱，具有淸樂舊調遺風者，僅有雅歌一曲了。

(3) 樂器

隋志所載爲『其樂器有鐘、磬、琴、瑟、擊琴、琵琶、箜篌、筑、箏、節鼓、笙、笛、簫、篪、塤等十五種，一部工二十五人』。六典所載爲『編鐘、編磬各一架，瑟、彈琴、擊琴、琵琶、箜篌、箏、筑、節鼓各一，歌二人，笙、長笛、簫、篪各二，吹葉一人，（舞四人）』。通典所載『樂用，鐘一架、磬一架、琴一、一絃琴一、瑟一、秦琵琶一、臥箜篌一、筑一、箏一、節鼓一、笙二、笛二、簫二、篪二、葉一、歌二』。此外舊唐志所載，大致與通典相同，僅將一絃琴誤寫爲三絃琴、另加擊琴一、而葉爲二。新唐志係依據舊唐志者將鐘寫爲編鐘，三絃琴寫爲獨絃琴（與一絃琴意義相同），秦琵琶誤寫爲奏琵琶，除去「葉」、加入「跋膝」及「方響」。

綜合上述史料，其鐘（編鐘）、磬（編磬）、琴、瑟、擊琴、琵琶（秦琵琶）、箜篌（臥箜篌）、筑、箏、節鼓、笙、簫、笛、篪等十四種樂器，係各書所相同者，原則上，節鼓以上爲一種樂器，笙以下爲二種樂器。

玆將上述十四種樂器以外異同之處列表如次（註十）。

隋志　十五種二十五人，另加「塤」。

六典　十六種二十一人，稱琴爲彈琴，笛爲長笛。加歌二、加吹葉一。

通典　十六種二十一人，加一絃琴一、（吹）葉一、歌二、缺擊琴。

舊唐志　十七種二十三人，加一絃琴一、（吹）葉二、歌二。

新唐志　十八種二十五人，加獨絃琴一、方響二、跋膝二、歌二、吹葉二。

根據上表，隋、唐樂器異同之處已一目了然，隋朝使用之雅樂器增加「塤」、唐朝增加「一絃琴」、「歌」、「吹葉」，（按六典所稱「彈琴」卽係普通之琴，亦含有一絃琴意義）。此外唐代之「方響」及「跋膝」兩種爲特別樂器，方響始現於南北朝，爲唐宋時期風行之俗樂器，係長方形鐵板組成。至於跋膝，如宋朝陳暘樂書卷一四八所載『跋膝管，其形如篴而短。與七星管如篪而長者異矣。唐清樂部用之。然亦七竅，具黃鐘一均。其失又與七星管同制』。蓋跋膝與雅樂之「篴」（係一種橫笛），形狀相同，屬於俗樂器(註一一)。

唐末段安節樂府雜錄之清樂部所載『樂卽有琴、瑟、和雲箏，其頭像雲，笙、竽、箏、簫、方響、篪、跋膝、拍板。戲卽有弄賓、大獵兒也』。與上述樂器部份史料一致，惟新加「方響」、「跋膝」、「拍板」、「和雲箏」。戲名方面，加「弄賓」、「大獵兒」二曲。根據曲名推斷，係非舊清樂曲，似係爲散樂曲名，也許唐朝末葉，清樂伎在樂器、戲名方面，已有上述變化也。此外就樂器編成之本質言，「清樂」之特徵，隋朝時期，有鐘、磬、瑟、琴、笙、簫、篪塤等八種雅樂器，佔全部十五種之半數以上，若加上「柷」、「歌」及「大鼓類」，編成正規雅樂。至於俗樂方面，有擊琴、琵琶、箜篌、筑、箏、節鼓、笛等七種。擊琴(註一二)係由琴演變而成；筑、箏係由漢朝琴、瑟演變而成；(註一三)琵琶卽秦琵琶；箜篌卽臥箜篌。關於伊朗系之四絃琵琶及豎箜篌之中國化情形，如「琵琶之淵源」與「箜篌之淵源」兩文所述。(註一四)

笛卽橫笛，節鼓爲俗樂用之大鼓。(註一五)清樂性格大致如此。

⑷舞曲

各伎均有舞曲，關於清樂之舞曲，隋志所載『一部工二十五人』，並未提及舞女人數。此外六典載有『舞四人』一語，證實確有舞女伴舞。又舊唐志清樂條所載『漢有盤舞，今隸散樂部中。又有鞞舞、扇舞並亡』。及新唐志所載『舞者四人並習巴渝舞』。文中所載之盤舞、鞞舞、扇舞、巴渝舞，係清樂伎之舞曲(註一六)。惟此等舞曲，原係漢朝舞曲，當時並非隸屬清樂，因其性格相似，以後編入清樂者。亦卽如隋志七部伎條所載『其後牛弘請存鞞、鐸、巾、拂等四舞，與新伎並陳。因稱四舞。按漢魏以來並施於宴饗。鞞舞，漢巴渝舞也。至章帝造鞞舞辭云，關東有賢女。魏明代漢曲云，明明魏皇帝。鐸舞，傳玄代魏辭云，振鐸鳴金。成公綏賦云，鞞鐸舞庭，八音並陳是也。拂舞者，沈約宋志云吳舞，吳人思晉化。其辭本云白符鳩也。巾舞者公莫舞也。伏滔云項莊因舞欲劍高祖，項伯紓長袖以扞其鋒。魏晉傳爲舞焉。檢此雖非正樂，亦前代舊聲。故梁武報沈約云，鞞鐸巾拂古之遺風。楊泓云此舞本二八人。桓玄卽眞爲八佾，後因而不改。齊人王僧虔已論其事。平陳所得者猶充八佾。於懸內繼二舞，後作之爲失。斯大檢四舞由來，其實已久。請並在宴會與雜伎同設於西涼前奏之。帝曰其聲音節奏及舞悉宜依舊。惟舞人不須捉鞞拂等』，與通典之淸樂條所載『當江南之時，巾舞、白紵、巴渝等衣服各異，梁以前舞人並十二人（舊唐志作二八）。梁武省之減用八人而已。令二（舊唐志作工）人平巾幘、緋褶。舞四人，碧輕紗衣，裙襦大袖、畫雲鳳之狀，漆鬟髻，飾以金銅雜花，狀如雀釵，錦履。舞容閑雅婉曲，有姿態』。

如上所述，鞞舞（巴渝舞）、鐸舞、拂舞（白符鳩），巾舞（公莫舞）等四舞之形式，具有閑雅婉曲之舞態，類似清樂。故於隋朝以後，編入清樂。武太后十四舞中亦載有四舞（其中白符鳩卻書爲白鳩）。

(5)服飾

關於十部伎之服飾，除通典外，「隋志」及「六典」均無記載，但此不能認爲隋朝九部伎並未制定服飾。根據通典記載，當亦可推想隋朝服飾也。按通典對服飾之記載，大致有一定形式，在樂器前面記述「樂人」及「舞人」穿着服飾，此外十部伎與二部伎服飾類同，兩者可相互參照。惟通典對清樂服飾，記載不够清晰，如巾舞等舞曲，記載中(註一七)所載『當江南之時，巾舞、白紵、巴渝等衣服各異。（梁以前舞人竝二八，梁武省之，咸(通典書爲減)用八人而已）。令工（通典書作二）人平巾幘、緋褶（舊唐志書作緋袴褶）。舞四人，碧輕紗衣、裙襦大袖，畫雲鳳之狀，漆鬟髻，飾以金銅雜花，狀如雀釵，錦履。（舞容閑雅婉曲有姿態）。』是則清樂伎之工人亦即樂人，穿着平巾幘、緋褶；而「舞人」服裝則遠較樂人華麗，所謂『碧輕紗衣裙襦』，而『大袖畫有雲、鳳』，此外『漆髮髻，飾金銀銅花，着錦履』其穿着打扮之盛粧，當可想見一斑也。

(二) 西涼伎

西涼伎係採用西涼樂之一伎。關於西涼樂情形，容已另述樂曲篇，(註一八)恕不贅述外，至於西涼伎內容，如隋書音樂志九部伎條所載大綱『西涼者起苻氏之末，呂光、沮渠蒙遜等據有涼州，變龜茲聲爲之。號爲秦漢伎。魏太武既平河西得之。謂之西涼樂。至魏周之際，遂謂之國伎。今曲項琵琶、豎頭箜篌之徒，竝出自西域，非華夏舊器。楊澤新聲、神白馬之類生於胡戎。胡戎歌非漢魏遺曲。故其樂器聲調與書史不同』。據上所述，西涼樂係符秦末期，呂光、沮渠蒙遜等佔據河西涼州時，將龜茲音樂改變而成，開始稱爲「秦漢伎」，按龜茲音樂爲西域音樂之中樞，呂光遠征龜茲時帶來涼州。「曲項琵琶」（亦卽普通之四絃琵琶）與「豎頭箜篌」（亦卽豎箜篌）係來自西域樂器，並非華夏舊有樂器。而楊澤新聲與「神白馬」等曲則係胡戎之曲。至於西涼樂是否均係西域樂，首從其使用之樂器情形，予以詳細辯明之。

(1) 樂器

隋志九部伎條所載西涼伎樂器編成情形爲『其樂器有鐘、磬、彈箏、搊箏、臥箜篌、豎箜篌、琵琶、五絃、笙、簫、大篳篥、小篳篥、橫笛、腰鼓、齊鼓、擔鼓、銅鈸、貝等十九種，爲一部工二十七人』，此後通典卷一四六在「清樂」、「坐立部伎」、「四方樂」、「散樂」後面，設有「前代雜樂」條，說明鼓吹、西涼樂、禮畢三伎，其中西涼樂部份，前半段引用隋志之西涼樂，後半段則分述舞人及樂器，其中樂器部份所載『其樂器用　鐘一架、磬一架、彈箏一、搊箏一、臥箜篌一、豎箜篌一、琵琶一、五絃琵琶一、笙一、簫一、大篳篥一、長笛一、橫笛一、腰鼓一、齊鼓一、擔鼓一、貝一、銅鈸二』。此與六典所載『三曰西涼伎，編鐘，編磬各一架，歌二人，彈箏、搊箏、豎箜篌、臥箜篌、琵琶、五絃、笙、長笛、短笛、大篳篥、小篳篥、簫、腰鼓、齊鼓、擔鼓各一、銅鈸二、貝一、（白舞一人，方舞四人）』，內容大致相同。此外通典，舊唐志，新唐志等所載史料，亦多大同小異(註一九)。

關於樂器種類與樂人人數，隋朝九部伎爲十九種二十七人。唐朝十部伎，通典載爲十九種二十人，六典載爲二十種二十二人。總之，唐制規模，略較隋制爲大。

關於西涼伎性格，根據隋志十九種分類情形如次：

雅樂系四種（鐘、磬、笙、簫）。

俗樂系五種（彈箏、搊箏、臥箜篌、齊鼓、擔鼓）。

胡樂系九種（豎箜篌、琵琶、五絃、大篳篥、小篳篥、橫笛、腰鼓、銅鈸、貝）。

上述胡樂系九種樂器，均係龜茲樂器，證明西涼樂係以龜茲樂爲中心。故隋志內，特別強調西涼樂係由龜茲樂演變而成。惟就樂器編成而言，滲雜有濃厚中國色彩，特別是雅樂系中之鐘、磬，故其演變，並僅非爲俗樂化。

如上所述，符堅滅亡張氏時，涼州已有清樂，亦即說明清樂係晉末傳來涼州。西涼樂前身之秦漢伎，出現於涼州者當係符氏末期，故改編龜茲樂時，諒係使用清樂爲基準者，亦未可知也。

例如清樂與西涼樂均有鐘磬樂器。按鐘磬固為雅樂器之代表，但涼州遠處邊陲，當無雅樂，故其樂源，當係來自清樂。至於臥箜篌，晉朝以來列入俗樂器類，十部伎中，清樂伎及高麗伎使用此項樂器。「彈箏」及「搊箏」奏箏方法特殊，也係俗樂器，故亦可能為清樂之箏。就上述樂器類別言，西涼樂中屬於中國樂器者必來自清樂也。研究西涼樂，可能係龜茲樂與清樂融合而成者。北魏、北周時期，西涼樂別稱國伎，蓋西涼樂不僅為龜茲樂，而亦包括有中國樂器在內，此亦本節列入俗樂系之理由也。

(2) 舞曲與服飾

根據唐六典所載『白舞一人，方舞四人』。與通典所載『工人平巾幘、緋褶。白舞一人，方舞四人，白舞今闕。方舞四人，假髻、玉支釵、紫絲布褶、白大口袴、五綵接袖、烏皮靴』。是則西涼伎首先白舞一人，方舞四人，爾後僅有方舞。所謂方舞四人，似係指四人站立四方跳舞者。拙著之『燉煌畫音樂資料』曾述及該燉煌畫係河西地方畫家所繪，此種畫像，影響地方上文化情形，其淨土變相圖之佛前舞樂之舞踊，也許可能與西涼樂之白舞，方舞有關。按佛前舞樂圖，通常為舞女一至二人，亦有四人者，但其服飾均裸足女人，載手鐲脚鐲，髮飾等形狀均與中國服飾不同。至於通典所載服飾，如上所述，樂人，穿着平巾幘與緋褶，與清樂伎之樂人相同；舞人髮際裝飾簪，穿着紫絲布褶，白大口袴，五綵袖口，及黑色皮靴也。

(3) 舞曲

關於舞曲情形，如隋志所載『其歌曲有永世樂，解曲有萬世豐，舞曲有于窴佛曲』。其中「永世樂」及「萬世豐」顧名思義，似係中國化，含有道教氣息(註二〇)。于窴佛曲之「于窴」兩字，似係「于闐」之誤，爲佛教音樂。

文中之所謂「解」字，通常爲樂曲一章之意。如宋書卷二一淸商三調歌詞所載之平調部『周西，短歌行，武帝詞（六解）』『秋風、燕歌行、文帝詞（七解）』。按解曲似係指管絃合奏或獨奏之器樂曲而言。隋志除西涼伎外，龜茲伎、疏勒伎、安國伎等三伎亦列舉有歌曲、解曲、舞曲三種，其他各伎，僅有歌曲，舞曲二種。上述三伎均係西域樂系，故猜想解曲可能由於西域音樂傳來後所產生者，當另在樂曲篇內詳述之。

北宋陳暘所著樂書卷一六四樂圖論引用之『解曲』條所載『凡樂以聲。徐者爲本聲，疾者爲解。自古奏樂曲，終更無他變。隋煬帝以淸曲雅淡，每曲終多有解曲。如元亨以來，樂解火鳳以移都師解之類是也。及太宗朝有入破。意在曲終，更使其終繁促。然解曲廻龜茲、疏勒夷人之制，非中國之音。刪之可也』。該「解曲」證明其係來自西域者。

前述『楊澤新聲，神白馬之類生於胡戎』。該二曲似係屬於西涼樂，故除永世樂等三曲外，西涼樂曲尙有相當數量也。至於龜茲樂曲，在中國改編或新編之樂曲。爲數亦多。俗樂方面，有楊澤歌曲。所謂「楊澤新聲」，可能係利用該項歌詞所製作之西域風之樂曲而言者。

第二項　西　域　系

(一) 天竺伎

隋志九部伎，西涼伎後面爲龜茲伎，六典則爲天竺伎。按西域音樂之根源，爲印度音樂。茲先論述天竺伎，再依次說明其他各伎。根據隋志所載『天竺者，起自張重華據有涼州重四譯來貢男伎。天竺卽其樂焉』。則「天竺伎」之起源，係永樂年間，張重華佔據涼州時，天竺人重四譯來朝進貢男伎，始有天竺伎。按張重華係繼承乃父「重駿」管轄涼州，其在永樂年間（西元三四六—三五三）稱爲涼王。(註二二)較呂光佔據涼州時（三八六—三九八）帶來龜茲樂，尚早四、五十年，南北朝以來，西方音樂流傳中國，當以天竺伎爲先河，其較前漢末期佛教音樂東傳，約遲三百年左右。文中所稱來朝進貢之男伎，恐係天竺伎之男性樂人。至於十部伎中之天竺伎，是否亦係男伎奏樂，首先從其樂器編成予以探究之。

(1) 樂器

天竺伎所用樂器，隋志所載爲『樂器有鳳首箜篌、琵琶、五絃、笛、銅鼓、毛員鼓、都曇鼓、銅鈸、貝等九種，爲一部工十二人』。六典所載爲『四曰天竺伎，鳳首箜篌、琵琶、五絃、橫笛、銅鼓，都曇鼓，毛員鼓各一，銅鈸二、貝一、舞二人』。兩者所載大致相同。惟通典之四方樂條所載爲『樂用　羯鼓、毛員鼓、都曇鼓、篳篥、橫笛、鳳首箜篌、琵琶、五絃琵琶、銅鈸、貝。其都曇鼓今亡」。將「羯鼓」代替銅鼓，另加「篳篥」。而舊唐志，除同時列入「銅鼓」、「羯鼓」外，加「篳篥」，減「五絃」，共計十種，另添『毛員鼓、都曇鼓今亡』一語。新唐志除列入全部十一種外並書「銅鈸」爲「二」，由於上述記載，是則「隋志」及「六典」以後，「羯鼓」及「篳篥」漸被採用，而「毛員鼓」及「都曇鼓」則漸次衰落，欲究明上述樂器編成之本質及其變遷意義，必須先瞭解古代印度之樂器情形。

(2) 古代印度之樂器

南北朝隋唐時期，傳入中國之印度音樂，亦卽早在西元前二世紀至西元後六、七世紀期間，印度佛教音樂繁盛時候之音樂。欲探究古代印度樂器情形，須從有關文獻及考古學資料兩方面着手，「文獻」方面，並無音樂專門書籍。其在演劇方面以著名 Bhārata 之 Nāṭya-Śāstra 爲其代表(註二二)，亦可參照詩劇方面書籍。至於考古學資料方面，亦可常見諸於各種佛跡之彫刻及壁畫，對比及綜合上述有關文獻，古代印度樂器亦可推測梗概。（請參照）筆者拙著之「東洋樂器及其歷史」）。

根據 Bhàrata 等諸文獻，佛教時代主要樂器如次(註二三)。

①絃樂器

vīṇā-citra（七絃），vipancī（九絃），kacchapī, ghosaka.

②管樂器

vaṃisa（橫笛），saṅkha（貝、卽法螺），sringa（角笛）

③革樂器

mridaṇga, panava, muraga, àlingya, ūrdhvaka, ankika, bheri, jhanjhā, dindima, gomkha, pataka, jhallarī

④打樂器

tāla（銅鈸），kamsya-tāla（鑼）

此外根據漢譯之各種經典，究明樂器類別如次(註二四)。（括號內爲音譯）

①絃樂器

vīṇā（費拏、毘拏、尾拏、尾那），tūṇava, tūṇa, vallari nakula, sughoṣa, mahatī, parivāmī, vipañcika.

②管樂器

vamśa（萬舍），śankha（商佉、舍佉、攝佉、像佉、霜佉、儴佉、餉佉）、śriṇga, venu.

③革樂器

bheri（吐里、陛里），paṭaha（波吒賀），ādambara, mrdanga, muraja, jharjharī, ānaka（阿能訶），āliṇga, diṇḍima, dhakka, jharjharaka, ekkapakkara, dundubhi（嫩努鼻，曇都尾＝可能係都曇鼓），paṇava（般拏），mukunda, ḍamaru（漢譯爲奎樓鼓＝可能係鷄婁鼓）。

④打樂器

jhallarī（可能係沙鑼），ṭaḍāvacara, śamya, sampa, samma, kiṅkiṇī, ghaṇṭa（犍吒、犍茶），gaṇḍī（犍椎、揵搥、揵椎），khakhara（隙棄羅、喫棄羅），tūrya（兜勒、兜離）

迨至十三世紀，佛教音樂集其大成，如 sārṅgaveda 之 samgīta-ratnākara 所載包括受十一世紀以後回教音樂之影響等情形在內，其所列樂器爲參考起見，特將 Bharata 未曾載者分記如次(註二五)。

①絃樂器

vīṇā 之五種＝nakalā（二弦），tritantrika 及 jantra（三弦），sītra（七弦），vipancī（九弦）matlakokila 及 svaramandala（二十一弦），ālāpinī, kinvārī pinākī,（以上二種係以弓奏）svaravīṇā（七弦），srutī-vīṇā（二十二弦）

②管樂器

vaṃsa（橫笛、例如 pavā, pāvika, murali），mudhukarī（角製及木製之七孔角笛，長約一尺六寸），kāhalas（係銅、銀或金製喇叭，以長約三尺左右），cukkā（同上，長約六尺以上），sriṇga（角笛），ṣaṅkna（貝）

③革樂器

pataha, mardala, hudukka, karatā, ghata, ghadasa, dhārasa, dhakkā, ranjā, damaruka, dakkulī, jallari, bhāna, dundubhi, bheri, tumbak.

④打樂器

tāla, kamsya, ghantā,（鐘）, kṣdraghantika（鈴）, jaya-ghantā, kamrā, sukti.

其次在佛教音樂美術方面言，紀元前三世紀至紀元八世紀，爲佛教全盛時期。如 Claudie Marcel-Dubois 女士，在 Notes sur la instmments de musique figurés dans l' Art plastique de l' Inde ancienne (Revue des Arts Asiatique, Annales du Musée Guimet, Tome XI, Numéro I, Mars, 1937) 所稱之樂器如 Bharhut, Sancī, Matūla, Amrāvatī, Pawaya, Garwha 等，並與十一世紀至十五世紀之「伊斯拉瑪」時代，及十六世紀至前代之「恩茲」時代對比。但佛教時代，可分爲以「布黑爾夫特，薩奇」爲中心之前期，以「阿瑪拉維巴佛亞」爲中心之中期，與「瑪里布拉瑪、瑪茲拉」等資料之後期。其在前期與中期間，稱爲「肯達拉」時期，所謂肯特拉時期亦稱 gréco-buddhique 文化時代。按肯達拉，遠離印度中央地區，爲伊朗系及印度系樂器，流傳西域之中繼地，故本研究乃單獨予以敍述。

印度佛教音樂前期之樂器。

①絃樂器

以弓形竪琴佔壓倒性多數。其他絃樂器則不可多見(註二六)，雖亦有數種，但在彫刻上，實無法區分。文獻上所載之 vīnā，當時屬於絃樂器，由於從七世紀 Māvalipuram 之彫刻經回教時代至恩茲時代發達演變，迨至目前稱爲匏琴。

②管樂器

以「角笛」與「法螺貝」爲代表角笛大致分爲二種，其一爲較短之號角型，係利用動物之角所製者；其一較長之喇叭形，係利用動物之角或金、銀等金屬加工所製者。前者爲 sṛinga，者爲 kāhalā。至於「法螺貝」則爲 saṅkha。其次爲橫笛與雙管之縱笛，按管樂器中常用之後 vāṇā 與 vaṃsa 則爲橫笛之名稱。橫笛在印度音樂史中，在管樂器內佔有重要地位，但在印度佛教前期，角笛與貝較爲活躍，迨至後期，「貝」仍常用，而角笛逐漸減少，橫笛代而起之。從樂器發展過程中，橫笛較縱笛進步，角笛和貝則爲原始樂器。

③革樂器

大鼓等樂器韻律優美，爲目前印度音樂特色之一。其傳統，在古佛教時代之文獻及考古學資料均有記載。按大鼓類在印度佛教音樂前期至少有八種以上。茲綜述於次：

㈠原則上爲圓形，兩端張皮革，其圓形體之長短，及皮革面之大小，則隨用途而有不同。

㈡爲使皮革面綁得很緊，週圍用紐釘住。

㈢演奏時，用皮帶連結兩端紐釘，掛在肩上，縱橫奏樂方便。

㈣任意使用各種大小不同之「撥」。

㈤一人可同時使用二鼓，此爲目前 Tabla-baya 之前身也。

㈥當時（印度佛教音樂前期）尚未使用「細腰鼓」。

④打樂器

原始音樂中經常使用，但在前期資料內則未見出現。根據彫刻圖形，如銅鑼，係大型平面圓盤，以兩根木棒敲擊，似與大鼓相同。至於後期所使用之銅鈸，當時尚未採用。

其次談到前期與中期間，就「肯達拉」時期言，當時絃樂器方面，除了弓形豎琴外，尚有豎形豎琴，梨型曲頸琵琶，及六絃琴型琵琶。其中梨型曲頸琵琶（詳如拙著之「琵琶之淵源」）與希臘之四絃梨型曲頸琵琶有關，經由西域之「于闐」及「龜茲」傳入中國者。豎形豎琴亦經由同一路線傳入中國而成爲豎箜篌（拙著之豎箜篌之淵源）。至於六絃琴型琵琶，古代亞洲之印度、西域、南海等視爲珍奇樂器，但在天山南道之密勒遺跡方面，類似西歐之六絃琴。天山北路之高昌繪畫，與北魏之土偶形像，却有相當變化，或係流傳中國者亦未可知也（註二七、二八）。

印度佛教音樂中期、後期之樂器：

佛教音樂時代之中期，爲三世紀至六世紀，大體上相當於美術史上之「庫布特」期。除了弓形豎琴、橫笛、角笛、貝、樽型大鼓、桙型大鼓、對大鼓、細腰鼓等和前期相同外，新出現之樂器，如棒狀直頸之琵琶；如阿瑪拉維，巴佛亞等五絃形。該五絃形樂器，爲「肯達拉」及「伊朗」所未見者，係佛教音樂中期時代所獨有。此外在形體方面言，其棒狀直頸形體亦與四絃、梨型、曲頸之琵琶不同。推測印度之五絃，或係倣照「肯達拉」之四絃而改進者。至於「

巴拉特」成立時間，作者認爲可能在四、五世紀(註二九)。中期之四種絃樂器，總稱爲 viṇā，或者在「巴拉特」時期，無論是「琵琶」或「豎琴」，亦通稱爲 viṇā 亦未可知(註三〇)。此外中期所初見之樂器，除了上述之五絃琵琶外，尙有鈴、銅鈸等，銅鈸在巴拉特時期稱爲 tāla。以上所述前期中期樂器，爲佛教盛期之樂器之考古學資料之一斑。該前、中期，係漢、唐時代，印度音樂經由西域東傳中國之時代；至於後期，爲七世紀至十世紀間，對恩茲教美術上影響甚大，基調方面爲佛教美術傳統之繼續時期，其在美術方面所出現之樂器中，較具特色者爲匏琴語 vīnā）銅鑼（梵語 Ghanta）等金屬樂器。按匏琴直至目前尙爲印度樂器之代表，其最初問（梵世爲七世紀，當時剛巧弓形豎琴之 vana 開始消失，vana 名稱，遂由弓形豎琴轉移爲匏琴，該匏琴流傳南海，根據新唐書卷二二三下南蠻傳驃國條，載爲驃國（卽緬甸）樂器，當時僅有一弦或二弦，而目前之七弦，則係攝取印度文化，經過若干年代所改進者。該匏琴於隋代經由越南傳入中國，惟因器陋，未被普遍採用。

(3) 天竺伎之樂器

關於紀元前後至十世紀間之印度樂器情形，根據文獻及考古學資料兩方面大致可以究明(註三一)。如前所述，天竺伎之十一種樂器中，與印度樂器相同者，多達鳳首箜篌、五絃、橫笛、銅鼓、毛員鼓、都曇鼓、銅鈸、貝等八種，此可證明天竺伎係佛教音樂時代之印度音樂所移入者。尤其在十部伎中，其他各伎所沒有者，爲「鳳首箜篌」與「銅鼓」。按「鳳首箜篌」在拙著「

箜篌之淵源」中業已詳細論述爲「弓形豎琴」，經由龜茲傳入中國，其轉入時期，當係天竺伎東轉之時，若將其包括在天竺伎內，諒爲四世紀中葉（東晉末期）傳入者，將初轉入之天竺伎予以稍爲改變，而編成爲十部伎之一伎。

按西域音樂傳入中國，始自前漢，「琵琶」與「豎箜篌」亦係此時經由天山南道東流，但其本格東傳，大致開始於南北朝。其本源則來自印度，如五絃（印度），鳳首箜篌（印度）均係新流傳東來，亦始自南北朝者。上述兩種樂器，弓形豎琴亦卽鳳首箜篌，其東傳時間，似較五絃爲早，詳細情形，容後另述。至於天竺伎樂器十一種，與龜茲伎樂器十五種中，其相同者，有琵琶、五絃、橫笛、篳篥、毛員鼓、都曇鼓、羯鼓、銅鈸、貝等九種，故龜茲伎係以天竺樂亦卽印度音樂爲主要樂器者已極明顯。龜茲古都之壁畫上之樂器所顯示者亦同，後者包括「鳳首箜篌」在內，但是鳳首箜篌並非龜茲伎之樂器；而五絃琵琶，係以「龜茲琵琶」，或「胡琵琶」名義，成爲龜茲伎之代表樂器。按「鳳首箜篌」若係天竺樂中之代表樂器，則印度音樂經由龜茲及其他西域各地，並非僅以西域樂名稱傳入唐土，而以印度音樂名稱東傳中國者，十部伎中之天竺伎，當係印度音樂；若係透過西域樂傳入之印度音樂，則在十部伎中當無特別設立天竺伎一伎之必要也，鳳首箜篌僅屬於天竺伎者卽爲明證。同樣情形，「銅鼓」亦爲天竺伎獨特之樂器，按一般銅鼓，通常係指中國南部東南亞一帶，古今所使用之直徑二尺左右之片面銅稱爲，而天竺伎中所指銅鼓與此不同，係金屬製之胴體，兩端張以皮革，與細腰鼓形狀相同，梵語鼓，ponava，唐土音譯為「般孥」（註三二）。

天竺伎除上述二種獨特樂器外，其餘五絃、橫笛、毛員鼓、都曇鼓、銅鈸、貝等六種樂器，固起源於印度，亦包含在龜茲伎十五種樂器中。「毛員鼓」梵語名稱判定困難，也許可能並非發源印度，亦未可知。都曇鼓根據上述文獻，其梵語名稱與 dundubhi 相接近，惟無法確言。總之，印度系之各種大鼓，直接或經由龜茲傳入中國者，則無疑義。

此外，並非以天竺伎樂器傳入，而於十部伎編組時，由於樂器編成之必要，將漢朝以來之樂器予以編入者為「琵琶」。此與龜茲伎等之編入『笙』情形相同。豎箜篌亦係同樣意義。按隋志西涼伎條文所載「今曲項琵琶，豎（豎）頭箜篌之徒，竝出自西域，非華夏舊器」，說明隋代業以俗樂器類別通用之。此兩種樂器，原係胡樂器，亦即此二種樂器係胡樂出身，而編入為西涼樂者，琵琶編入天竺伎理由，大致與此類同。

最後，關於「羯鼓」與「篳篥」兩種樂器，隋朝時期並未編入天竺伎，迨至唐代，始編入天竺伎，該兩種樂器均係龜茲出身之樂器，想像天竺伎與龜茲伎相接近，故唐代編組十部伎時，予以編入天竺伎者。按十部伎之樂器，從隋朝至唐代，稍有改廢，或自然消滅，如天竺伎中之毛員鼓與都曇鼓則係漸次廢用，究其原因，係該兩種樂器，在唐土製作，演奏均有困難所致。根據上述天竺伎之十一種樂器，猜想十部伎編組時，除了採用印度樂器八種外，採用其他樂器者祇有三種（係指琵琶、羯鼓、篳篥）。而天竺伎特有者僅為「鳳首箜篌」與「銅鼓」兩種，故天竺伎並非就西域樂中選擇印度樂器編成者，而為以印度直接傳來之樂器為中心而編成。如隋志所載，東晉末期貢獻朝庭之男伎，諒係演奏印度樂器人員也。

(4)樂曲與服飾

隋志所載「歌曲有沙石疆，舞曲有天曲」一語，對二曲由來，內容，均未說明。按沙石疆，諒係漢譯與梵語之音譯；天曲或與佛教有關，屬於佛曲。至於舞伎人數，六典、通典、舊唐志、新唐志、均記載為二人。

關於服飾方面，如通典所載『樂工皁絲布幞頭巾、白練襦、紫綾袴、緋帔。舞二人，辮髮、朝霞袈裟，若今之僧衣也。纏碧麻鞋』。按「幞頭」始自北周，傳至唐朝，無論貴賤，變成男子日常使用之帽冠，大體上係用沙絹或羅沙製造，形狀與頭巾相同，兩側垂有帽葉，頷下使用二根帶子扣結（樂工所使用之幞頭請參閱第一圖「平安樂人之幞頭——信西古樂圖」——即可明瞭）。按帽葉分有硬脚、軟脚兩種，圖上所繪者為軟脚，硬脚在唐初係天子專用，中葉以後，一般人亦開

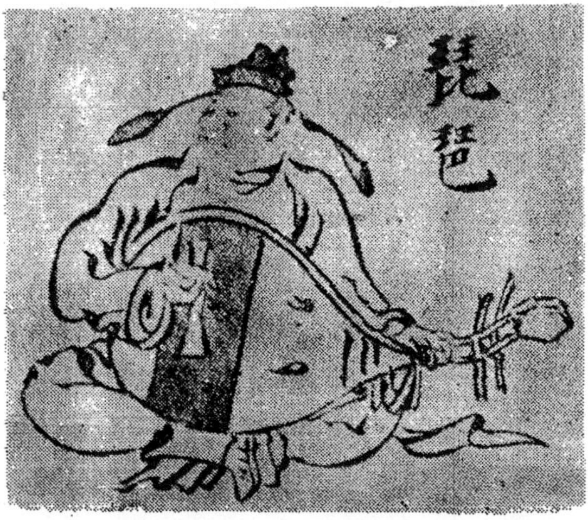

第一圖　平安朝樂人之幞頭（信西古樂圖）

始使用，傳至宋朝則使用平直脚(註三三)。本圖亦當爲唐代風俗之有力傍證，至於皁絲布係黑色之「麻」或「葛」等布，幞頭多係黑色，信西古樂圖亦係墨繪，或其實際顏色亦爲黑色也。不用絹羅而用布，或係身份低賤之樂工所用者。幞頭巾之「巾」，俗稱「巾子」，係「桐木」或「葛絲」所製(註三四)。西域系之龜茲伎、安國伎、康國伎、疏勒伎之四伎樂工均冠載「皁絲頭巾」，或與幞頭巾相同，或許經過稍爲簡略後之一種頭布。至於「白練襦」與「紫綾袴」，按「襦」與「袴」兩者併用之例，尚未多見。「緋帔」之帔係女子披肩，帔有黃、紫綠、紅等數種顏色，採用緋色者，稍嫌醒目，此或爲樂工專用者亦未可知。按以往女子使用帔肩，處女披肩較長，結婚後所用披肩較短，故樂工緋帔，恐係屬於短者(詳細情形請參閱第二圖「龜茲古都壁畫上之樂人」及第三圖「龜茲壁

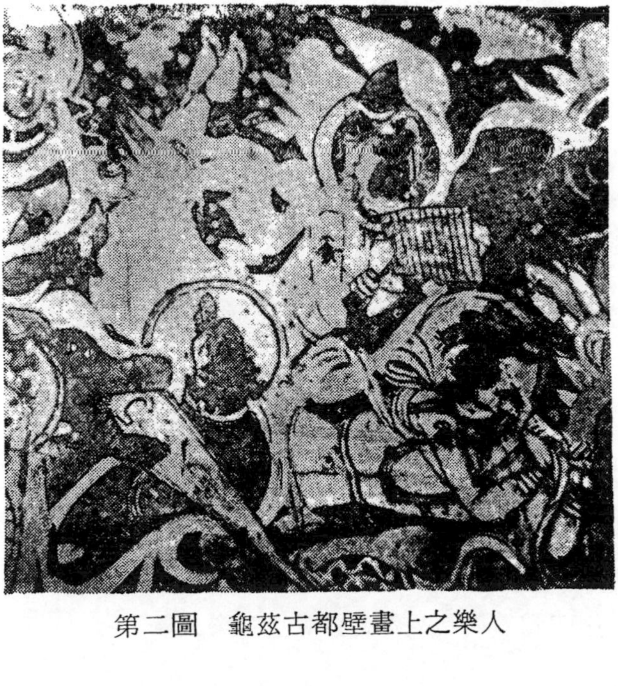

第二圖　龜茲古都壁畫上之樂人

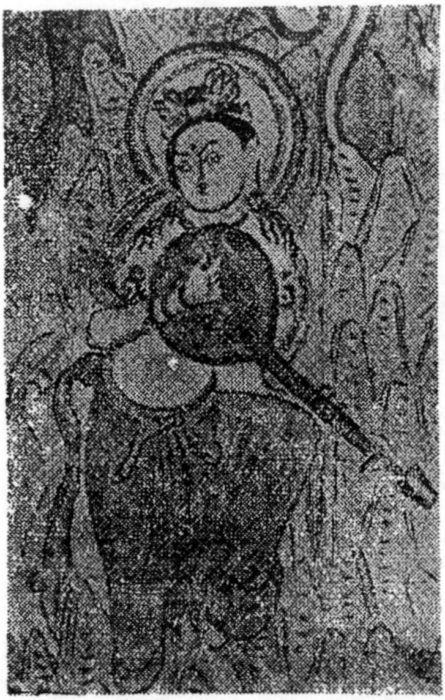

第三圖　龜茲壁畫上之樂人

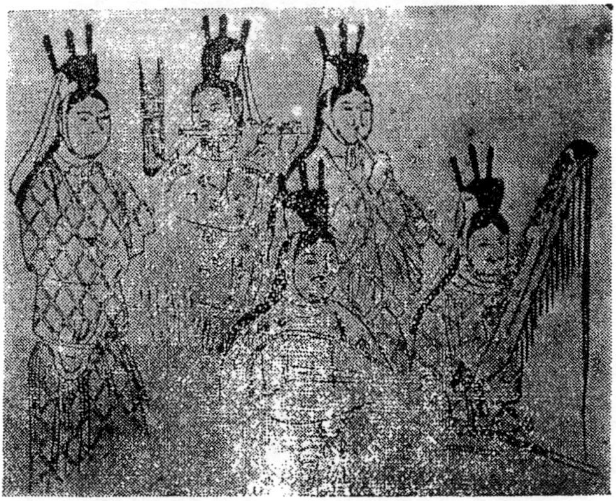

第四圖　高昌故都址壁畫上之樂人羣

畫上之樂人」）。其次關於舞人辮髮，似與近代辮髮大體相同。唐朝時，匈奴、突厥等亦有辮髮習俗，新唐書高昌傳內卽載有「俗辮髻垂後」之語。如第四圖「高昌故都址壁畫上之樂人」所繪，卽可證明。「朝霞袈裟」中之袈裟，唐朝時期，當係僧衣。通典內所載「若今之僧衣」一語，說明其與僧衣稍有不同，朝霞當係指晨霞顏色者。『行纏』普通係指女人纏足之意，女人纏足，早自漢朝，迨至唐朝更爲盛行，明朝時期，則並非如一般婦女間流行，而僅限於特殊場合(註三五)。其纏足形狀，亦並非如後世之緊纏，而僅對某一部份用布包纏者亦未可知。文中之「纏碧麻鞋」一語，係指纏足使用碧麻鞋，按碧麻鞋似係淡白色之鞋子，鞋背較緊，用錦製成，刺以繡飾者。以上情形，係說明天竺伎樂人之辮髮、朝霞袈裟、行纏、碧麻鞋等服飾情形。此外通典四方樂條文中亦曾列舉扶南樂服飾爲『舞二人，朝霞衣、朝霞行纏、赤皮鞋。隋代全用天竺樂。今其存者，有羯鼓、都曇鼓、毛員鼓、簫、橫笛、篳篥、銅鈸、貝』。文中所稱朝霞衣，諒與朝霞袈裟相接近，至於朝霞行纏也許爲一種顏色者。『赤皮鞋』係說明紅色之皮製之靴鞋，其服飾與天竺伎類似。按扶南樂與天竺伎同屬於南蠻系之印度音樂，故其服飾類同，亦爲當然之事。

(二) 龜茲伎

龜茲伎卽目前位於庫車（Kucha）地區龜茲國之樂伎。按龜茲國位於天山北道之政治要衝，爲文化之中心地，在西域音樂中佔極重要地位，亦爲西域音樂傳入中國之代表(註三六)。故龜茲伎較天竺伎更具有重要意義。

(1)**由來**

根據隋志龜茲樂條所載『龜茲者，起自呂光滅龜茲因得其聲。呂氏亡，其樂分散。後魏平中原，復獲之。其聲後多變易。（至隋有西國龜茲，齊朝龜茲，土龜茲等凡三部）。』龜茲樂之東傳，當始自後涼呂光征伐龜茲，破其城，將當地音樂以戰利品持歸之時。北魏書卷九五略陽氏呂光傳內載有『（符）堅以呂光爲驍騎將軍，率衆七千討西域。所經諸國莫不降附。光至龜茲，王帛純拒之。西域諸胡救帛純七十餘萬人，光乃結陳爲勾鎌之法。戰於城西，大破之。斬級萬餘。帛純逃走，降者三十餘國。光以駝二千頭，致外國珍寶及奇伎異戲，殊禽怪獸千有餘品，駿馬萬餘匹而還』。文中之奇伎異戲當係一種音樂(註三七)。按呂光西征時間，根據晉書卷一一四所載爲東晉太元十年（卽前秦符堅廿一年，西曆三八五年）此爲北魏建國之前一年。龜茲音樂於呂光亡歿時（東晉安帝隆安三年，北魏道武帝天興二年，西曆三九九年），一度軼散，直至後魏平定中原後始再重獲。按後魏統一中原，係指北魏太武帝於太延五年滅北涼之事（西曆四三九），前後達四十年。此外參照西涼樂成立情形，根據隋志，西涼樂係符氏末期，呂光、沮渠蒙遜等佔據涼州時，變龜茲之聲而成，北魏太武帝平定河西後，獲此音樂命名爲西涼樂者。按沮渠蒙遜等佔據涼州，建立北涼係呂光歿後三年之天興四年（西曆四〇一年）。卅三年後病故，禪位沮渠牧犍，七年後北涼滅亡。太武帝平河西，係指討滅北涼，是則龜茲樂，自呂光駐涼州以來，不及五十年時間而產生西涼樂。此與龜茲樂於後魏太武帝平定中原後獲得情形，大致相同，似有矛盾。所不同者龜茲樂係呂光歿後之四、五十年間並非在當地出現也，也許西涼樂並無具有龜茲樂之完全型態。如隋志所載之「其聲後多變易」所指摘者，然龜茲樂之變易在此以後，亦曾不斷顯現。其次關於後魏至隋朝期間狀況，通典卷一四二所載『自宣武以後，始愛胡聲。洎於遷都，屈茨琵琶、五絃、箜篌、胡篁、胡鼓、銅鈸、打沙羅、胡舞鏗鏘鏜鎝云云』文中所稱樂器，均係胡樂器。胡篁、打沙羅係罕見樂器名稱。屈茨琵琶與龜茲琵琶同音異字，龜茲伎代表樂器僅爲五絃琵琶。北魏時期，宣武帝以後，對於龜茲樂等胡樂，極爲愛好，遷都東魏「鄴」後，更爲盛行。最後論及北齊時期情形，如隋書卷一四音樂志條北齊條所載『雜樂有西涼、鼙舞、清樂、龜茲等。然吹笛、彈琵琶、五絃及歌舞之伎，自文襄以來皆所愛好。至河清以後傳習尤盛。後主唯賞胡戎樂，耽愛無已。於是繁手淫聲，爭新哀怨。故曹妙達，安未弱，安馬駒之徒，至有封王開府者，遂服簪纓，而爲伶人之事』。文中所稱文襄帝時（北齊初期文宣帝之先祖）開始，愛好龜茲樂等，自武成帝之河清年間（五六二—五六四）以後，傳習更盛。迨至後主溫公，更耽愛無已，由此可見龜茲伎於北魏至北齊期間，更爲繁榮。至於北周時期，如隋書所載『太祖輔魏之時，高昌款附，乃得其伎。教習以備饗宴之禮。天和六年武帝罷掖庭四夷樂。其後帝娉皇后於北狄，得其所獲康國、龜茲等樂，更雜以高昌之舊，並於大司樂習焉。採用其聲，被於鐘石，取周官制以陳之』。此係說明天和六年（西曆五七一年）

，武帝於宮廷內一度廢除四夷樂（註三八），爾後帝迎皇后來自北狄，該皇后係指著名之阿史那皇后，其到達中國時間，北周書皇后列傳載爲天和三年（註三九）。入朝時再度帶來康國，龜茲等音樂，武帝將此等音樂，混合高昌樂，採用鐘石（鐘及磬）亦卽雅樂器予以演奏，故可想像與西域樂已大有變化。此或係隋志中所稱之『其聲後多變易』。此外皇后入朝時尚有一種顯著事件，如隋書卷一四音樂志中之高祖開皇二年，雅樂修定條所載『先是周武帝時，有龜茲人曰蘇祗婆，從突厥皇后入國，善胡琵琶。聽其所奏，一均之中間有七聲。因而問之答曰「父在西域，稱爲知音，代相傳習。調有七種，以其七調勘校七聲，冥若合符。一曰娑陁力，華言平聲卽宮聲也。……」。譯因習而彈之，始得七聲之正。然其就此七調，又有五旦之名，旦作七調，以華言譯之，旦者則謂均也。……譯遂因其所捻琵琶，絃柱相飮爲均，推演其聲，更立七均合成十二，以應十二律。律有七音，音立一調，故成七調，十二律合八十四調，旋轉相交，盡皆和合』。根據本文所述，「鄭譯」考案雅樂八十四調之樂理，其動機及基礎當爲龜茲樂人蘇祗婆之七聲五旦之樂理，該項樂理亦係就印度樂理中移入之龜茲樂理，如林謙三氏之「隋唐燕樂調研究」與拙著之「唐朝俗樂二十八調之成立年代」亦有此種說明。文中之突厥皇后，當指阿史那皇后。所述內容除了樂曲、樂人、樂器以外，更傳入樂理，此可作爲西域樂，尤其是龜茲樂傳入之更進一步發展之明證。

最後論及隋朝情形，如隋志龜茲樂條詳細載有『至隋，有西國龜茲、齊朝龜茲、土龜茲等凡三部。開皇中其器大盛於閭閈。時有曹妙達、王長通、李士衡、郭金樂、安進貴等皆妙絕弦管，新聲奇變，朝政暮易。持其音技，估衒公王之間，舉時爭相慕尚。高祖病之，謂羣臣曰「聞公等皆好新變，所奏無復正聲。此不祥之大也。自家形國化成人風，勿謂天下方然公家家自有風俗矣。存亡善惡，莫不繫之。樂感人深，事資和雅。公等對親賓宴飲，宜奏正聲。聲不正，何可使兒女聞也」。帝雖有此勅，而竟不能救焉。煬帝不解音律，略不關懷。後大製艷篇，辭極淫綺。令樂正白明達造新聲。剏萬歲樂、藏鈎樂、七夕相逢樂、投壺樂、舞席、同心髻、玉女、行觴、神仙、留客、擲磚、續命、鬭鷄子、鬭百草、汎龍舟、還舊宮、長樂花及十二時等曲。掩抑摧藏，哀音斷絕。帝悅之無已。謂幸臣曰「多彈曲者，如人多讀書，讀書多則能撰書。彈曲多卽能造曲。此理之然也。」因語明達云「齊氏偏隅，曹妙達猶自封王。我今天下大同，欲貴汝，宜自修謹。」六年，高昌獻聖明樂曲。帝令知音者，於館所聽之。歸而肄習，及客方獻，先於前奏之。胡夷皆驚焉』。文中所稱西國龜茲、齊朝龜茲、土龜茲三部者，係指龜茲國音樂而言，此種區分，史料內均無記載，內容不詳。惟據字義推測，西國龜茲諒係龜茲國之西部某地，土龜茲或係龜茲國之中心地帶，齊朝龜茲則較難解釋。若就文化史乃至音樂史方面推測，更易於解釋，土龜茲卽爲土著之龜茲文化。西國龜茲，似可解爲受西方文化（係指印度系或伊朗系）強烈影響之龜茲文化。如後提及之三期文化中第二期所謂特卡拉文化時期，係指土龜茲；第一期之勘特拉文化期似係相當於西國龜茲；第三期高昌之所謂受西那、回訖文化影響之時期，當係指齊朝龜茲，此處之所謂齊朝，並非僅指北齊，而係對中國之通稱者。

右文中所稱者爲開皇年間所發生之事情。按龜茲樂自隋代以後，漸次盛行，所謂「盛於閭閈」，證明當時除宮廷外，一般民間亦極爲流行。來朝之樂人，自北齊開始，備受宮廷寵遇，如曹妙達、安未弱，安馬駒之徒均封王開府。按曹妙達，隋時極爲活躍，係曹波羅門之孫，曹僧奴之子，三代相傳樂人，當時在曹國（阿拉比亞地理學者稱爲Kabudan，在薩瑪爾加達東北）極爲活躍(註四〇)。安進貴與安未弱，安馬駒，及舊唐書忠義傳之安金藏，與新唐書李綱傳中所提之安叱奴等均係安國（Bukhara）出身樂人。王長通、李士衡、郭金樂等諒亦係西域出身而改爲中國人姓名者。此等西域樂人，曾風靡一時，爲人爭相欽慕，高祖蓄意復興雅樂，深慮西域淫聲之流行，發令糾正，亦竟無法挽救，此實由於大勢所趨，而造成之現象也。

龜茲樂傳至煬帝，盛極一時，此種情形，當不難想像。按樂正白明達與曹妙達均爲隋末唐初著名之西域樂工，彼等曾模倣傳入之龜茲樂，參以中國色彩製作萬歲樂以下等十八種胡風樂曲，此種中國製之龜茲樂情形，亦可證明龜茲樂東輸，業已開始邁向下坡途徑。唐初以後，史料中則無龜茲樂東輸紀錄，或係事實之反映也。但是十部伎中之龜茲樂伎，諒係龜茲樂之原來形狀也，此在各伎論述後再予探究。

(2)樂器

欲知十部伎之各伎性格，從樂器之編成着手硏討，最爲確切。如隋志所載『其樂器有豎箜篌、琵琶、五絃、笙、笛、簫、篳篥、毛員鼓、都曇鼓、答臘鼓、腰鼓、羯鼓、雞婁鼓、銅拔、貝等十五種，爲一部工二十人』。六典所載『六曰龜茲伎，豎箜篌、琵琶、五絃、笙、簫、橫笛、觱篥各一、銅拔二、答臘鼓、毛員鼓、都曇鼓、羯鼓、侯提鼓、要鼓、雞婁鼓、貝各一。（舞四人）』，各種樂器數量，均有明確記載，後者更包括「侯提鼓」在內。按「通典」與「舊唐志」和隋志相同，共爲十五種，新唐志則增加四種，根據各種史料性格探究，隋志之十五種以外，實際編入時，可能尚有侯提鼓(註四一)，但侯提鼓之採用，與龜茲伎之本質關係尠少。

(3) 龜茲古都壁畫之樂器

探究龜茲伎之樂器編成之意義，與天竺伎相同，必須與龜茲伎之現地狀態比較。但有關龜茲樂史料極爲貧乏，如新唐書卷二二一西域傳之龜茲伎條，僅簡單記載『俗善歌樂』。大唐西域記卷一屈支國條，亦僅載有『氣序和，風俗質。文字取則印度，粗有改變。管絃伎樂特善諸國。』數語，但是目前西域考古學探險所蒐集之資料，則非常豐富。亦卽龜茲古都（卽現在庫車縣 Qizil）附近之洞窟寺院址之壁畫所繪之樂器演奏圖，其精細豐富之處，並不較中國及印度遜色。詳細情形容另在樂器篇論究，茲概述於次（拙著之「東洋之樂器及其歷史」中亦有略述）。一九〇〇年以後，約三十年間，根據瑞典 S. Hedin，英國 Sir. A. Stein，德國 Le Coq 及 A. Grünwedel，法國 P. Pelliot，日本大谷光瑞、橘瑞超氏等考古探險所蒐集資料(註四二)，西域文化大別爲三期（參照 E. Waldschmidt, Gandhāra Kutscha-Turfan, 1925, Leipzig）第一期爲勘特拉文化流入時代，一、二世紀至四、五世紀，當時以于闐爲中心地，四、五世紀始波及龜茲。第二期以龜茲爲中心，由五世紀至七世紀，原有之勘特拉文化加上伊朗文化色彩，所謂特加拉文化之繁榮時期。第三期文化係在第二期文化基礎上，加上從中國反輸入之中國文化，以及北方侵來之回訖文化，與來自南方之西藏文化，混合而成爲所謂支那回訖文化。第三時期文化，係以高昌爲中心之繁榮時代，龜茲在第二期特加拉文化時代曾發揮其特色，所謂特加拉文化，亦稱爲西域文化之結晶。上述之樂器資料亦可反映其文化發展之一般情形。迨至第三期，西方樂器東傳關係淺薄，史料亦遠較第二期減少。龜茲之樂器，首先爲屬於勘特拉文化時期之十八番洞窟，Hippokampen 洞窟、Schatz 洞窟等之壁畫所顯示之阮咸型リュート（英文譯名不詳），弓形豎琴(註四三)、排簫、橫笛、圓胴大鼓（樽形大鼓），小銅鈸子等。迨至特加拉文化時期在 Schwertträger 洞窟、Schucht 洞窟、Musikerchor 洞窟等所發現者，除上述樂器外，新有豎型豎琴，五絃直頸リュート及四絃曲頸リュート，此外根據 Grünwedel 報告書，Musikerchor 洞窟，更有縱笛，タンブリン及シター（英文譯名不詳）。兩期間最顯著之變化，勘達拉時期，阮咸型リュート數量特別多，而特加拉時期則激減，而代以五絃リュート，但其與一般美術變遷比較，樂器資料之推移並不稱顯著也。

(4) 壁畫之樂器與文獻

有關龜茲現地樂器情形，限於考古學資料，僅如上述。其次探究十部伎中龜茲伎之樂器編成，其與現地究有何種關係。首先討論絃器樂方面，豎箜篌（豎形豎琴），琵琶（四絃リュート），五絃リュート（五絃琵琶）形狀一致。龜茲伎內並無鳳首箜篌樂器。如上所述，該鳳首箜篌係天竺伎內特有之一種樂器，而龜茲之印度樂器中則以五絃琵琶爲代表。按鳳首箜篌使用匏，係非常特殊之一種樂器，具有非常進步之構造，故在演奏時，亦必須有高度技術。無法大量輸入中國，況且在中國，普遍流傳亦有困難，事實上祗能在宮廷中使用，史料紀錄亦少，此或爲鳳首箜篌未能編入龜茲伎之理由。此外「琵琶」業於漢朝傳入中國，南北朝時，一般人均視作俗樂器，其與天竺伎相同，爲使十部伎形式完備而編入者，但琵琶原爲胡樂器。其次論及管樂器方面，計有笙、橫笛、簫、篳篥及貝五種，「笙」係中國固有樂器，「橫笛」中國雖有，但並非西域樂之橫笛，而爲印度佛教音樂中所佔主要地位之橫笛，簫在後述之所謂之排簫，（西洋人稱爲 Panpipe）。中國從漢朝開始有簫，伊朗亦有，並非印度佛教音樂，而出現於于闐，龜茲兩地，故西域音樂中多採用西方系樂器。至於「篳篥」，如通典一四四卷所載『篳篥本名悲篥，出於胡中，聲悲。（或云儒者相傳胡人吹角以驚馬。一名笳管。以蘆爲首，竹爲管）。』是則篳篥原爲胡樂器。所謂「胡」，漢代係指北狄而言，以後遷移西方，南北朝、隋、唐初時期，係指新疆省一帶狹義之西域而言。篳篥初時稱爲胡笳，當時係北狄樂器，大致在南北朝以後，發生於西域，如段安節之樂府雜錄之觱篥條所載『觱篥者，本龜茲國樂也。亦曰悲栗。有類於笳』。按唐朝時期，一般均視作龜茲樂器，當時認爲係龜茲特有之樂器，另外加上五絃與羯鼓，此三者爲龜茲樂代表之樂器。最後談到貝（法螺貝）並未在龜茲壁畫出現，利用貝爲樂器，爲印度最顯著之傳承，但若未傳入西域，諒非可能（註四四）。

革樂器方面計有毛員鼓、都曇鼓（註四五）、答臘鼓、羯鼓（註四六）、腰鼓及鷄婁鼓等六種，其中羯鼓、答臘鼓、鷄婁鼓等三種，亦傳入日本供舞樂使用。上述六種樂器中，最堪注目者當推羯鼓，通典卷一四四所載『羯鼓，正如漆桶，兩頭俱擊。以出羯中故號羯鼓，亦謂之兩杖鼓』。南卓之羯鼓錄載爲『羯鼓出外夷。以戎羯之鼓，故曰羯鼓。其音主太簇一均。龜茲部、高昌部、疏勒部、天竺部皆用之。次在都曇鼓、答臘鼓之下（都曇鼓似要鼓而小。答臘鼓者卽楷鼓也。）鷄婁鼓之上。𣛻如漆桶（山桑木爲之。）下以小牙牀承之。擊用兩杖，其聲焦殺鳴烈，尤宜促曲急破作戰杖連碎之聲。又宜高樓晚景，明月清風破空透遠。特異衆樂。杖用黃檀、狗骨、花楸等木』。則羯鼓因其出自羯族而得名，羯爲匈奴之一種，卽爲北狄。上文中所述戎羯一語，則羯鼓除羯族外，其近鄰西戎（例如氐、羌）似亦使用，所謂西域之龜茲部、高昌部、疏勒部使用者，亦係指十部伎中該三伎使用之意也，或係該三國現地之意（註四七）。若參考樂府雜錄，其順序位於「在都曇鼓、答臘鼓之下，鷄婁鼓之上」。隋志以後各種史料，大致相同（註四八）。此種順序，似可認作在制定十部伎時，所決定之演奏時之配列，或爲樂器整理時，所考慮之順序。

最後在打樂器方面，僅有銅拔（銅鈸）一種。佛典記爲 Jhallāi 或 Tāla，漢譯爲銅拔。通典卷一四二歷代沿革，北齊條載爲『屈茨琵琶、五絃、箜篌、胡簹、胡鼓、銅拔、打沙羅云云』文中之打沙羅，與 Jhallāi 相接近，漢經中之「打羅」，即係打沙羅之略稱，此與 Tāla 相接近(註四九)。但文中將銅拔與打沙羅列入，該兩者或爲不同樂器，亦未可知(註五〇)。普通梵經，歐譯者將 Tāla 譯爲 Cymbal，或許銅拔相當於 Tāla，但是 Cymbal 係佛教音樂中期，才開始出現。龜茲亦自第二期以後才有，或與五絃相同，隨佛教音樂東傳之本流傳入中國者。

(5)龜茲伎之樂器編成之意義

有關龜茲之十五種樂器及其現地狀態、發源、與流傳情形，業如上述。欲探究其樂器編成之意義，則必須將其與十部伎中其他各伎相比較。如上所述，龜茲樂係完成於西域音樂全盛時期之第二期，當時爲西域音樂之代表。其在樂器編成方面，若與天竺伎以下西域系五伎相比較，天竺伎十一種樂器中，除鳳首箜篌及銅拔外，其他九種，均包含在龜茲伎十五種樂器中。其他疏勒伎十種，安國伎十種中，除雙篳篥、正鼓、和鼓三種外，其餘七種。康國伎四種除特有之正鼓，和鼓外，其餘二種。高昌伎十二種中，除特有之一種銅角外，其餘十一種均包含龜茲伎十五種樂器內。此外東夷系之高麗伎十四種，與龜茲伎相同樂器，多達九種，又龜茲樂與清樂合作而成之西涼伎十九種樂器中，採用龜茲伎者十種，但龜茲伎十五種樂器，並無一種爲其僅有，係集十部伎樂器之大成而編成者。但是五絃、篳篥、羯鼓三者爲龜茲伎之代表性樂器。總之龜茲伎之樂器，並非完全發源龜茲而流傳他處者，例如各種鼓類、銅拔、貝、橫笛等均由西方傳來擴，及各地，而西域系六伎共通使用之樂器爲「橫笛」與「銅鈸」。此外龜茲、疏勒、高昌三伎所用樂器，甚相接近，如共同採用答臘鼓、腰鼓、羯鼓、鷄婁鼓等四種鼓類，三伎中有十一種樂器係共通使用，按其他三伎如康國，安國在地理上遠離龜茲，位於葱嶺以東，其樂器性格不同，亦屬當然之事。至於天竺伎，並非單純以西域樂所編成者，故龜茲、疏勒、高昌三伎，實爲西域樂之代表，三伎中共通使用之十一種樂器則爲西域樂調之基礎，龜茲樂除上述十一種外，尙有毛員鼓，都曇鼓及貝等天竺樂三種，故較疏勒，高昌兩伎完備。總之，在西域系六伎中在樂器編成方面，除了各伎特異之樂器外，當推龜茲伎爲最完備。

(6) 樂曲及服飾

隋志所載『其歌曲有善善摩尼，解曲有婆伽兒，舞曲有小天，又有疏勒鹽』。文中之善善摩尼，考證故 Silvain Lévi 之考證（註五一），爲地名 Chen-chen 鄯鄯與摩尼教之摩尼 Mani 結合之語。又婆伽兒係胡語 Bagar 音譯。婆伽兒舞，解與舞曲，所謂解曲，亦卽管絃合奏曲，至於舞曲有小天及稱爲疏勒鹽之二曲，小天與天竺伎之天曲，同係佛教音樂，惟就龜茲音樂與摩尼教關係言之，全屬佛教亦非可能。疏勒鹽之鹽字，卽係曲的意思（註五二）。疏勒鹽不屬於疏勒伎而諉屬龜茲伎者，令人費解。但從疏勒伎樂器，全部納入龜茲伎十五種樂器內情形觀之，兩伎關係甚深，或產生上述情形，亦難斷言。談及龜茲伎之樂曲，想起羯鼓錄所載曲名。按羯鼓爲龜茲、高昌、疏勒、天竺四伎所通用之樂器，其曲目當亦屬於四伎者，全部一三一曲中，佛教關係曲名較多。特別是「諸佛曲調」十曲，及「食曲」卅三曲均係佛教音樂，其中亦有龜茲大武曲名。

其次論及服飾方面通典所載『龜茲樂二人，皁絲布頭巾、緋絲布袴、錦袖、緋布袴。舞四人，紅抹額、緋白袴奴、烏皮靴』（文中之緋白袴奴，係緋襖，白袴帑之誤(註五三)）。所稱樂人之皁絲布頭巾與天竺伎之樂人之皁絲布幞頭巾相近似。此外根據宋朝沈括之夢溪筆談卷一所載『幞頭一謂之四脚，乃四帶也。……又庶人所載頭巾唐人亦謂之四脚。……』所謂頭巾，係包含於幞頭巾頭布之一般名稱，亦可解爲類似幞頭之某種頭巾之名稱，十部伎之意義，係指後者。所謂庶人使用者，或係指較幞頭稍爲簡素者稱爲頭巾。至於皁絲布頭巾之名稱，亦見於安國、康國、疏勒各伎。又舊唐書所載之天竺伎條中，亦書爲皁絲布頭巾，是則究係將「幞」字省略不寫或爲頭巾與幞頭巾並無區別之處，實無法判定。緋絲布袍係指緋色之袍，袍之質料，以錦、繡、綾、羅較多，西涼伎之「紫絲布褶、白大口袴、五綵接袖」；淸商伎使用「碧輕紗裙襦之狀」；高麗伎則爲「赤黃裙襦，極長其袖」；高昌伎「白襖、錦袖」；康國伎「緋襖、錦領，大袖畫雲鳳袖」。所謂袖與衿標場合相同，通常似稱爲褶襦等袖。高麗伎之「黃大袖」，二部伎烏歌萬歲樂之「緋大袖」，褶、襦襖並未隨同出現，此或係將褶襦、袍、襖等主衣予以忽略未及記述所致。至於「袍」、「袴」併用，此與「袍」、「襖」併用情形大致相同，爲男子最普通之服裝，並不能稱爲樂人特色也。此外舞人方面所顯示之特異之點，卽爲「紅抹額」。按「抹額」亦稱帕首，類如鉢卷或巾幘形狀。

此外在龜茲故址發掘之壁畫內，發現龜茲人所載之一種頭巾，似爲龜茲武士服飾（請參閱第五圖高昌古都址壁畫上之武人），背着胡蘇橫刀，穿袴靴，戴絹帛前額，此或稱爲帕首抹額，或者此種頭巾自西域傳入，亦未可知也。

（三）疏勒伎

疏勒位於新疆省之西端，地當目前Kashgar地方，爲天山南道與北道之接合點。爲交通，文化之要衝，其在文化方面，略遜於龜茲，故在音樂方面所反映者亦同，疏勒伎之規模略次於龜茲伎也。

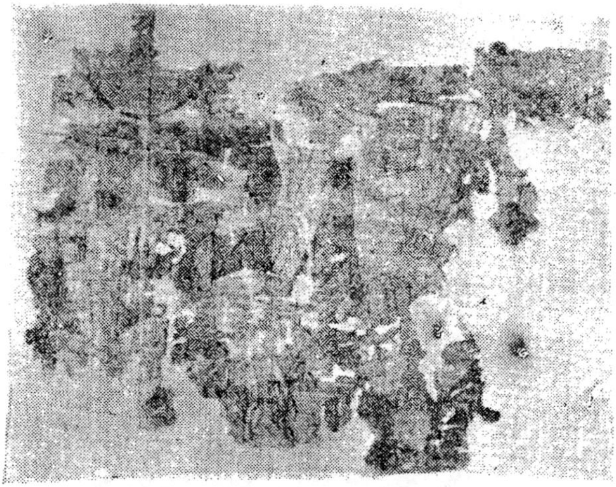

第五圖　高昌故都址壁畫上之武人

(1) 由來

根據隋志所載『疏勒、安國、高麗竝起，自後魏平馮氏，及通西域，因得其伎。後漸繁會其聲，以別於太樂。』則疏勒伎與安國伎、高麗伎等於後魏平定北燕馮氏後而得者。根據北魏書卷四太武帝本紀及北史卷二魏本紀所載，北燕（河北地方）憑弘係北魏太武帝太延二年（西曆四三六年）遠走高麗，翌三、四、五年，龜茲、焉耆、鄯善諸國連年遣使前來朝貢，疏勒音樂亦係貢物之一，此與上述龜茲音樂再度北朝之時間相同。龜茲音樂或係與疏勒音樂相同，共爲進貢之物。文中所述「後漸繁會其聲」說明疏勒伎以後仍不斷流入，文中之「以別於太樂」一語係「以列於太樂」之誤，即係列入太樂署，編入太常寺太樂署所屬之九部伎之意義也（註五四）。

(2) **樂器**

根據隋志所載『樂器有竪箜篌、琵琶、五絃、笛、簫、篳篥、答臘鼓、腰鼓、羯鼓、鷄婁鼓等十種，爲一部十二人』（註五五）。上述十種樂器，均包括在龜茲伎之十五種樂器中，此爲兩者關係密切之明證。但龜茲伎十五種樂器中，除了疏勒伎之十種樂器外，另有天竺伎系之「毛員鼓」與「都曇鼓」，及印度系之「銅拔」與「貝」，故疏勒伎不僅規模較龜茲伎小，並暗示其缺乏印度系音樂色彩也。

(3) **樂曲**

隋志所載『疏勒，歌曲有亢利死讓樂，舞曲有遠服，解曲有監曲』。文中之舞曲「遠服」，或係遠來降服之意，因疏勒在天山諸國中，離開中國最遠，因而作曲而爲曲名者。至於歌曲之「亢利死讓樂」及解曲之「監曲」意義不明，或係胡語音譯者。

(4) **服飾**

通典所載『工人皁絲布頭巾、白絲布袍、錦衿褾、白絲布袴、舞二人，白襖、錦袖、赤皮靴、赤皮帶』。文中所述樂人穿着皁絲布頭巾、布袍、布袴、與龜茲伎相同，僅顏色方面，龜茲伎爲緋色，疏勒伎爲白色。此外疏勒伎之錦衿褾則較龜茲伎之錦袖稍爲老氣。疏勒伎皮靴皮帶均爲赤色，與龜茲伎之烏皮靴顏色亦有不同。大體言之，兩者服飾頗相接近。

（四）安國伎

安國伎與康國伎位於葱嶺以西，故其內容等亦與其他西域諸伎稍異，安國爲粟特國（Sogdiana）之一部，位於目前蘇俄中央亞西亞之 Bukhara 市附近，安國之音樂。經由該國樂人來朝，倍受北齊宮室寵遇，因而著名，僅在史料記載者。則有安未弱、安馬駒、安叱奴、安進貴等樂人（參照各說第一章太常寺樂工——樂人篇）。

(1)由來

如上隋志所述『疏勒、安國、高麗竝起，自後魏平馮氏，及通西域，因而得伎。後漸繁會其聲，以別（列）。於太樂』故其流傳入朝情形，與疏勒伎相同。開皇七部伎中，包括有安國伎及高麗伎，而疏勒伎並未編入。按隋書七部樂曾載有『又雜有疏勒、扶南、康國、百濟、突厥、新羅、倭國等伎』一語。但其列入太樂署者，則並未一定編入七部伎乃至九部伎，僅爲隸屬太樂署管轄意義，亦未可知。

(2)樂器

隋志『樂器有箜篌、琵琶、五絃、笛、簫、篳篥、雙篳篥、正鼓、和鼓、銅拔等十種，爲一部十二人』。此與六典、通典，兩唐志所載者稍有小異(註五六)。惟綜合所有史料，隋志所載之十種樂器，迨至唐代以後，「箜篌」與「五絃」似被廢絕。其中竪箜篌、琵琶、五絃、笛、簫、篳篥、銅拔等七種，係與龜茲伎相同。大體言之，該七種樂器，似爲西域系各伎所共同通用者，其他三種樂器則爲西域系樂器所未有者，殊堪注目。雙篳篥，與高麗伎之桃皮篳篥，均係篳篥之種類所演變者。此外「正鼓」與「和鼓」，根據樂書卷一二七所載『昔苻堅破龜茲國，獲羯鼓、揩鼓、杖鼓、腰鼓。漢魏用之。大者以瓦，小者以木類。皆廣首纖腹。宋簫思話所謂細腰鼓是也。唐有正鼓、和鼓之別。後周有三等之制云云』。是則細腰鼓分爲正鼓，和鼓兩種，兩者恐係形狀大小不同，一人能同時演奏，此兩種鼓根據考古學實例，早現於印度佛教音樂初期。但雙篳篥之起源，缺乏史料引證。據說篳篥係由北狄之「胡笳」傳來之西域樂器，總之篳篥並非發生於印度。如上所述，安國伎之樂器編成，係以西域系七種樂器爲基礎，再加以其本伎獨特之「雙篳篥」，與發源印度流傳葱嶺以西之正鼓、和鼓，藉以發揮其濃厚之地方色彩也。

(3) 樂曲

隋志『歌曲有附薩單時，舞曲有末奚，解曲有居和祇』。文中之附薩單時、末奚、居和祇，諒係胡語音譯。安國爲粟特國之一邦，或爲粟特語之譯音，亦未可知，惟無法確定也。

(4)服飾

通典『安國樂二人，皁絲布頭巾、錦衿褾、紫袖、袴。舞二人，紫襖、白袴奴、赤皮靴』。（舊唐志將「錦衿褾」書爲「錦褾領」，「奴」書爲「帑」，惟意義仍相同）。文中之「錦衿褾」及「紫袖」究係何種主衣未見明載。根據龜茲、疏勒、康國樂人之例，似爲『袍』。舞人之襖，袴帑，赤皮靴併用者，康國、龜茲、疏勒、高昌各伎亦同。大體言之，爲西域系各伎服飾，但顏色方面，採用紫襖者僅安國伎一伎也。

（五）康國伎

康國與安國同係粟特國之一邦，與安國鄰近，位於目前之 Samarkand 地方。文化方面亦與安國相似，在音樂方面，爲西域樂系六伎中，最發揮地方特色者。

(1)由來

根據隋志十部伎條所載『康國起自周代，帝娉北狄爲后，得其所獲西戎伎，因其聲』。及隋志北周條所載『天和六年，武帝罷掖庭四夷樂。其後帝娉皇后於北狄，得其所獲康國、龜茲等樂，更雜以高昌之舊，竝於大司樂習焉。採用其聲，被於鐘石，取周官制以陳之』。說明北周武帝時，迎突厥之阿史那皇后來朝，康國伎與皇后同時東來。所謂「大司樂」係武帝官制改革時，將太樂署改名爲大司樂，將疏勒、安國、高麗諸伎併列於太樂之謂。

(2)樂器

隋志載爲『樂器有笛、正鼓、加（係「和」之誤）鼓，銅拔等四種，爲一部工七人』。六典載爲『笛二、正鼓、和鼓各一、銅拔二、舞二人』。通典則記爲『樂用，笛鼓（可能是衍字）二、正鼓一、小鼓一、和鼓一、銅拔二』。新唐志與六典所載相同，舊唐志除銅拔改爲一外。其餘亦與六典相同。如上所述，康國伎之編成與西域系其他各伎迥然不同。其不同之處，第一，規模較小，其他各伎再少由十種樂器以上編成，而康國伎僅有四種（或五種）樂器。第二，四種樂器類別，爲管一、革二（三）打一，並沒有絃樂。第三，笛與銅鈸係西域諸伎共同通用外，正鼓和鼓僅爲與安國伎兩者所持有之特殊樂器者，此或爲表示地方色彩之樂器也。

康國現地樂器情形，並無考古學資料引證，僅隋書卷八三西域傳康國條所載『其國有大小鼓、琵琶、五絃、箜篌』。文中之大小鼓，或係指正鼓，和鼓而言。據此，則上述通典所記之笛鼓，似係笛之誤，而小鼓恐係誤記者（因文中已載有正鼓、和鼓）（註五七）。其次値得探究者，十部伎之康國伎中並無琵琶、五絃，箜篌，而西域傳康國條中亦未記有笛與銅鈸。鑒於西域傳，也許並未將各種樂器完全記入，亦未可知。然則何故未曾將琵琶、五絃、箜篌未予編入康國伎也。後者參照龜玆伎未曾將其當地樂器之阮咸型リュート編入前例觀之，康國伎也許同樣未曾將上述三種現地樂曲予以編入，欲解剖此一問題，似須從康國伎之樂曲及樂伎着手研究。

(3) 樂曲

隋志曾列舉曲名，如所載『歌曲有戢殿、農和正。舞曲有賀蘭鉢鼻始、末奚波地、農惠鉢鼻始、前拔地惠地等四曲』。該四曲名，無疑係胡語譯音，但康國與安國相同，均係粟特國之一邦，也許可能粟特語。安國伎之舞曲名「末奚」，康國伎之舞曲名「末奚波地」，由此亦可窺見兩伎關係之密切也。

(4) **『胡旋舞』與『乞寒戲』**

康國除上述樂曲外，尚有「胡旋舞」與「乞寒戲」之特殊舞伎。

關於胡旋舞方面，如通典之康國條『舞二人，緋襖、錦袖、綠綾渾襠袴、赤皮靴、白袴奴。舞急轉如風，俗謂之胡旋』。及新唐志高麗條（實爲康國之誤）『胡旋舞，舞者立毬上，旋轉如風』。此外樂府雜錄之俳優條，則載爲『舞有骨鹿舞、胡旋舞。俱於一小圓毬上舞，縱橫騰踏，兩足終不離於毬子上，其妙如此也（又作其妙皆若夷舞也）』，文中之胡旋舞，常見諸之唐代各書，當時頗爲著名，石田幹之助所著「胡旋舞小考」中亦有詳論，桑原隲藏博士，Ed. Chavannes 博士，L. Laufer 博士，Herbert Müller 博士等亦曾提及，容另詳述。本款內所必須簡述者，當時進貢唐廷，呈獻胡旋舞者除康國外，尚有米國 Maïmargh，史國 Keš̌，俱密 Kumeah 等粟特國諸邦。其他各國音樂，尤其在樂器方面詳情不明，故僅能論究康國也。

白居易之新樂府內，曾記有『胡旋女胡旋女，心應絃手應鼓，絃鼓一聲雙袖舉，廻雪飄飄轉蓬舞』。是則胡旋舞係使用絃樂器伴奏者，似與前記隋書康國傳「琵琶、五絃、箜篌」相吻合，但詩文究係文學，多屬抽象，並不一定與實情一致，故無法斷定胡旋舞確以絃樂器伴奏，至於記載康國伎僅有四種樂器之隋志，亦未曾載有胡旋舞。康國現地之絃樂器，何故未予編入康國伎。按康國伎之四種樂器之編成與其他各伎比較，相差甚遠，既未包羅具有西域音樂之十數種樂器，僅選擇「銅鈸」及「笛」兩種，另加上正鼓、和鼓，變成一種獨特的組成，其音樂當與普通一般之西域樂不同。根據前記隋志所載，康國伎僅有歌曲，舞曲兩種，並無解曲，因其既未包羅絃樂器，僅爲幾種簡單樂器所編成，故無解曲（亦即器樂合奏曲）其理當然，因解曲之伴奏，必須具有管、絃、革、打四種樂器。康國伎之舞曲性質亦異，比較樸素。從粟特國文化觀察，其與葱嶺以東之西域諸國稍有不同，因其受印度之佛教文化之影響較少。上述之安國伎，尙網羅有雙篳篥、正鼓、和鼓等特殊樂器，故在西域樂範圍言，稍與正統派隔離。康國伎似已脫逸普通西域樂之境界也。

其次關於「乞寒戲」部份。舊唐書卷一九八西戎傳之康國條『十一月鼓舞乞寒，以水相潑盛爲戲樂』。新唐書卷二二一下西域傳『十一月鼓舞乞寒以水交潑爲樂』。又舊唐書卷八玄宗紀『開元元年十二月己亥，禁斷潑寒胡戲』。此外通典卷一四六四方樂之西戎條內，乞寒戲廢止論之上疏文中載有『乞寒者本西國外蕃之樂也。……先天二年十月中書令張說諫曰：……且乞寒潑胡未聞曲故，裸體跳足盛德何觀。揮水投泥，失容斯甚……願揮綸言，特罷此戲。至開元元年十二月敕臘月乞寒外蕃所出，漸浸成俗。因循以久。自今以後，無問蕃漢卽宜禁斷』。根據文中所述，係屬於十一月寒，裸體投身河中，相互潑水投泥之遊戲也。此在康國傳以外之外國傳中所未有，似爲外蕃風俗，與音樂並無深切關係。惟根據「鼓舞乞寒」一語，似若㗶子跳舞。若此，則使用康國傳之四種樂器最爲適宜，此與胡旋舞之音樂舞蹈不同。按胡旋舞非普通舞蹈，所謂隨風輕飄，頗如乞寒之雜伎，不禁令人想起散樂中之歌舞伎。

散樂亦名百戲，古稱雜伎，係包括曲藝、幻術等一種技藝。通典卷一四六散樂條所載『歌舞伎有大面、撥頭、踏搖娘、窟礧子等戲。元宗以其非正聲，置教坊於禁中以處之。婆羅門樂用篳篥二、齊鼓一。散樂用橫笛一、拍板一、腰鼓三。其餘雜戲，變態多端，皆不足稱也』。文中之歌舞伎中之大面（蘭陵王入陣曲），撥頭，渡來日本後，成爲舞樂之蘭陵王、拔頭。其次值得注意者，散樂使用之橫笛、拍板、腰鼓三種樂器，亦卽管樂器、打樂器、與革樂器，此與康國伎完全相同。按橫笛係同一樂器名稱。腰鼓傳至唐朝中葉以後，代以羯鼓，爲胡系鼓之代表，拍板自中唐以後，代以銅鈸，故編成旨趣，完全一致也。

上述康國伎編成之樂器情形，實係由於樂伎所具特色所致，其特異之樂伎之一爲胡旋舞，隋志所記四種舞曲，可能與胡旋舞同種，也許在現地，有琵琶、五絃、箜篌、伴奏亦未可知，其與其他各伎舞曲不同者，當亦不難想像也。

(5)服飾

康國伎之樂器樂曲，固與其他各伎相差甚遠，但服飾方面，並無太大差異。根據通典所載『工人皁絲布頭巾、緋絲布袍、錦衿褾。舞二人，緋襖、錦袖、綠綾渾襠袴、赤皮靴、白袴奴』

（註五八）。文中所述樂工服飾，幾與安國伎，疏勒伎完全相同。舞人服飾亦與安國伎、疏勒伎及高昌伎相接近。僅「褌襠袴」爲十部伎中其他各伎所未見者。按襖係女子穿着，袴通常係男子穿着，女子着裙或裳。據此推測，龜茲、安國、康國之舞人係男子。疏勒、高昌之舞人，或有女子，亦未可知。按白居易，元稹詩對胡旋舞，稱爲胡旋女。新唐書及冊府元龜內稱爲此舞係康國、米國進貢，亦稱爲胡旋女、胡旋女子、胡旋舞女，是則胡旋舞之舞人諒係女子。若此，上述康國伎之服飾，將不適用胡旋舞。但文中所稱者，可能係指隋志所引用之四種舞曲，該四種舞曲之歌舞者爲男子之樂人舞人，其服飾係制定十部伎時規定者，當無疑義。

此外述及康國伎之樂人，如琵琶名手「康崑崙」，俳優「康上官」，笛之名工「康老胡雛」等容另在樂人篇詳述之。

（六）高昌伎

西域樂系中最後者爲高昌伎，其內容與龜茲伎相似，因其最後編入十部伎，故在最後論述之。

(1) 由來

如第一節所述，高昌伎編入十部伎時間，當爲高昌於貞觀十四年投降太宗帝以後，與讌樂之編入幾爲同一年代。但高昌樂之輸入，則並非此時，如隋書卷一四音樂志北周條所載『太祖輔魏之時，高昌款附，乃得其伎，教習以備饗宴之禮。及天和六年武帝罷掖庭四夷樂。其後帝娉皇后於北狄，得其所獲康國、龜茲等樂，更雜以高昌之舊，並於大司樂習焉。採用其聲，被於鐘石，取周官制以陳之』。又同書龜茲伎條『（煬帝大業）六年高昌獻聖明樂曲。帝令知音者，於館所聽之，歸而肄習。及客方獻，先於前奏之，胡夷皆驚焉』。又通典四方樂條則引用『高昌樂者西魏與高昌通，始有高昌伎。隋文帝開皇六年，高昌獻聖明樂曲，帝令知音者於官所聽之，歸而肄習，及客獻，先於前奏之，胡夷大驚。大唐平高昌，盡收其樂（下略）』。如文所述北周太祖輔魏，高昌入貢來朝，傳入高昌樂，供宮庭饗宴之用。迨至武帝天和六年，隨同四夷樂一度廢止，其後，康國、龜茲等伎，隨同突厥阿史那皇后入朝，如隨同舊高昌樂，在大司樂太樂署(註五九)教習。文中所謂「被於鐘石，取周官制，以陳之」一語，根據北周之古周制復活旨趣，係將西域樂以雅樂器演奏之意，按當時西域樂，確已改變，開皇初年，制定七部伎時，未曾將高昌伎編入。「隋志」曾列舉七部伎以外之四夷樂，如『又雜有疏勒、扶南、康國、百濟、突厥、倭國等伎』中亦未記有高昌。九部伎中亦未被採納，所謂隋代之高昌樂，係大業六年(註六〇)，高昌呈獻聖明樂曲之事。當時高昌人入朝，隋朝樂人秘密聽取高昌人樂音，歸而練習，呈獻宮廷，並於皇室接待高昌入朝人士之前演奏，使高昌人大爲驚訝者。此種所奏樂曲，當爲高昌胡曲，但高昌樂編入十部伎時間，則爲唐太宗貞觀年間。

(2) 樂器

六典所載『竪箜篌、琵琶、五絃、笙、橫笛、簫、觱篥、腰鼓、鷄婁鼓各一、銅角一。（舞二人）』最堪信據。通典內則另加有「答臘鼓」及「羯鼓」爲各種史料中所不同者(註六一)。如上所述，高昌伎編成之十三種樂器中，最堪注目者爲「銅角」之特殊樂器也。其他各種樂器，全部與龜茲伎相同，按龜茲伎十五種樂器中，高昌伎所沒有者爲毛員鼓、都曇鼓，銅鈸及貝四種。欲研究高昌伎樂器編成意義，必須先瞭解高昌現地情形，但是史料中對高昌現地情形，缺乏文獻記載。新舊兩唐書之外國傳中亦無片言隻語，僅在宋朝王明清之揮塵前錄卷四（學津討原本）太平興國六年五月，供奉官王延德出使高昌時之見聞記中，敍有『樂多箜篌。……（婦人戴油帽，謂之蘇莫遮。開元七年歷，以三月九日爲寒食。）……好遊賞，行者必抱樂器』，一節，據此文獻，證實高昌人士，喜愛音樂，遊旅時必携帶樂器，而樂器中以箜篌較爲流行。按此雖係宋代情形，然據此亦可推想唐代盛況也。總之，由於文獻史料，過於簡單，對高昌伎之詳細意義實無法予以推定也。

高昌在文化上的意義，已在龜茲伎條內詳述，在西域文化第三期支那——回訖文化期佔中樞地位，音樂資料，從唐朝倒輸入者甚多。按北齊、北周至唐初期間，高昌伎係輸入中國，惟自唐初高昌伎編入十部伎以後，迨至八、九世紀，西域文化進入第三期支那——回訖文化期後，中國音樂逆輸高昌。例如在高昌發現之古代佛畫（與燉煌畫相似），其中樂器具有高昌獨特色彩者不多。其次在 Idik-chari 王宮址發現之壁畫中，有很多具有特色樂人，亦係以中國服飾爲基礎，但加以高昌色彩者。畫中五種樂器，當係在高昌流行者，惟其中豎箜篌、琵琶、橫笛、笙等四種，則爲中國樂器，而文獻中則載爲高昌伎之樂器，其他一種爲縱笛(七孔)亦係中國樂器。高昌伎中除篳篥外並未將縱笛編入（註六二）。其次八世紀中葉，高昌古都附近之 Yar-khoto 發現之布畫中之六弦琴型之リュート（譯文不明），其與琵琶之關係，如「琵琶之淵源」所述，此亦爲高昌伎在西域所佔特異地位之明證。按高昌伎中之琵琶，並非リュート，係指普通琵琶而言，蓋當時時代較早高昌音樂，尚未接受中國音樂倒輸入之影響故也，最後在古址 Bäsäklik（九－十世紀）發掘之畫，繪有大小銅鈸與貝各若干個，此非樂人演奏樂器，而僅係繪圖者之妙筆幻想。所謂天空妙音，象徵樂器飛翔，不能視作中國畫，實持有高昌畫獨特之色彩。此亦可作爲高昌使用銅鈸與貝之明證，此外加上前述之燉煌系變相圖之佛前樂舞之樂器（簫、樽型大鼓、細腰鼓等），其在高昌圖所發現之樂器共計十種以上，此與文獻上所載之高昌伎之樂器相較，兩者相同者，有簫、橫笛、笙、豎箜篌、琵琶五種。其餘答臘鼓、腰鼓、鷄婁鼓、羯鼓四種中，或有一、二出現於圖中。至於「銅角」樂器，舊唐書卷二九音樂志樂器條所載『西戎有吹金者，銅角是也。長二尺形牛角』。又陳暘樂書卷一二五所載『銅角高昌之樂器也。形如牛角，長二寸。西戎有吹金者，銅角是也。陶偘表有奉獻金口角之說，謂之吹金，豈以金其口而名之邪。或云本出吳越非也』。（按陳暘樂書中所載長二寸係二尺之誤）銅角，盛行於印度佛教音樂初期，長約二尺，中國在唐朝以前，尚未使用銅角（註六三）。銅鼓係印度系樂器，爲天竺伎所採用，據此研究，高昌伎之銅角必係印度系之銅角，惟値得懷疑者，若印度銅角流傳高昌，必先在于闐，龜茲出現（註六四）。此在考古學資料中缺乏文獻，但根據「爾柯庫」（人名譯音）報告（註六五），龜茲古都之一 Sorčug 遺址（位於龜茲及其東鄰焉耆 Quaraśar 之間）與 Qumtra（七—八世紀）曾發現喇叭或號角樂器，是則銅角之出現西域當爲八世紀以後，當時正值特加拉文化以後之支那——囘訖文化時期。（該時期，音樂文化係以高昌爲中樞），故銅角之僅編入高昌伎，尙稱符合。蓋此時印度佛教音樂，業已開始衰微，若銅角確從印度流傳西域，推測其流傳時間，必在支那——囘訖文化時期。如上所述，高昌伎十二種樂器中，考古學資料中未曾發現者爲篳篥與五絃琵琶兩種。按五絃琵琶爲特加拉音樂之精粹，係具有非常特徵之一種樂器，演奏困難，雖曾一度流傳中國，但爲時未久，卽告消失（宋以後）。亦曾傳來日本（正倉院御物爲一實例）僅在奈良朝流傳短暫，迨至平安朝，卽告失傳（註六六）。篳篥爲西戎一般使用之縱笛，故在壁畫上判別較難。

總之，高昌伎十二種樂器，除其特有之銅角外，其餘十一種與龜茲伎相同。後者究係經由龜茲傳入高昌；或由中國倒輸高昌；或因編成十部伎時，高昌伎僅爲龜茲伎餘流地位者。關於此等問題，容在十部伎全體問題中再詳細敍述之。

(3) 樂曲

高昌伎於唐朝十部伎編成時，始爲採納，所以樂曲名稱不詳。惟據隋志龜茲伎項所載『(大業)六年獻聖明樂曲，帝令知音者，於館所聽之，歸而肄習，及客方獻，先於前奏之，胡夷皆驚焉』一語觀之，該『聖明樂曲』，似係編入高昌伎。此外，根據文中所述情形，該項樂曲之修習，似並不困難。另從其曲名推測，似含有中國氣息。其次鑑於高昌伎與龜茲伎之樂器編成，極爲類似，是則「羯鼓錄」中，所列樂曲中，有一部份當屬於高昌伎（羯鼓據說爲高昌部之樂器）。

(4) 服飾

通典所載『舞二人，白襖、錦袖、赤皮靴、皮帶、紅抹額』。舊唐志將「靴」字書爲「鞾」字；「皮帶」書爲「赤皮帶」。惟兩者均未明記此爲工人（或樂人）服飾，此或因高昌伎最後編入十部伎所致者。該項服飾，幾與疏勒伎完全相同，（疏勒伎沒有錦袖）；與龜茲、安國、康國三伎所不同者爲沒有使用袴。但其所使用之「紅抹額」，與龜茲相同，此亦可以窺見龜茲伎與高昌伎關係之密切也。

第三項　東夷史

（七）高麗伎

衆所共知，高麗伎之高麗，係指朝鮮三國時代之高句麗（紀元前三七——紀元後六六八年），並非九一八——一三九二年之高麗朝(註六七)。十部伎中，東夷系僅高麗一伎，此在西域音樂全盛時代亦爲必然現象。按當時百濟樂、新羅樂、倭國樂均曾進朝；檢點高麗伎內容，含有西域樂要素，故就其代表東夷系音樂之獨立一伎規模言，並不盛大也。

(1)由來

如隋志所載『疏勒、安國、高麗竝起，自後魏平馮氏及通西域，因得其伎，後漸繁會其聲，以列於太樂』，是則高句麗與疏勒、安國相同，自後魏太武帝逐走馮弘，翌年與西域諸國，同時朝貢時，其樂伎開始傳入中國，爾後續流入情形不詳；開皇七部伎時業已被編入。

(2)樂器

隋志載爲『樂器有彈箏、臥箜篌、竪箜篌、琵琶、五絃、笛、笙、簫、小篳篥、桃皮篳篥、腰鼓、齊鼓、擔鼓、貝等十四種，爲一部工十八人』。六典則以「橫吹」代替「簫」，並規定各爲一，（但是工十四人）。通典記載者，爲「彈箏」下面爲「搊箏」、「五絃」下面爲「義觜笛」、「笙」下面爲「橫笛」、「小篳篥」下面爲「大篳篥」共計十七種樂器。舊唐志記載者缺少「五絃」與「橫笛」共計十五種。此外新唐志記載者種類稍有不同，如『有彈箏、搊箏、鳳首箜篌、臥箜篌、豎箜篌、琵琶以蛇皮爲槽，厚寸餘，有鱗甲，楸木爲面，象牙爲捍撥，畫國王形。又有五絃、義觜笛、笙、胡蘆笙、簫、小篳篥、桃皮篳篥、腰鼓、齊鼓、擔鼓、龜頭鼓、鐵板、貝、大篳篥。胡旋舞，舞者立毬上旋轉如風』。新唐志所載之「鳳首箜篌」，屬天竺伎樂器；「胡旋舞」係康國伎舞曲，或係誤記入高麗伎者；胡蘆笙、龜頭鼓、鐵板三種樂器爲其他十部伎之各伎所未有者，殊堪注意。總之，按新唐志所述，高麗伎樂器，除了鳳首箜篌外，尚有十九種，爲十部伎中樂器最多之一伎。

此外，關於高麗伎樂器編成時之高麗當地情形，根據通典高麗伎條所載『樂有五鼓琴、箏、篳篥、橫吹、簫、鼓之屬。吹蘆以和曲』。此外，隋書卷八一東夷傳高句麗條所載『樂有五絃琴、箏、篳篥、橫吹、簫、鼓之屬。吹蘆以和曲』(註六八)。後者似係引用前文，內容完全相同。惟文中所列舉者僅有六種，此與高麗伎十四種乃至十九種樂器，在數目上比較，殊感貧乏，此或由於隋書對外國傳入之各種樂器，未能詳細列舉所致。

(3) 朝鮮方面資料

考古學資料亦甚貧乏(註六九)。高句麗之丸都城遺址（舊滿洲輯安縣）附近之古墓（舞踊塚）壁畫中，有類似目前玄琴之圖，及長約三尺多之大型角笛吹奏圖(註七〇)；按隋書亦載有「五絃琴」及「箏」樂器名，似相當於圖中之玄琴者，後者與漢朝畫像石之七絃琴形狀、大小，演奏方法相似，並有十數個櫛形之柱，此爲七絃琴所沒有者。

三國史記樂志所載『玄琴，象中國樂部琴而爲之。……新羅古記云，初晉人以七弦琴送高句麗。麗人雖知其爲樂器，而不知其聲音及鼓之之法。苟國人能識其音而鼓之者，厚賞。時第二相王山岳存其本樣，頗改易其法制而造，兼製一百餘曲以奏之。於時玄鶴來舞。遂名玄鶴琴，後但云玄琴』。文中所述者，當無疑爲新羅古代玄琴之形狀。惟圖中之玄琴，絃數無法判定，大致爲五絃或六絃，根據其所書「似中國樂部之琴」一語推測，似相當於隋書之五絃琴。此外，隋書中之『箏』，或相當於新羅之『伽倻琴』。如三國史記所載『伽倻琴亦法中國樂部箏而爲之。……加耶琴雖與箏制小異，而大槩似之。羅古記云，加耶國王嘉實王見唐之樂器而造之。王以謂諸國方言各異聲音。豈可一哉。及命樂師省熟縣人于勒，造十二曲。後于勒以其國將亂，携樂器投新羅眞興王』。文中所述，證明伽倻琴係模倣唐朝（其實爲南北朝）之箏而製作者。此外，根據三國時代或新羅統一時代土偶之例，當時伽倻琴制度似已相當完備。從文獻推定，伽倻琴有十二根絃並有「人」字形柱，但當時是否在唐代或高句麗流行則有疑問。朝鮮音樂史所載之「琴」與「箏」類，僅爲『玄琴』與『伽倻琴』，但「五絃琴及箏」並非指該兩者而言。文中所述之箏，若非朝鮮土產，而由中國方面輸入者解答較易（註七二）。蓋正史外國傳中，對於當地特有樂器，無法知道其名稱時，多書爲近似之中國樂器名稱。隋書東夷傳之六樂器，亦有此種情形，所謂箄篥，似指後述之桃皮箄篥；「鼓」因其與中國鼓類形狀不同，故僅稱爲「鼓」；『箏』若非中國形狀，則當爲朝鮮特有，諒係指「伽倻琴」而言。其次關於「橫吹」係屬橫笛類，按中國漢朝時曾由北胡輸入胡角、胡笳等，稱爲鼓吹，編成軍樂，業已使用橫吹。按新羅固有之橫笛計有大笒、中笒、小笒（合稱三竹）。現在遺存之大笒，長二尺七寸，口徑七分，頗如大型橫笛，第一孔張有薄膜發出柔軟聲音。據三國史記所載『三竹亦模倣唐笛而爲之者也。……鄉三竹，此亦起於新羅，不知何人所作』。三竹既模倣唐制，又稱起於新羅，前後語意含糊，此亦顯示其與唐制橫笛大不相同也。目前之大笒，較唐笛粗大，漢代鼓吹樂使用之橫笛，當亦較雅笛和俗笛粗大。按當時成立鼓吹樂之動機，卽係使用胡角，高句麗古址壁畫中所畫之長大的角，也許與胡角同系。故東胡、匈奴等北狄，與高句麗（東夷）間在文化上、民族上保有關聯也。其次談到「簫」，分爲排簫（由小管十多個乃至數十個橫聯而成，孔端可吹奏）與洞簫（尺八之類）二種，前者見於漢代以後之雅樂器與俗樂器；後者於晉代才開始使用。又南北朝時，卽有形狀稍爲不同之排簫從西域輸入，高句麗之簫，似爲俗樂器之排簫。至於『吹蘆以和曲』一語，似可視作目前簡單之草笛等樂器者。清樂所用者，也許是「葉」。據通典卷一四四樂器條所載『葉，銜葉而嘯，其聲清震。橘柚尤善（或云卷蘆葉爲之，形如笳首也）』。列舉葉有葉，銜葉兩種，所謂吹蘆，或係文中括弧內所稱者。

高句麗樂器種類，上述隋書高句麗傳與高句麗壁畫所稱者，當無法全部包羅，此外，原爲新羅、百濟之樂器，爾後變成高麗朝樂器者，也許亦含有高句麗時代之樂器在內。關於新羅樂器部份，據三國史記樂志所載『新羅樂、三竹、三絃、拍板、大鼓。……三絃、一玄琴、二加耶琴、三琵琶。三竹、一大笒、二中笒、三小笒』。關於百濟樂器部份，請參照隋書卷二八東夷傳百濟條所載『有鼓、角、箜篌、箏、竽、篪、笛之樂』。及通典四方樂條所載『百濟樂……樂之存者，箏、笛、桃皮篳篥、箜篌、歌』。

(4) 高麗伎樂器編成之意義

高麗伎之樂器編成，根據朝鮮現地資料，實係由種種要素混合編成；十九種樂器中，屬於西域樂系者計有豎箜篌、五絃、橫笛、小篳篥、大篳篥、腰鼓、貝等七種。琵琶、笙、小簫等三種，爲十部伎編成之基本樂器。惟據新唐志所載，該琵琶爲特殊之一種樂器。此外，義觜笛、桃皮篳篥、龜頭鼓、鐵版、葫蘆笙等五種，爲十部伎中高句麗所僅有之樂器，其餘彈箏、搊箏、臥箜篌、齊鼓、擔鼓等五種，有編入清樂，亦有編入西涼伎者。茲逐一詳述於次。

①西域樂系八種，均非高句麗固有樂器茲研究其何時傳入高麗，何時編入高麗伎，或者是否並未傳入高麗，僅在十部伎編成時予以編入者。關於高麗朝以後之朝鮮樂器來自唐土方面史料爲高麗史卷七一樂志所載『唐樂高麗雜用之。故集而附之。樂器、方響（鐵十六）、洞簫（孔八）、笛（孔八）、觱篥（孔九）、琵琶（絃四）、牙箏（絃七）、大箏（絃十五）、杖鼓、教坊鼓、拍（六枚）』。又李朝成宗時代，成俔之樂學軌範卷七唐部樂器內亦載有『方響、拍、教坊鼓、杖鼓、月琴、唐琵琶、奚琴、大箏、牙箏、唐笛、唐觱篥、洞簫、太平簫』十三種樂器。鄉部樂器方面則載有『玄琴、伽倻琴、鄉琵琶、大笒、小管子、草笛、鄉觱篥』七種。此外，舞器內記有『大角、螺、大鼓、小鼓、大金、小金、牙拍、響鈸、舞鼓、銅鈸』十種。文中鄉部（俗部亦卽朝鮮固有之樂）之樂器中之「鄉琵琶」，卽爲中國之「五絃」，「草笛」爲中國之「葉」，玄琴、伽倻琴、鄉篳篥、大笒等，朝鮮色彩雖濃，據稱均係唐朝樂器改製者。總之，朝鮮樂器均淵源於中國。值得玩味者，其在高句麗時代究有何種程度傳入高麗。按竪箜篌，中國漢代時業已使用，晉代時已經變成俗樂化，著名之相和歌辭『箜篌引』內記有朝鮮津卒彈奏之例，故可證明其早已傳入高麗(註七二)。百濟之箜篌亦相

同。篳篥、橫笛諒係三國時代傳入高麗；其餘五絃、腰鼓、貝，中國唐代早已盛行，故西域系七種樂器，諒係經由中國傳入高麗。

②十部伎基本樂器三種中，琵琶據稱使用於新羅，或係在三國時代以後。新唐志雖載有『以蛇皮爲槽，厚寸餘，有鱗甲，楸木爲面，象牙爲捍撥，畫國王形』。證實該琵琶並非指普通之琵琶也。惟新唐志記載，屢與通典舊唐志不同，是否在採用資料方面發生錯誤，似應予以檢討(註七三)。

③其次關於彈箏、搊箏、臥箜篌、齊鼓、擔鼓等五種，該五種樂器亦全部編入西涼樂。如上所述，「彈箏」與「搊箏」均係普通的「箏」，僅演奏方法稍有不同。「齊鼓」與「擔鼓」，如通典卷一四四所載『齊鼓，如漆桶大頭，設齊於鼓面，如麝臍，故曰齊鼓。擔鼓，如小甕，先冒以革而漆之』。均係圓桶形大鼓，對其由來，文中雖未載及，惟從名稱推測，雖僅在西涼伎與高麗伎使用，但並非來自西域，似係中國之俗樂器，至於臥箜篌，係由豎箜篌，七絃琴、箏、琵琶等融合而成（參照樂器篇），尤若「四絃琵琶」與「絃鼗」融合而成之秦琵琶（阮咸）情形相同意義之俗樂器(註七四)。

④此外高麗伎特有之五種樂器中，最具典型者爲桃皮篳篥。通典樂器章所載『一桃皮，東夷有桃皮，似篳篥也』。舊唐書卷二九音樂志二之樂章所載『今東夷有管木者，桃皮是也』。另載有『桃皮。卷之以爲篳篥』。如上所述，桃皮篳篥，並非篳篥，惟兩者極爲類似，所以並

非用桃皮卷製而成，而係以木或竹爲管，而裝置桃皮卷成吹口者。
其次爲「義觜笛」，如通典『笛、馬融長笛賦，此器起於近代，出於羌中。京房備其五音。又稱邱仲主其事，不言所造。風俗通曰邱仲造笛，長尺四寸，七孔。武帝時人。後更有羌笛。二說不同。未詳孰實。今横笛去觜。其加觜者謂之義觜笛』。及舊唐志『笛，漢武帝工丘仲所造也。其元出於羌中。短笛修尺有咫，長笛短笛之間謂之中管。吹孔有觜如酸棗。横笛小篪也。漢靈帝好胡笛，五胡亂華石，遵翫之，不絕音。宋書云有胡篪出於胡吹，則謂此。梁胡吹歌云。快馬不須鞭。反揷楊柳枝，下馬吹横笛，愁殺路傍兒。此歌舞元出北國之横笛去觜，其加觜者謂之義觜笛。』等所載，横笛古制時稱爲篪，首端設吹口，其嘴形如酸棗。設。皆嘴者稱爲義觜笛。按目前中國各地孔廟之雅樂，使用「篪」（無義嘴）(註七五)。李王家雅樂部亦妥爲保存(註七六)，故義觜笛或係由中國古制之笛或篪流傳高麗而改製者。
其次爲「龜頭鼓」，鼓的頭部如龜頭形狀，因而得名。似係細腰鼓之一種，似係由中國傳入之普通細腰鼓，將其頭部形狀改變而成者。
最次爲「鐵板」，此在中國樂器中亦所罕見，僅新唐書卷二二二南蠻傳條詳記之十八種樂器中詳載有鐵板之名，如『鐵板二，長三寸五分，博二寸五分，面平，背有柄，係以韋。與鈴鈸皆飾條紛，以花氎縷爲蘂』。如文所述，長三寸五分，幅二寸五分之平面鐵板，背部設柄，其形狀實與長方形銅鑼相同。按銅鑼於印度佛教音樂後期業已使用，東南亞方面亦同樣在佛教音樂時代後期才有，中國則在南北朝時已有「打沙鑼」名稱。惟「銅鑼」通常圓形，該鐵板則爲長方形。似係異例，根據想像，高麗伎之鐵板或與驃國之鐵板相同。惟驃國之鐵板，與其他樂品，恐均係印度系，是則南亞系之鐵板，爲何未經中國或西域爲仲介，而直接傳入遠隔之高麗，似有不可思議之處也。

最後論及「胡蘆笙」。胡蘆笙係由胡蘆，或瓢或匏製成之笙。按中國古代之笙，係由竹管揷入匏而作成。如陳暘樂書卷二三一『胡蘆笙。瓢笙　唐九部夷樂有胡蘆笙。聖朝至道初，西南蕃諸蠻入貢，吹瓢笙，豈胡蘆笙邪』。及通典卷一四四『今之笙竽以木代匏，而漆殊愈於匏。荊梁之南尚仍古制（南蠻笙則是匏其聲甚劣）』前述新唐國驃國傳內詳記有大匏笙、小匏笙之制，現在尚有此種傳統，從廣西至中國西南部一帶苗族，以及寮國、泰北等地，目前尚使用此種匏琴。所謂 Kean 或 Teng 等(註七七)高麗伎之胡蘆笙，或係由西南夷經由中國傳入高麗者。與胡蘆笙有關連之胡篢，如通典一四二北魏條所載『自宣武已後，始愛胡聲，洎於遷都，屈茨琵琶、五絃、箜篌、胡篢、胡鼓、銅鈸、打沙羅云云』。篢卽笙之意義(註七八)。文中之胡篢（胡笙）係西域音樂於北魏時流行者，故可視作西域系樂器，亦可作爲胡蘆笙，經由西域流傳中國之一種傍證。然其爲何編入高麗伎，似有疑義。按新唐志誤將天竺伎之鳳首箜篌，編入高麗伎，是則胡蘆笙，是否與鐵板、龜頭鼓三種亦爲鳳首箜篌，而被誤編高麗伎亦未可知也。

如上所述，高麗伎九種樂器中，除了存疑之鳳首箜篌、龜頭鼓、鐵板、胡蘆笙四種以外，其餘十五種內，琵琶、笙、簫三種係十部伎組織所共通使用之基本樂器。彈箏、臥箜篌、齊鼓、擔鼓四種係俗樂器之變種，在十部伎中與西涼伎所共同使用者。按西涼伎係後魏太武帝滅北燕馮弘時所獲者，當時馮弘亡命高麗，故西涼與高句麗間在文化方面，有相當關連，此亦爲兩伎共通使用上述四種樂器之主要原因之一。其次豎箜篌、五絃、大篳篥、小篳篥、腰鼓五種，雖係西域音樂之基本樂器，同時亦屬於西涼伎，屬於西涼伎者，主要係由於龜茲伎之影響，但高麗伎本非西域系之樂伎，其情形當與西涼伎不同，是則高麗伎之樂伎，似並不具備十部伎中成立一伎之條件。十九種樂器中，俱有高麗特色者，僅義觜笛一種，而加以中國盛行之各種樂器而混合予以編成者。

(5) 樂曲

高麗伎之樂曲，如隋志高麗伎所載『歌曲有芝栖，舞曲有歌芝栖』。文中之所謂「芝栖」、「歌芝栖」，如以漢文解釋，頗感困難，似係爲高句麗之土語者，此外通典前引文，載有『大唐武太后時尚二十五曲。今唯能一曲，衣服亦寖衰敗，失其本風』。說明武則后皇帝時尚遺存有二十五曲，傳至唐朝中葉玄宗帝時，僅存一曲。並云服飾方面亦爲零亂，由此可知十部伎，自玄宗帝以後開始衰微。

(6) 服飾

通典『工人、紫羅帽、飾以鳥羽。黃大袖、紫羅帶、大口袴、赤皮韡、五色滔繩、舞者四人，椎髻於後，以絳抹額，飾以金璫。二人黃裙襦、赤黃袴。二人赤黃裙襦、袴，極長其袖，烏皮韡。雙雙併立而舞』。文中所述工人戴紫羅帽情形，僅為十部伎中所有舞人，樂人戴用帽子之僅有實例。此外隋書卷八一高句麗條載有『褥薩人，皆皮冠，使人加揷鳥羽。貴者冠用紫羅，金銀，服大袖衫，大口袴，素皮帶，黃革履。婦人裙襦，加襈』。文中高句麗貴人戴紫羅帽之飾以例，除了十部伎甚至於唐朝亦所罕有。前文所述工人戴紫羅帽者，或係採用其貴人戴帽之風俗者。至於皮冠，鳥羽亦係異例。惟黃大袖之大袖，見諸於淸商伎；大口袴見諸於西涼伎；赤皮韡（靴）與安國、康國、疏勒、高昌西域系四伎舞人相同。故從工人全般服飾言之，似與西涼伎舞人相接近。惟就工人言之，其服飾當算華麗也。

綜觀舞人服飾，椎髻與淸商伎之漆髻，西涼伎之假髻，天竺伎之辮髻之例相類似。絳抹額，係來自龜茲高昌，裙襦與淸商伎共通使用，故從其工人、舞人服飾特徵觀之，高麗伎之服飾，除了一部份係其獨有者外，並與其他各伎併用者甚多。此種情形與其樂器之編成情形相同。

第四項　燕饗樂之性格

（一）「文康伎」與「讌樂伎」

(1)文康伎

隋書音樂志九部伎冒頭載有『始開皇初，定令置七部樂，一曰國伎，二曰清商伎，三曰高麗伎，四曰天竺伎，五曰安國伎，六曰龜茲伎，七曰文康伎。……』。開皇七部伎之第七伎爲文康伎，又載有『大業中煬帝乃定清樂、西涼、龜茲、天竺、康國、疏勒、安國、高麗、禮畢以爲九部樂』，文中又將文康伎列爲九部伎中之第九伎。關於文康伎之內容，如其最後記載『禮畢者本出自晉太尉庾亮家。亮卒，其伎追思亮，因假爲其面，執翳以舞，象其容，取其諡以號之，謂之爲文康樂。每奏九部樂，終則陳之。故以禮畢爲名。其行曲有單交路，舞曲有散花。樂器有笛、笙、簫、篪、鈴、槃鞞、腰鼓等七種，三懸爲一部，工二十二人』。根據晉書卷七三庾亮傳，庾亮係庾琛之子，生於西晉武帝太康十年（紀元二八九年）歿於東晉之成帝咸康六年（三四〇年）享年五十二歲。其妹爲元帝皇后，亮與乃父共爲外戚之重鎮。亮風度緯越，且善談論，好老莊之學，風格完整，守禮節，人多懼之。累官升至開府儀同三司，死後追贈太尉，諡號文康。該曲乃其死後，家伎爲追慕其德，製作彼之假面作舞，象其生前容姿之舞曲也。此爲九部伎中與淸樂同爲中國固有之樂。就其所用樂器言，七種均係俗樂器，按笛（橫笛）爲俗樂器，笙、簫（排簫）原係雅樂器，但亦通用爲俗樂器，腰鼓似與西涼、龜茲、疏勒、高昌各伎所採用之西域系之細腰鼓同一形狀者，鈴及槃鞞爲其特有樂器，兩者爲其他各伎所未有，諒係中國樂器，文中之所謂三懸之「懸」，就雅樂之樂懸推測，按樂懸係懸掛樂器之樂架，亦卽懸掛以鐘、磬爲中心所構成之雅樂器，其編成之一組稱爲一懸，是則文康伎之三懸諒係三組之意。所以七種樂器爲一組，每種樂器一人，則三組共計二十一人，文中所稱「工二十二人」者其餘一人，諒係演奏時之指揮音樂演奏者，故合計爲二十二人，適與文述人數符合。其樂曲編成情形，實爲九部伎中最特異者；其次文中所述『其行曲有單交路，舞曲有散花』一語，諒非單一曲名，因文康伎原係一種樂曲，似係指文康伎由單交路及散花二曲構成之意，較爲適當。文康伎既係庾亮家伎追慕古主所演出之舞曲，推判「散花」及「單交路」二曲，必與佛會追悼有密切關係。

如上所述，文康伎係由行曲（單交路）及舞曲（散花）所組成之一種較大樂曲，究其爲何編入九部伎之原因，根據文中所述『每奏九部樂，終則陳之故，以禮畢爲名』一語，其與日本每當演奏雅樂，終樂時必奏『長慶子』曲名相同，因其每當九部伎終演時奏出，故予「禮畢」之名，成爲九部伎上演時之一種禮節樂伎。

(2) 燕樂伎

太宗貞觀年間，成立十部伎時，將隋朝九部伎中之文康伎刪除，另編入高昌伎與讌樂伎共爲十伎。高昌伎係貞觀年間由西域傳入者；讌樂伎則爲貞觀年間新製樂曲，用以代替文康伎，其在十部伎中之地位，諒與文康伎相同，或較文康伎更爲重要。

關於讌樂伎之內容，如通典卷一四六立坐二部伎條所載『貞觀中，景雲見河水淸。協律郎張文收采古朱雁天之義，製景雲河淸歌，名曰讌樂。奏之管絃，爲諸樂之首（今元會第一奏者是)。

景雲舞八人，花錦袍，五色綾袴、緑雲冠、烏皮靴。

慶善舞四人，紫綾大袖、絲布袴、假髻。

破陣樂舞四人，緋綾袍、錦衿褾、緋綾袴。

承天樂舞四人，紫袍、進德冠、竝金銅帶。

樂用，玉磬一架，大方響一架，笛箏一、筑一、臥箜篌一、大箜篌一、小箜篌一、大琵琶一、小琵琶一、大五絃琵琶一、小五絃琵琶一、吹葉一、大笙一、小笙一、大篳篥一、小篳篥一、大簫一、小簫一、正銅鈸一、和銅鈸一、長笛一、尺八一、短笛一、揩鼓一、連鼓一、鞉鼓二、浮鼓二、歌二。按此樂唯景雲舞僅存，餘竝亡』。如文所述，讌樂曲實爲唐初以後之燕饗樂曲，二部伎集此種樂曲而成。詳細情形請參閱筆者所著之「燕樂名義考」。

關於讌樂伎代替文康伎編入十部伎。文康伎爲九部伎中最後之一伎，而讌樂伎則爲首伎之意義。如通典所載，讌樂曲爲由景雲、慶善、破陣樂、承天樂四曲組成之大曲，其與禮畢曲由單交路及散花二曲組成情形相同。讌樂伎規模則更爲偉大。該曲係貞觀十四年，協律郎張文收製作；太宗、高宗時代，又陸續新製燕饗雅樂。當時「秦王破陣樂」、「功成慶善樂」及「一戎大定樂」號稱爲唐朝三大舞，以後經由則天武帝朝傳至玄宗朝時，更製有新曲十多種。玄宗帝乃集其大成制定了立坐二部伎之組織，此可視作宮廷大興燕饗儀式之明證。九部伎係以隋代九部伎爲基礎而完成者，亦爲燕饗儀或樂之整備之一。按禮畢曲係晉代樂曲，其內容與規模，已不用於莊大之燕饗雅樂；讌樂曲中之四舞，係包括當時三大舞中之二舞「破陣樂」、「慶善樂」適，將兩者規模略予縮小，適合堂上坐奏而予編入，故讌樂曲實爲燕饗雅樂中最高之樂曲，在其樂名『讌樂』中已可窺見一斑（註七九）。通典之「爲諸樂之首」及其附註之「今元會第一奏者是」（元會係元旦朝會之意）。文中「諸樂」係指燕饗雅樂全般而言，燕饗雅樂爲當時雅俗音樂之中心，故讌樂曲不僅在二部伎之坐部伎中佔第一伎地位，在十部伎中亦佔第一伎之地位，實理所當然。

其次在讌樂曲之樂器編成情形，亦可證明讌樂曲爲燕饗雅樂中規模最大者。根據通典所載，該曲使用二十八種，卅一件樂器，爲十部伎數量最多者。其中，箜篌、琵琶、五絃、笙、篳篥、簫等六種有大小之分；銅鈸有正和之別；笛分長短。一種樂器分成大小、正和、長短者，以往僅有篳篥、笛、鼓。此或由於讌樂曲較大原因所致。此外在雅、俗分類方面言，玉磬一架爲雅樂器；大方響、搊箏、筑、臥箜篌、吹葉、連鼓、鞉鼓、浮鼓、係俗樂器；、豎箜篌、五絃、篳篥、銅鈸、長短笛、尺八、揩鼓（答臘鼓之中國名）、係西域樂系；琵琶、笙、簫則爲十部伎之基本樂器。亦卽係由雅、胡俗之樂器綜合編成，其中並包括有其他各伎所未曾有之方響、尺八（註八〇）、連鼓、鞉鼓、浮鼓、歌、吹葉等七種樂曲，實爲雅樂形式具有胡、俗樂之內容之唐代新的燕饗雅樂中，最具有性格表現之樂曲。

（二）十部伎演出順序

如前所述，十部伎於宮廷燕饗時，原則上必須從第一伎至第十伎全部演出，此與立坐二部伎全部十四曲中任意選擇數曲上演之情形不同。如玉海卷一〇五實錄所載『貞觀十七年閏六月庚申，於想思殿大饗百僚。盛陳實器，奏慶善、破陣樂竝十部之樂』。明確記載慶善樂與破陣樂及十部伎樂共同演奏者。又舊唐書卷一三德宗紀下所載『貞元十四年三月戊午，上御麟德殿宴，文武百僚，初奏破陣樂九部樂……』。所謂徧奏九部樂卽係全部伎從首到尾全部演奏之明證。故十部伎中之讌樂伎，與九部，徧奏伎中之禮畢曲在此種首尾一貫全部上演情形下，實持有相當意義也。

此種大規模之組織及其上演順序，宋、齊、梁三朝宮廷設樂情形屢見諸隋書音樂志(註八一)，當時設樂順序共有四十九個樂舞，第一至十五爲雅樂，十六至二十爲俗樂，二十一至四十六爲散樂，四十七至四十九再爲雅樂，故係雅、俗、散樂共同組成。傳至隋代，遭致雅鄭混淆評判，散樂在四十九樂舞中佔二十六個，超過全體半數以上，加上俗樂五個共計卅一個，雅樂僅在首尾上演，似係在皇帝進出，與酒食進退時伴奏之用。其設樂目的，似在招待觀賞俗樂與散樂者。此種宮廷宴會，尤其在隋朝招待外國來朝君主、使節時之宴會，招待觀賞散樂情形，更爲盛行(註八二)。九、十部伎係取代散樂設演。就燕樂形式言，更爲完整。第一爲設讌樂曲，第九爲文康禮畢曲（九部伎），卽係首、尾雅樂，以更正雅鄭混淆之錯誤者。十部伎全部順序演出，據此當更爲明顯也。

茲將各部伎演出順序列表於次：

隋志七部伎	隋志九部伎	六典十部伎	通典九部伎	通典十部伎	新唐志十部伎
西涼	清樂	讌樂	讌樂	龜茲	讌樂
清樂	西涼	清樂	清樂	疏勒	清樂
高麗	龜茲	西涼	西涼	安國	西涼
天竺	天竺	天竺	扶南	康國	天竺
安國	康國	高麗	高麗	高麗	高麗
龜茲	疏勒	龜茲	龜茲	西涼	龜茲
禮畢	安國	安國	安國	高昌	安國
	高麗	疏勒	疏勒	讌樂	疏勒
	禮畢	高昌	（高昌）	清樂	（高昌）
		康國	康國	天竺	康國

根據上表順序，當以唐朝六典所書順位最爲信據(註八三)。通典九部伎，誤將天竺書爲扶南，餘與六典一致。新唐志十部伎除增列高昌外。餘與六典完全相同。按六典、通典、新唐志所列順序，大致相同。綜合表列情形，讌樂爲第一伎當無問題；清樂因係中國樂關係，放在第二伎；西涼伎因係胡、俗融合而成，故放在第三伎位置。天竺伎爲西域系與南蠻系之間，與西域諸伎不同，而係西域諸伎之源泉，故放在第四伎；高麗伎爲十部伎中唯一屬於東夷系之樂伎，內容與西域樂接近，且混合俗樂而

成，因其爲唯一之東夷樂，故放在第五伎位置；其餘五伎均係西域系樂伎。而將龜茲伎放在第六伎，亦可推測龜茲在西域系樂伎中所佔地位之重要了。據理推斷，其所列讌樂、清樂、西涼位置當無疑義，唯第四伎天竺，與第五伎高麗，兩伎位置似欠允當，因爲天竺伎係印度佛教音樂，主要來自西域，旣爲西域樂系，而中隔東夷系之高麗伎，與其他西域五伎隔離，似有不妥。其次爲其他西域五伎位置，除了龜茲伎爲第六伎外，其他各伎似應按照其與龜茲伎接近程度排列順序，故十部伎之順位，最妥當者則爲「讌樂、清樂、西涼、高麗、天竺、龜茲、疏勒、高昌、安國、康國」。

其次表列隋代七部伎與九部伎，文康伎以禮畢代名，列爲末位，固屬當然，而將西涼伎及清樂伎，放在首位，此與十部伎相類似。因隋代係以西涼伎爲國伎（隋書音樂志），國伎置於七部伎首位當屬必然，迨至煬帝時國伎觀念淡薄，而將第一位讓於清樂。

總之，根據七部伎、九部伎乃至十部伎順位之變遷，其順位之排列，不斷整備，步入合理途徑，此種愼重考慮情形，當亦可想見十部伎乃係首尾一貫全部上演之大曲也。

(三) 樂器、樂曲以及服飾制定之意義

(1) 樂器

各伎樂器編成情形，除了讌樂伎及文康伎外，均發揮地方特性與地方色彩。但各伎樂器並非全係該伎特有者，大多數爲各伎通用者。茲綜合隋志、六典、通典、舊唐志、新唐志五種史料，編列各伎樂器編成情形表一份。（見下頁）

		讌樂	清樂	西涼	高麗	天竺	龜茲	疏勒	安國	康國	高昌	(計)	禮畢
雅樂器	鐘(編鐘)		○	○								2	
	磬(編磬)(玉磬)	○	○	○								3	
	琴		○									1	
	瑟		○									1	
	筑	○	○									2	
	節鼓		○									1	
	箎		○									1	○
	塤		○									1	
舊俗樂器	箏	○	○									2	
	笙(大笙・小笙)	○	○	○	○		○				○	6	○
	笛(橫笛、長笛、短笛)	○	○	○	○	○	○	○	○	○	○	10	○
新俗樂器	擊琴		○									1	
	獨絃琴(一絃琴)		○									1	
	臥箜篌	○	○	○	○							4	
	搊箏	○		○	○							3	
	彈箏			○	○		○?					3?	
	秦琵琶		○									1	
	齊鼓			○	○		○				○	4	
	擔鼓			○	○		○				○	4	
	連鼓	○										1	
	鞉鼓	○										1	
	桴鼓(浮鼓)	○										1	
	方響(大方響)	○	○									2	
	尺八	○	○									2	
	跋膝	○										1	
	吹葉	○										1	
	歌	○	○									2	

		讌樂	清樂	西涼	高麗	天竺	龜玆	疏勒	安國	康國	高昌	(計)	禮畢
舊胡樂器	琵琶(大琵琶・小琵琶)	○	○	○	○	○	○	○	○		○	9	
	竪箜篌(大箜篌・小箜篌)	○	○	○	○		○	○	○		○	8	
	篳篥(觱篥)(大・小篳篥)	○		○	○	○	○	○	○		○	8	
	簫(大簫・小簫)	○	○	○	○		○	○	○		○	8	○
新胡樂器	五絃(大五絃・小五絃)	○		○	○	○	○	○	○		○	8	
	鳳首箜篌				⊗	○						2	
	腰鼓			○	○		○	○			○	5	○
	羯鼓					○	○	○			○	4	
	雞婁鼓						○	○			○	3	
	答臘鼓(揩鼓)	○					○	○			○	4	
	都曇鼓					○	○					2	
	毛員鼓					○	○					2	
	侯提鼓						○	○				2	
	正鼓								○	○		2	
	和鼓								○	○		2	
	小鼓									○		1	
	銅鼓					○						1	
	銅鈸(正銅鈸・和銅鈸)	○		○		○	○		○	○		6	
	貝	○		○	○	○	○				○	6	
	雙篳篥								○			1	
	桃皮篳篥				○							1	
	義觜笛				○							1	
	銅角										○	1	
	胡蘆笙				⊗							1	
	龜頭鼓				⊗							1	
	鐵版				⊗							1	
	鈴											0	○
	槃鞞											0	○
	計	23	21	17	20	11	19	11	10	5	15		

(2) 樂曲

關於樂曲情形，僅隋志有記錄；六典、通典等均無記載（註八四）。根據隋志所載，各伎有歌曲、解曲、舞曲三種，其中兩種，每種一曲乃至二曲（卽各伎爲三曲乃至六曲），唯並未列舉曲名。南卓之羯鼓錄和崔令欽之教坊記，載有數百曲名，也許可能有屬於十部伎之曲目者。隋志所舉清樂僅有陽伴、明君、並契三曲。根據通典清樂條所載『隋室以來日益淪缺。大唐武太后之時，猶六十三曲。今其辭存者有　白雪、公莫、巴渝、明君、明之君、鐸舞、白鳩、白紵、子夜、吳聲四時歌、前溪、阿子歌、團扇歌、懊儂、長史變、督護歌、讀曲歌、烏夜啼、石城、莫愁、襄陽、棲烏夜飛、估客、楊叛、雅歌、驍壺、常林歡、三洲采桑、春江花月夜、玉樹後庭花、堂堂、泛龍舟等共三十二曲。明之君、雅歌各二首，四時歌四首，合三十七曲（註略）。又七曲有聲無辭，上林、鳳曲、平調、清調、瑟調、平折、命嘯等。通前爲四十曲存焉。……自長安以後，朝廷不重古曲，工伎轉缺，能合於管弦者，唯明君、楊叛、驍壺、春歌、秋歌、白雪、堂堂、春江月夜等共八曲』。按隋志中三曲與文中所列唐代清樂樂名中者比較，僅有陽伴（楊叛）、明君二曲；其餘並契一曲，傳至唐代諒已佚散故也。考清樂中在此多數樂曲中，僅列三曲原因，或係十部伎演奏時，無法全部演出，每伎僅選出較優者二、三曲上演者。各伎選定時，更將所屬樂曲，分爲歌曲、舞曲及解曲三種，使十部伎上演更爲多姿多彩。大體言之每伎共爲二曲，是則九部伎爲十八曲。惟其中龜茲伎、疏勒伎、安國伎，擁有較多之歌曲、舞曲、解曲，如三伎各以三曲計算，則共爲二十一曲，每曲演奏時間未見明記，總之前後共有二十曲，所需時間較久，其演奏規模之大當不難想像也。

(3)服飾

各伎上演時，不僅在樂曲方面種類繁多，服飾方面，亦各不相同，多姿多彩，使上演效果，更爲提高。茲倣照前例，列舉全部十部，伎服飾如附表：

①樂人

樂名	頭部	上衣部	下衣部	履部	雜部
讌樂					
清樂	平巾幘	緋褶			
西涼	平巾幘	緋褶			
天竺	皁絲布幞頭巾	白練襦	紫綾袴		緋帔
高麗	紫羅帽，飾鳥羽	黃大袖	大口袴	赤皮鞾	紫羅帶，五色稻繩
龜茲	皁絲布頭巾	緋絲布袍，錦袖	緋布袴		
安國	皁絲布頭巾	錦衿褾	紫袖袴		
疏勒	皁絲布頭巾	白絲布袍，錦衿褾	白絲布袴		
康國	皁絲布頭巾	緋絲布袍，錦衾褾			
高昌					

②舞人

樂伎名	頭部	上衣部	下衣部	履部	雜部
讌樂 景雲	綠雲冠	花錦袍	五色綾袴	烏皮靴	
讌樂 慶善	假髻	紫綾袍、大袖	絲布袴		
讌樂 破陣		緋綾袍、錦衿褾	緋綾袴		
讌樂 承天	進德冠	紫袍			金銅帶
清樂	漆髻、金銅飾	碧輕紗衣裙襦大袖、畫雲鳳		錦履	
西涼	假髻、玉支釵	紫絲布褶、五綵接袖	白大口袴	烏皮靴	
天竺	辮髮	朝霞袈裟		碧麻鞋，行纏	
高麗	椎髻、絳抹額、金璫	黃裙襦、赤黃裙襦		烏皮靴	
龜茲	紅抹額	緋襖	白袴帑	烏皮靴	
安國		紫襖	白袴帑	赤皮靴	
疏勒		白襖、錦袖		赤皮靴	赤皮帶
康國		緋襖、錦袖	綠綾渾襠袴、白袴帑	赤皮靴	
高昌	紅抹額	白襖、錦袖		赤皮靴	赤皮帶

如上所述，各伎服飾互有特色，如天竺、高昌舞人服飾，採用當地風習，大體上多採用唐土服飾，其與二部伎比較，則大有區別。因爲二部伎全部有十四曲，每次演奏時並非全部上演，故各伎服飾，均以華麗及立新標異爲目的。而十部伎因係首尾一貫，全部順序演出者，故各伎服飾除了各自發揮地方特色者外，仍有其各伎共通之服飾，列如西域系五伎舞人，均穿着襖，但顏色互不相同，其理自明，玆綜合觀之，其重要者有二：

①服飾方面似可分爲四種，除了讌樂係屬二部伎系統，服飾亦以二部伎爲準製作者，在十部伎中視作特例，不予計算外，其他第一種爲清樂及西涼樂，該兩伎樂人服飾，完全相同；舞人服飾，雖不盡同，但頭部，上衣部極爲類似。第二種爲天竺伎，樂人服飾，與其他各伎稍有不同；舞人服飾採用佛僧服飾，爲一異列。第三種爲高麗伎，該伎樂人、舞人爲十部伎中最具有特色者。第四種爲西域系五種樂伎，五伎中樂人、舞人服飾共通之點甚多。

②各伎服飾爲求整齊美觀，同種者僅各自在顏色或設計方面競用技巧。如西域系舞人均穿着「襖」，但顏色分別使用緋、紫、白、緋、白等順序。龜茲、高昌戴紅抹額，疏勒、高昌使用紅皮帶，龜茲伎穿黑皮靴，其餘四伎穿紅皮靴，此種服飾上之顏色變化，於各伎連續上演時，亦能幫助各伎發揮最大效果也。

(四) 隸屬太常寺之意義

十部伎，根據其樂器編成、樂曲選定及服飾規定等研究，於隋朝及唐朝初葉，實集胡樂、俗樂代表樂曲之大成。制定各伎之樂曲、樂器、服飾等形態。宮廷上演時，從第一伎讌樂，至第十伎高昌伎全部演出，多彩多姿，此或係禮儀上的緣故。總之，十部伎具有胡、俗樂內容而屬於禮儀形式上的一種燕饗樂。坐立二部伎亦具有同樣性質，因其含有雅樂形式，故筆者稱其爲唐朝的新燕饗雅樂，而十部伎之構成，並無雅樂形式，所以祇能稱爲燕饗樂，似較妥當。

唐朝燕饗時，除了十部伎及二部伎外，尙使用其他多種樂舞，大別爲胡樂、俗樂、散樂三種。按唐初以前，所謂胡樂，十部伎佔其主要部份。唐初以後，胡部新聲從涼州方面傳入以後，十部伎僅成爲宮廷燕饗樂之形式，而變成了一種禮樂化的燕饗樂，脫離了普通胡樂的範疇。此時，俗樂與胡樂開始融合，俗樂之胡樂化，在唐朝中葉盛極一時，而產生了法曲。唐朝末葉，胡俗樂完全融合而成爲新俗樂，至此，胡樂名聲，已告匿跡。所謂散樂，亦稱爲雜伎、百戲，亦卽幻術（魔術）曲藝、演劇等類。散樂從前就很發達，隋唐達至盛點，該三樂於唐初，屬於太常寺之太樂署管轄，爾後隨着胡樂、俗樂、散樂之隆盛，玄宗朝時，設立左右教坊，掇管三樂。此外玄宗朝時，又爲了「法曲」。特別設立「梨園」。當時，太常寺之太樂署，原則上僅專管雅樂。除十部伎外，二部伎亦以準雅樂緣故，隸屬太常寺。關於十部伎隸屬太常寺文獻，如段成式之酉陽雜俎續集卷六（稗海叢書本）『（貞觀十九年）初三藏自西域回，詔太常卿江夏、王道宗、設九（部）樂，迎像入寺』。及宋朝宋敏求之長安志卷八進昌坊條『貞觀二十二年，高宗在春宮，爲文德皇后立爲寺……寺成，高宗親幸，佛像幡華，並從宮中所云太常九部樂。送額至寺』。又隋志九部伎條『疏勒、安國、高麗並起，自後魏平馮氏及西域因得其伎。後漸繁會其聲，以列於太樂』。通典四方樂條『平林邑國獲扶南工人。及其匏瑟聲，陋不可用。但以天竺樂傳寫其聲而不列樂部』。如上所述，可以證明十部伎係隸屬太常寺之太樂署，其在開元二年左右，教坊設立後之去處。根據第一節所述，天寶以後，皇上多於麟德殿及勤政樓宴待羣臣，演出二部伎曲之破陣樂以及同一系統之燕饗雅樂之中和樂等，故當時十部伎似已成爲禮儀上的一種燕饗樂地位。但此亦爲十部伎於教坊設立以後，仍和二部伎隸屬太常寺之佐證。

附說：十部伎以外之外來樂

十部伎中，西域系六伎東夷系一伎，外來樂共佔七伎，成爲十部伎編成之主體。但是南北朝至唐朝間，來自異域音樂舞蹈，爲數甚多。在南蠻系、北狄系之音樂多未編入，欲瞭解當時外來樂之意義。茲就尚未編入者簡單介紹於後：

（一）西域樂

欲從史料中推究十部伎以外西域樂，必須從于闐、焉耆、突厥、悅般、米國、史國、黠戛斯、俱密、骨咄、波斯、中天竺、師子等國音樂研究。其中除于闐、突厥音樂尚具有編入十部伎資格外，其餘諸國，均微不足道。茲分別敍述於次：

(1)于闐

于闐與龜茲、高昌爲西域文化之三大中心地，樂伎之盛本所當然，但其不僅並未編入十部伎，連外來樂名稱中亦不多見。隋書音樂志，西涼伎條書有「于闐佛曲」樂曲名稱爲唯一史料，其他如正史外國傳內亦無于闐國之樂伎名稱。此對佛教文化盛隆之于闐言，頗感驚奇。究其原因，或因天山南道之于闐文化盛期，爲西城文化中最早者，當天山北道之龜茲文化全盛時期，于闐文化業已走向下陂方向。根據西京雜記（漢朝劉韻所撰，晉朝葛洪所編）卷三（稗海叢書本）所載『戚夫人侍兒賈佩蘭，後出爲扶風人段儒妻。……七月七日臨百子池，作于闐樂。樂畢，以五色縷相羈，謂爲相連愛』。當茲漢朝西域樂流傳中國記錄極度罕少之際，本文記載實爲稀有文獻，由此亦可證明于闐音樂，實早於漢朝時已流傳中國。如「琵琶」、「箜篌」亦係于闐於漢朝時期傳入中國者。至於唐朝末葉，姓「尉遲」（于闐人之姓）之胡樂人活躍之事，則另有理由容在樂人篇詳細說明。

(2) **焉耆**

焉耆卽新疆省之 Karashar，位於龜茲與高昌中間，根據遺跡調查所得，其文化亦介於兩者之間。如北史卷九七焉耆國條「愛音樂」所載該國音樂，受龜茲音樂恩惠之處甚多。實爲龜茲音樂之亞流，但其並未與同屬龜茲音樂亞流之疏勒樂編入十部伎者，諒係焉耆音樂尚不及疏勒之盛也。

(3) **突厥**

根據隋志九部伎，開皇七部伎所載『又有疏勒、扶南、康國、百濟、突厥、新羅、倭國等伎』

。證明突厥亦有相當樂伎。此外根據隋書卷八四西域傳突厥條所載『無樂弦歌，詎有聲。余本皇家子。飄流入虜庭。一朝覩成敗，懷抱忽縱橫，古來共如此。非我獨申名。唯有明君曲』(註八五)，說明隋朝時期，突厥可汗入朝時，朝庭設盛大散樂歡宴，如突厥之漠北民族，喜愛散樂當可想像，但突厥這般大國，其樂伎並未編入十部伎者，或係其突厥樂並非西域音樂之正宗所致者。

(4)**悅般**

根據北史卷七外國傳所載『悅般國，在烏孫西北。……仍詔有司以其鼓舞之節，施於樂府』。是則太樂署曾一度習其伎，悅般伎尚另有魔術(註八六)。

(5)**黠戛斯**

如新唐書卷二一七下黠戛斯國條所載『黠戛斯……樂有笛、鼓、笙、觱篥、盤、鈴，戲有弄駝師子、馬伎』。證明其樂伎豐富。

惟文中所載之「笙」，係中國及東南亞之特有樂器，故笙之記述是否確實，頗値懷疑(註八七)。

(6)**米國、史國、俱密國、骨咄國**

根據新唐書卷二二一及冊府元龜卷九七一所載，康國之胡旋舞女係由米國（Maimargh）、史國（Kesh）、俱密（Kumidh）等蘇俄中亞南部等國所獻。新唐書卷二二一另載有『骨咄或珂咄羅……開元二十一年王頡利發獻女樂』。文中之骨咄(Khotl 今之 Kottal)之女樂，恐係胡旋舞女。

是則葱嶺以西諸國將其代表性之康國、安國二伎編入十部伎，而突厥、悅般、黠戞斯、波斯等國樂伎並未編入，殊堪注目。

(7)波斯、師子國

根據舊唐書卷一九九波斯國條所載『天寶九年四月，獻火毛繡舞筵、長毛繡舞筵』。新唐書卷二二一下師子國條所載『開元天寶間，遣使者十輩，獻碼碯牀、火毛繡舞筵』。獻舞筵時，當必獻舞蹈，特別是波斯樂伎，未曾東傳實不可想像，但根據史料推斷，或當時並未以國伎綜合形態進獻所致，亦未可知。

(8)黨項、吐蕃、附國

除了西域外，屬於西戎之黨項、吐蕃、附國音樂，如隋書卷八三所載『黨項羌者三苗之後也。有琵琶、橫吹、擊缶爲節』。舊唐書卷一九六上『吐蕃……圍棊、陸博、吹蠡、鳴鼓爲戲』。隋書卷八三『附國者蜀郡西北二千餘里，卽漢西南夷也。……好歌舞，鼓簧吹長笛』。其與目前西藏樂伎照應之處，實意義深長(註八八)。

(二) 南蠻系

南蠻系音樂，在外來樂中具有二種特別意義，其一、南蠻樂不斷大量攝取印度佛教音樂，並發揮其固有特質，故其音樂之盛大，並不劣於西域樂。其二、南蠻樂儘管規範很大，因其僅有部份傳入中國，故並未編入十部伎，此或係南海文化對唐朝文化影響較少所致。然此亦可明瞭，唐代外來音樂，幾乎全為西域樂。基此瞭解唐代音樂趨勢，實具有重要意義。

(1) 扶南

扶南樂與十部伎之成立，稍有關係，故在南蠻系樂伎中最堪注目。扶南樂之東傳，最遲為隋朝初期。從隋志列舉之七部伎一語『又雜有疏勒、扶南、康國、百濟、突厥、新羅、倭國等伎』。可以推測也。上述七國樂伎，為七部伎有力之候補，開皇年間成立九部伎時，其中疏勒、康國，被正式納入九部伎。通典中所列之扶南、百濟兩伎，似有錯誤，詳細情形，已在第一節內說明，不再贅述。此外，根據「太樂令壁記」所載『煬帝平林邑，獲扶南工人及匏琴，以天竺樂轉寫其聲，而不齒（樂）部』及通典四方樂條在列舉煬帝九部伎名稱後，接着載有『平林邑國，獲扶南工人及匏琴，陋不可用，但以天竺樂，傳寫其聲，而不列樂部』。從上述兩段文獻，對扶南樂之性格及其傳入中國狀態當可明瞭矣。蓋文中所說者，係指大將軍劉方，平定林邑（當時係隋煬帝大業元年四月）使開皇年間一度流傳中國之扶南樂，再度傳入中國。文中所稱匏琴，屬絃樂器，係印度佛教音樂後期之樂器，單弦，和目前泰國之 Pin-nam-tao 相似，因其陋不可用，所以扶南樂未被編入九部伎。至於「天竺樂」，卽天竺樂器演奏之音樂。按天竺所使用之三種絃樂器（鳳首箜篌、琵琶、五絃），天竺伎特有者為鳳首箜篌，鳳首箜篌係印度佛教音樂初、中期之弓形豎琴之 vinā。印度佛教音樂中期之六、七世紀，始有匏琴繼承 vinā 之名，該兩種樂器，就西洋樂器學言，迥然不同。前者屬於 harp 後者屬於 zither 類。中國方面，似將匏琴之樂器寫作鳳首箜篌者。但是大業年代，再度東傳之扶南樂，除匏琴外，當另有其他樂器。通典四方樂條曾列舉扶南樂器八種，至於扶南樂之實際樂器編成程度，則必須徵諸於當地實際狀況也。「扶南」地方卽係以後庫眉爾朝（譯音）之眞臘勃興之所。十二、三世紀 Angkor-tom 及 Angkor-wat 彫刻上所表現之各種樂器，其中以匏琴、鳳首箜篌、角笛、骨笛、貝、縱笛與各種太鼓、銅鑼、小銅、鈸子、環狀編鉦等爲主（註八九），此種樂器，當係眞臘國於十二、三世紀最盛期之音樂樂器。「扶南」時期或不至有此興隆。但眞臘時期樂器中，包括有印度佛教音樂之樂器多種，及環狀編鉦等南海特有樂器，且將匏琴與鳳首箜篌兩種樂器併立，此或係十二、三世紀，正是 vinā 從鳳首箜篌移爲匏琴之過渡時期。該匏琴係小形單弦之原始形態，諒係傳入隋朝之匏琴也。如上所述，扶南樂並未編入十部伎；此外通典四方樂載有『扶南樂、舞二人，朝霞衣、朝霞行纏、赤皮鞋。隋代全用天竺樂。今存者有羯鼓、都曇鼓、毛員鼓、簫、橫笛、篳篥、銅鈸、貝』。該文獻所載，與百濟樂相同，儘管其未被編入十部伎，但記述方式，完全與十部伎之各伎相同。但文中內容，除舞人服飾外，對於樂人服飾及樂器數量則無明確記載，稍嫌簡略。至於通典坐立部伎之讌樂項所載『武德初，未暇改作，每讌享，因隋舊制奏九部樂』，繼將九部伎順序列爲『一讌樂、二淸商、三西涼、四扶南、五高麗、六龜茲、七安國、八疏勒、九康國』，文中編入扶南，而未列天竺者實有錯誤，似應予以訂正。

上述通典中所記舞人服飾，其與天竺舞人相同者甚多。所謂朝霞衣卽係朝霞袈裟，朝霞行纏亦係天竺伎之行纏，赤皮鞋對碧㽈鞋，故扶南舞人服飾，係根據天竺舞人服飾略加變化而成。樂器方面亦多與天竺伎相似，是則扶南樂似由西域樂系編成，而並非以南蠻樂系編成。但通典中列舉之樂器，與 Angkor 彫刻所顯示之樂器，並不一致，據此判斷，扶南樂制度大體模倣十部伎，並非全係地方特有樂器，而將組織上必要之基本樂器，予以大量納入。若將天竺伎視作南蠻樂系，故將扶南樂組織亦以天竺伎爲標準編成。也許通典所記載者，並非實際制度，而係通典四方樂條，將扶南、天竺兩伎編列南蠻樂系，而故意予以創作者，亦未可知。此與百濟伎對照，益發令人增加懷疑（容後詳述）。

(2) 林邑

林邑係上述「煬帝平林邑，獲扶南工人及匏琴」之當事國，關於樂伎方面。如隋書卷八三林邑傳所載『樂有琴、笛、琵琶、五絃，頗與中國同。每擊鼓以警衆，吹蠡以卽戎云云』。按「林邑」位於目前安南之南部，扶南之東北鄰，故接近中國邊境，受中國文化影響甚大。文中所稱「與中國相同」一語，或係指此而言，此外當時之林邑樂，與西域樂相同，均係攝取印度佛敎音樂，而隋朝音樂亦多採用西域音樂，是則文中之「頗與中國同」一語，也許含有此種意義，亦未可知。例如印度之直頸、棒狀、五絃之琵琶，流傳南海，雖然驃國傳、Angkor 遺跡、爪哇之 Borobdur 遺跡等多係三絃，而林邑却保存有五絃原形，此與經由西域傳入隋朝之五絃琵琶當大致相似。文中所稱之「琴」，就印度樂器言，祇有「匏琴」。如上所述，匏琴傳入隋朝後，因過於簡陋，卽未被採用，當然無法適用「與中國頗同」一語，是則也許指「箏」而言。因爲「琴」爲雅樂器中代表樂器，實無流傳南蠻可能，而「箏」係俗樂器，堪充南蠻樂演奏之用，何況目前安南地方尚有倣學中國之箏的安南式的箏（Caidan-chhap-luc）(註九〇)。驃國（卽今之緬甸）亦使用唐朝鼉形之九絃箏，印度支那半島現在使用箏系統樂器甚多，此可證明係受中國文化影響所致。且驃國之箏，遠得自唐朝，故文中所稱隋朝之琴，也許可能爲驃國箏之淵源者。此項推測，如果屬實，所謂頗與中國同之林邑琴，可以證明中國樂器對南蠻之影響，實早在隋朝開始。至於文中之笛、琵琶則無疑義，其中琵琶，並非僅指曲頸、梨型之中國琵琶，而指印度傳入之直頸、棒狀琵琶而言。總之，隋書外國傳有關林邑樂之記事，僅限於林邑當地見聞，對其呈獻中國情形，並未提及。

其次，日本國舞樂中亦有所謂「林邑八樂」。所謂林邑八樂，係天平八年，「南天竺之婆羅門僧正」偕同「林邑僧佛哲」來日時，傳入之菩薩、拔頭、迦陵頻、倍臚、安摩、萬秋樂、蘭陵王及胡飲酒等八曲，其中拔頭、蘭陵王等係唐代散樂，故全部是否係南海樂伎頗有疑問。根據筆者陋見，日本之所謂林邑樂，實係唐代之天竺樂（伎），當時經由林邑僧佛哲，與南天竺僧波羅門僧正來日時傳入，而賦予林邑樂名稱者。蓋林邑現地音樂屬於印度系，而唐朝天竺伎亦爲保有濃厚印度色彩之西域系音樂，故也(註九一)。

(3)「南詔」及「驃國」

關於南詔及驃國之樂伎。新唐書卷二二二南蠻傳驃國條，曾載有二千八百十九字長文，唐朝對外國樂之說明，如此詳盡者，並不多見，特別値得注意之記載，爲同書『貞元中，王雍羌聞南詔歸唐，有內附心。異牟尋遣使楊加明，詣劍南、西川節度使韋臯。請獻夷中歌曲，且令驃國進樂人。於是臯作南詔奉聖樂』。對於文中之南詔奉聖樂，敍述文字約一、五〇〇字，其次所載者爲『雍羌亦遣弟悉利移城主舒難陀獻其國樂。韋臯復譜，次其聲，以其舞容、樂器異常，乃圖書以獻』。文中約一千三百字對驃國樂器及樂曲，作詳細說明。該項事實，在舊唐書卷一三德宗本紀下『貞元十八年春正月戊午朔……乙丑驃國王遣使悉利移來朝貢，並其國樂十二曲與樂工三十五人』；同書卷一九七南蠻傳驃國條『貞元中，其王聞南詔異牟尋歸附，心慕之。八年乃遣其弟悉利移。因南詔重譯來朝又獻其國樂。凡十二曲與樂工三十五人俱。樂曲皆演釋氏經論之詞意』；及唐會要卷三三『驃國樂，貞元十八年正月，驃國王來獻。凡有十二曲，以樂工三十五人來朝。樂曲皆演釋氏經論之詞。驃國在雲南西，與天竺國相近。故樂多演釋氏之詞。每爲曲皆齊聲唱，各以兩手十指，齊開齊斂。爲赴節之狀。一低一昂，未嘗不相對，有類中國拓枝舞。驃一作僄。其西別有彌臣國，樂舞亦與驃國同。多習此伎。以樂後，勅使袁滋、郄士美至南詔，竝皆見此樂』等均有記載。所謂南詔奉聖樂，係劍南西川節度使韋臯製作後，呈獻德宗之樂曲，內容全係唐朝之燕饗雅樂，與外來樂毫無關係，次章二部伎附說內再予詳細說明。但新唐書卷二二二上南詔條內另載有『吹瓢笙，笙四管，酒至客前，以笙推盞勸酹』。是則文中之瓢笙（匏笙）爲南詔之土俗樂器。

驃國即現在緬甸之 Shan 地方。驃國音樂，如上所述，係貞元十八年正月，驃國王雍羌派遣乃弟悉利移城主舒難陀前來成都，呈獻節度使韋皐，韋皐將此特別之舞容樂器，繪成圖畫奉獻德宗。新唐書根據是項圖畫，有約一千三百字長文予以說明。茲將原文介紹於次：

『工器二十有二，其音八，金、貝、絲、竹、匏、革、牙、角，金二、貝一、絲七、竹二、匏二、革二、牙一、角二。

鈴鈸四，制如龜茲部，周圍三寸，貫以韋，擊礚應節。

鐵板二，長三寸五分，博二寸五分，面平，背有柄，係以韋，與鈴鈸皆飾，絛紛以花氎，縷爲蘂。

螺貝四，大者可受一升，飾絛紛。

有鳳首箜篌二，其一長二尺，腹廣七寸，鳳首及項長二尺五寸，面飾𧉧皮，絃一十有四，項有軫，鳳首外向，其一項有絛，軫有鼉首。箏二，其一形如鼉，長四尺，有四足，虛腹以鼉皮飾背面及仰肩，如琴廣七寸，腹闊八寸，尾長尺餘，卷上虛中，施關以張九絃，左右一十八柱，其一面飾彩花，傳以𧉧皮，爲別。

有龍首琵琶一，如龜茲製，而項長二尺六寸餘，腹廣六寸，二龍相向爲首，有軫柱，各三，絃隨其數，兩軫在項，一在頸，其覆形如獅子。

有雲頭琵琶一，形如前，面飾虺皮，四面有牙釘，以雲爲首，軫上有花，象品字，三絃，覆手皆飾虺皮，刻捍撥，爲舞崑崙狀，而彩飾之。

有大匏琴二，覆以半匏，皆彩畫之，上加銅甌，以竹爲琴，作虺文，橫其上，長三尺餘，頭曲如拱，長二寸，以條擊腹，穿甌及匏。本可受二升，大絃應太簇，次絃應姑洗。

有獨絃匏琴，以班竹爲之，不加飾，刻木爲虺首，張絃無軫，以絃擊頂，有四柱，如龜茲琵琶，絃應太簇。

有小匏琴二，形如大匏琴，長二尺，大絃應南呂，次應應鐘。

有橫笛二，一長尺餘，取其合律，去節，無爪，以蠟實首，上加師子頭，以牙爲之，穴六以應黃鐘商，備五音七聲。又一管唯加象首，律度與荀勗笛譜同。又與淸商部鐘聲合。

有兩頭笛二，長二尺八寸，中隔一節，節左右開衝氣穴，兩端皆分洞體爲笛量，左端應太簇，管末三穴，一姑洗、二蕤賓、三夷則，右端應林鐘，管末三穴，一南呂、二應鐘、三大呂，下托諸一穴，應太簇，兩洞體七穴，共備黃鐘林鐘兩均。

有大匏笙二，皆十六管，左右各八，形如鳳翼，大管長四尺八寸五分，餘管參差相次，製笙管，形亦類鳳翼，竹爲簧，穿匏達本，上古八音皆以木漆代之，用金爲簧，無匏者，唯驃國得古製。

又有小匏笙二，製如大笙，律應林鐘商。
有三面鼓二，形如酒缸，高二尺，首廣下銳，上博七寸，底博四寸，腹廣不過首，冒以虺皮，束三爲一，碧條約之，下當地則不冒，四面畫驃國工伎執笙鼓以爲飾。
有小鼓四，製如腰鼓，長五寸，首廣三寸五分，冒以虺皮，牙釘彩飾、無柄，搖之爲樂節，引贊者皆執之。
有牙笙，穿匏達本，漆之，上植二象牙代管，雙簧皆應姑洗。
有三角笙，亦穿匏達本，漆之，上植三牛角，一簧應姑洗，餘應南呂，角銳在下，穿匏達本，柄觜皆直。
有兩角笙，亦穿匏達本，上植二牛角，簧應姑洗，匏以彩飾。
凡曲名十有二。
一曰佛印，驃云沒馱彌，國人及天竺歌以事王也。
二曰讚娑羅花，驃云曨莽第，國人以花爲衣服能淨其身也。
三曰白鴿，驃云答都美，其飛止逐情也。
四曰白鶴游，驃云蘇謾底哩，謂翊則摩空行則徐步也。
五曰鬬羊勝，驃云來乃，昔有人，見二羊鬬海岸，彊者則見弱者，入山時人謂之來乃。來乃者勝勢也。

六曰龍首獨琴，驃云彌思彌，此一絃而晉備，象王一德以畜萬邦也。
七曰禪定，驃云製覽詩，謂離俗寂靜也。七曲唱舞皆律應黃鍾商。
八曰甘蔗王，驃云遏思略，謂佛教民如蔗之甘，皆悅其味也。
九曰孔雀王，驃云桃臺，謂毛采光華也。
十曰野鵝，謂飛止必雙，徒侶畢會也。
十一曰宴樂，驃云嚨聰網摩，謂時康宴會嘉也。
十二曰滌煩，亦曰笙舞，驃云扈那，謂時滌煩䁛以此適情也。

五曲律應黃鐘，（林鐘）兩均，一黃鍾商伊越調，一林鍾商小植調也。
樂工皆崑崙，衣絳氎，朝霞爲蔽膝，謂之祴裲，兩肩加朝霞，絡腋足臂，有金寶鐶釧，冠金冠，左右珥璫條貫花鬘，珥雙簪散以毳。初奏樂有贊者一人先導樂意。其舞容隨曲用人，或二或六、或四、或八至十，皆珠冒。拜首稽首以終節。其樂五譯而至。德宗授舒難陀太僕卿，遣還開州刺史唐次述驃國獻樂頌以獻』。

上述之唐會要中所稱驃國西方之彌臣國，亦會以同樣樂舞，供唐朝使節前往南詔時鑑賞。按彌臣國位於驃國西方，其音樂與驃國相同也。

(4) **盤盤、哥羅**

驃國之南方，卽今日泰國南端，當時爲盤盤國。新唐書卷二二二盤盤國條所載該國樂器爲『樂有琵琶、橫笛、銅鈸、鐵鼓、蠡』。又通典卷一八八所載盤盤國之鄰國哥羅樂器爲『哥羅國漢時聞焉。在槃槃（卽盤盤）東南，亦曰哥羅富沙羅國。……音樂有琵琶、橫笛、銅鈸、鐵鼓、簧吹、蠡、擊鼓』。文中所述『鐵鼓』爲南方音樂中特有之一種金屬打樂器。驃國之「鐵板」、使人想起 Angkor 彫刻中之環狀編鉦、爪哇 Borobur 彫刻之銅碗琴（Bonan），南方音樂之金屬打樂器之傳統，早萌芽於唐代(註九二)。

(5) 赤土、訶陵、婆利

其次關於東印度諸島中之「赤土」國，唐代時改稱室利佛，位於蘇門答臘南部，該國樂器，如隋書卷八二南蠻傳『赤土，扶南之別種也。……死則剔髮……吹蠡擊鼓以送之。……其王遣婆羅門鳩摩羅以舶三十艘來迎，吹蠡擊鼓以樂……男女百人奏蠡鼓，……王以下皆坐，宣詔訖，引駿等坐，奏天竺樂』。新唐書卷二二二下南蠻傳『室利佛……又獻侏儒，僧祇女各二及歌舞』由此可知赤土國音樂，係來自佛教音樂，此外關於訶陵國音樂，如新唐書卷二二二下所載『訶陵……咸通中遣使獻女樂』。關於婆利國音樂，如舊唐書卷一九七所載『婆利國……鳴金擊鼓，吹蠡爲樂』。文中「女樂」，令人想及目前爪哇舞蹈內容豐富之舞姬。「鳴金」似係指 Borobur 彫刻中原始之金屬打樂器。

(三) 東夷樂

南蠻樂，除上述各國外，尚有獠、西原蠻、東謝蠻等，因另在宋代史料內詳述，故予簡略(註九三)

(1)百濟、新羅

東夷樂編入十部伎者僅高麗伎一伎。朝鮮音樂除高麗伎外，以百濟、新羅兩伎較爲顯著，大致情形，已在高麗伎部份詳述，不再贅述。僅就通典四方樂條列舉高麗、百濟兩國伎中，關於百濟國部份載如次『百濟樂，中宗之代，工人死散，開元中岐王範爲太常卿，復奏置之。是以音伎多闕。舞者二人，紫大袖裙襦、章甫冠、皮履。樂之存者箏、笛、桃皮篳篥、箜篌、歌』。其與扶南樂相同，並未編入十部伎（乃至九部伎）。文中所稱中宗朝代，工人死散，迨至開元中復活一語，可資證明。按開元中，十部伎組織業已確定，故其設在十部伎以外，亦未可知（註九四）。舞者服飾，着紫大袖裙襦，此與高麗伎相同，皮履則與淸商伎近似，章甫冠係古殷冠制，唐代冠制稱緇布冠，或係緇布冠之古代名稱，但對唐朝緇布冠實情不詳。推新唐書卷二四車服志條所載『緇布冠者，始冠之服也，天子五梁，三品以上三梁，五品以上二梁，九品以上一梁』。二部伎亦使用此類冠，十部伎則無此例，故從此種服飾，亦可證明百濟伎並未編入十部伎。樂器方面，開元復活者計有箏、笛、桃皮篳篥、箜篌等四種，此與高麗伎共同使用者，據此推測，百濟伎係以高麗伎爲準編成，此種情形，與扶南樂以天竺伎爲準編成相同。

(2)倭國、流求

東夷樂除朝鮮三國音樂外，尚有倭國、流求等。關於倭國（卽今之日本）部份，隋書卷八一東夷傳載有『其王朝會必設儀丈，奏其國樂……樂有五絃琴、笛』。隋朝相當於日本推古天皇時代，當時日本開始經由朝鮮三國攝取中國大陸音樂文化。文中所稱國樂，係指日本固有舞樂。按外來樂輸日前，日本國主要樂器爲和琴、横笛，諒係文中所稱之五絃琴、笛。「和琴」在埴輪時代爲五絃，奈良朝時代六絃，至於何時從五絃變爲六絃，無法考據，雖然有人認爲和琴之淵源或與朝鮮之伽倻琴及古代中國之七絃琴有關，但目前尚無法證實。文中之五絃琴，是否指和琴之原始型，頗有疑問。而中國之七絃琴，周武王時爲五絃，發五聲，文王時爲七絃，發七聲，是則中國方面，古琴及似琴之樂器，以往稱爲五絃琴者。隋書之書爲五絃琴，恐亦係此種習慣使然。又舊唐書卷一一代宗紀『大歷十二年春正月……辛酉……渤海使獻日本國舞女十一人』。日本國舞女東渡唐朝，其呈獻舞樂，當非中國傳來，而係日本國固有之舞樂。隋志七部伎條文內在七部伎以外之外來音樂中，亦列舉有倭國之名。

此外關於流求樂器方面，隋書卷八一東夷傳載有『流求國……凡有宴會執酒者必待呼名而後飲。上王酒者亦呼王名銜杯共飲，頗同突厥。歌呼蹋蹄，一人唱，衆皆和，音頗哀怨。扶女子上膊搖手而舞』。流求卽今之臺灣，此種舞狀與目前臺灣高砂族舞蹈相似(註九五)。

(四) 北狄系

四夷樂中，最微衰者爲北狄樂，蓋北狄文化較低，此亦爲必然現象。唐時之北狄樂，如通典四方條所載『北狄樂皆爲馬上樂也。鼓吹本軍旅之音。馬上奏之。故自漢以來，北狄總歸鼓吹署。後魏樂府始有北歌。卽魏眞人歌是也。代都時命掖庭宮女晨夕歌之。周隋代與西涼樂雜奏。今存者五十三章，其名目可解爲六章。慕容可汗、吐谷渾、部落稽、鉅鹿公主、白淨皇太子、企俞也，其餘不可解。咸多可汗之詞。按今大角，卽後魏代簸邏廻是也。其曲亦多可汗之詞。北虜之俗皆呼主爲可汗。吐谷渾又慕容別種。如此歌是燕魏之際鮮卑歌。其詞虜音不可曉。梁有鉅鹿公主。歌詞似是。姚萇時歌其詞。華音與北歌不同。梁樂府鼓吹又有大白淨皇太子，小白淨皇太子、企俞等曲。隋鼓吹有白淨皇太子曲。與北歌校之，其音皆異。大唐開元中，歌工長孫元忠之祖，受於侯將軍貴昌幷州人也。亦代習北歌。貞觀中有詔，令貴昌以其聲敎樂府。元忠之家代相傳如此。雖譯者亦不能通知其詞。蓋年歲久遠。失其眞矣，絲桐唯琴曲，有胡笳聲。大角金吾所掌』。此卽說明北狄樂，漢朝以來，多採用爲軍樂中之鼓吹。通典將北狄三國舉名爲鮮卑、吐谷渾、郎落（係「部落稽」之誤）。又「今大角，卽後魏代邏廻是也」中之邏廻，隋書卷一四音樂志所載『天興初，吏部郎鄧彥海奏上廟樂，創制宮懸而鍾管不備，樂章既闕，雜以簸邏廻歌』，其與文中之簸邏廻諒有關係(註九六)。是則北狄樂雖在唐朝被鼓吹署採用，但與太樂署之十部伎則無關係也。

第五章十部伎註釋

（一）晉書卷二三樂志所載『張博望入西域，傳其法於西京。惟得摩訶兜勒一曲……』。

（二）隋書卷一五，音樂志。

（三）劉貺（唐玄宗之史官，通曉音樂）所著之「太樂令壁記」卷下，四夷樂條所載有關史料如次：

『（周宮（官）韎師掌教韎樂，鞮鞻掌四夷之樂。美德廣之所及也。）後魏有曹婆羅門，受龜茲琵琶於商人，世傳其業。至孫（遜）妙達（尤）爲北齊（文宣）所重。（常自擊銅數以和之）。周武帝（聘突厥女爲后，西域諸國來媵。於是）有龜茲、疏勒、安國、康國之樂。（十九字）張重華時，天竺重譯致樂伎。後其國王（子）爲沙門來遊中土，又傳（得）其方音（伎）。宋代（世）得高麗，百（濟）伎。魏平馮跋亦得之，而未具。周師滅齊。二國獻其樂。合西涼樂。凡九（七）部，通謂之國伎』。

『隋文（帝）平陳，得清樂及文康禮畢曲，而黜百濟樂。因爲九部伎。煬帝平林邑，獲扶南工人及匏琴，（陋不可用）。以天竺樂傳寫其聲，而不齒（列）（樂）部』。

『（西）魏通高昌，始有高昌伎（四十字），唐（我）太宗平高昌（盡）收其樂。又造讌樂而去禮畢曲。今著令唯此十部』。

按通典卷一四六四夷樂項及舊唐志卷二九音樂志之四夷樂條，均係以「太樂令壁記」爲典據。本文則係根據隋書音樂志編撰，文中括弧內字句，係通典據以增訂之用語。全部史料，係說明七部伎、九部伎及十部伎成立之演變過程，惟值吾人注意者，文內「凡九（七）部，通謂之國伎」一語。「太樂令壁記」稱爲九部，通典則稱爲七部，鑑於續文中載有「因爲九部伎」一語，此係說明九部伎成立情形。故前文中之「凡九部」恐係「七部」之誤。但文中僅列舉「龜茲、疏勒、安國、康國、天竺、高麗、百濟、西涼八伎」，既非七部，亦非九部，其中包括有隋志七部伎未曾記載之百濟伎與康國伎，而缺少清樂伎，續文中所載『隋文帝平陳，得清樂，及文康禮畢曲而黜百濟樂，因爲九部伎』一節，係說明九部伎成立情形，按九部伎係煬帝大業所成立者。「清樂伎」早在成立以前編入七部伎，故「太樂令壁記」所述七部伎（原文誤書爲九部伎）成立經過雖算完整。而通典則另據隋志所載『至煬帝乃立清樂、龜茲、西涼、天竺、康國、疏勒、安國、高麗、禮畢爲九部』之文獻，予以訂正爲七部伎者。至於舊唐書音樂志，爲避免發生誤解，更將「

凡九（七）部，通謂之國伎」一語刪除；而「黜百濟樂」一語，更正為「百濟伎不預焉」，放在「列九部伎」之後，後者經此更正後，就變成說明九部伎成立之史料了。

（四）詳述於樂器篇，請另參閱筆者所著之「箜篌之淵源」及林謙三氏之「匏琴考」與 A.K. Coomaraswamy "The old Indian Vinā" Journal of American Oriental Society, Vol. 51, 1931. 等。

（五）通典卷一四六坐立兩部伎條所載『（武德初未暇改作，每讌享，因隋舊制奏九部樂，一讌樂、二清商、三西涼、四扶南、五高麗、六龜茲、七安國、八疏勒、九康國）。至貞觀十六年十一月，宴百僚，奏十部。先是代高昌，收其樂，付太常。至是，增為十部伎』，是則所謂隋朝以後之九部伎，吸收讌樂另加高昌編成十部伎之記載當有錯誤。

（六）詳述於第六章二部伎及樂曲篇，並請參閱筆者所著之「燕樂名義考」（東洋音樂研究第一卷第二號）。

（七）隋書卷一五音樂志，載有上演時情形如次：

『大業二年，突厥染干來朝。煬帝欲誇之。總追四方散樂，大集東都，初於芳華苑積翠池側。帝帷宮女觀之。有舍利先來戲於場內，須臾跳躍，激水滿衢，黿鼉龜鼇，水人蟲魚，編覆于地。又有大鯨魚……又以繩繫兩柱，……又有神鼇負山，幻人吐火。千變萬化，曠古莫儔。染干大駭之。

自是皆於太常教習。每歲正月，萬國來朝，留至十五日，於端門外建國門內，綿亘八里，列為戲場。百官起棚夾路，從昏達旦，以縱觀之，至晦而罷。伎人皆衣錦繡繒綵，其歌舞者多為婦人，服鳴環佩飾以花毦者殆三萬人（下略）』。

（八）年表上所載三十三次上演例中，玄宗以前二十八次，玄宗時代僅一次，玄宗以後四次，此數並未包括元正冬至之朝賀及玄宗之千秋節等定期上演在內。唐次二十八次中，有二十二例載於玉海引之「實錄」，玄宗以後，因無「實錄」，故僅憑年表，實不能初斷十部伎上演之盛衰規模。惟據正史所載，唐初有八次，玄宗帝時代一次，唐末僅四次，除了玄宗時代外，前者較後者多一倍，由此可見唐初十部伎之上演，實遠較唐末爲多。

(九) 詳述於樂曲篇及樂理篇。並請參閱筆者所著『南北朝隋唐時期河西之音樂——關於西涼樂與胡部新聲』及『敦煌畫所表現之音樂資料——特別是與河西地方音樂之關係』以及『唐朝俗樂二十八調之成立年代』。

(十) 敘述十部伎史料中，以「通典」較爲新穎。舊唐書音樂志，係五代撰寫，唐朝中葉以後之資料不多。而新唐書禮樂志大部份則係根據舊唐書修訂者。有關十部伎之記載，隋志、六典、通典、舊唐志等史料，均有不同，例如對「清樂伎」之敘述部份，即爲一良好實例。

(一一) 陳暘樂書卷一四八，對「七星管」情形，載爲『唐之七星管，古之長笛也。一定爲調，谷鐘磬之均，各有短長應律呂之度，蓋其狀如篪而長，其數盈尋而七竅橫以吹之，旁一竅，帽以竹膜，而爲助聲，唐劉係所作也……』。

(一二) 舊唐書卷二九所載爲『擊琴，柳惲所造、惲嘗爲文。詠思有所屬。搖筆誤中琴絃，因爲此樂，以管承弦。又以竹片約而束之，使弦急而聲亮，舉竹擊之，以爲節曲』。

(一三) 參照通典卷一四四。

(一四) 參照本篇上卷凡例。樂器篇。

(一五) 通典卷一四四所載爲『節鼓，狀如博局，中開圓孔，適容其鼓，擊之以節樂也。節不知誰所造。傳元節賦云鏞鐘唱歌九韶興，舞口非節不詠手，非節不拊此則所從來亦遠矣』。

(一六) 關於盤舞情形，亦請參考林謙三所著『漢代七盤舞』。（奈良學藝大學紀要第五卷之三）

（一七）若僅就文字推敲服飾部份，似僅與巾舞等有關，並非指清樂全體者，惟文內所述「巾舞、白紵、巴渝」，其中巾舞與巴渝，係漢四舞，白紵則爲武后四十四曲中一般清樂之一，據此判斷服飾記事，當非僅指四舞，而可視作全體清樂伎者。

（一八）請參閱樂曲篇之西涼樂，及筆者所著「隋唐南北朝時期河西之音樂」及「燉煌畫所表現之音樂資料」。

（一九）「通典」載有「隋志」所未載之長笛；「六典」則以短笛代替橫笛；舊唐書部份史料，大致與通典相同，但其載有「銅鈸一」而無「今亡」之註，另加「編鐘今亡」之句，新唐志係根據舊唐志編撰，所載「貝二」，無「編鐘今亡」之句，一節，似係參照通典者。

（二〇）「永世樂」與「萬世豐」兩曲名。含有道教氣息，諒係唐朝中葉天寶十三年「供奉曲名改諸樂名」時很多與佛教有關之曲名改爲道教曲名。此種曲名改變，除表示胡樂與俗樂之融合所產生之新俗樂，致使佛教或西域曲名銳減外，此爲唐朝音樂變遷史上之重大事件，亦係高宗製作道調以後，唐室重用道教之結果。隋代胡樂人「白明達」所作樂曲中，亦有「神仙」等曲，「永世樂」「萬世豐」似亦同樣含有道教思想。

（二一）參照晉書卷八六張重華傳及魏書卷九九。

（二二）參照筆者所著之「最古之印度音樂書」。（載於「東亞音樂史考」一書內）

（二三）參照 J. Crosset, Inde, Historie de la musique depuis l'origine jusquá nos jours, A. Lavignac, Encyclopédie de la musique et dictionaire du Conservatoire, Patie I, Tome I. Paris, 1921.

（二四）根據林謙三氏所著之「佛教所示之樂器、音樂、舞踊」（東洋音樂研究第一卷第一號）。渠預定在其最近發表之樂器篇內詳細論述。

（二五）請參照註解第二十三。

(二六) 參照筆者所著之「箜篌之淵源」與林謙三氏之「匏琴小考」。(支那學第八卷第三號)
(二七) 參照筆者所著之「東洋樂器及其歷史」。
(二八) 參照 Sir A. Stein, Serindia, Vol I.
(二九) 參照筆者所著之「最古之印度音樂書」。
(三〇) 請參照 Marcel denepoia 論文。
(三一) 參照筆者所著之「東洋樂器及其歷史」與 Thomas Lea Southgate Musical Instruments in Indian Sculpture, Zeitschrift der Internationalen Musikgesellschaft, 1908-9.
(三二) 參照林謙三氏所著之「唐代銅鼓文獻中之二個疑點」(東洋音樂研究第一卷第四號)。
(三三) 宋朝葉夢德所著之石林燕語卷三(稗海叢書本)『舊制幞頭巾皆折而斂前。神宗嘗謂近臣,此製承上之意。紹聖後,始有改而偃後者,一時宗之。謂前爲斂中,遂不復用此。雖非古服隨時之好。然古者爲冕,皆前俯而後仰,斂巾尙有遺意也』。
(三四) 所謂「幞頭」,根據宋朝周密之齊東野語卷一三所載『……一日宴伶人衣金紫而幞頭,忽脫乃紅巾也』。此係說明伶人脫去幞頭後露出紅巾,所謂幞頭巾或指此而言。
(三五) 參閱姚靈犀所著「采靡精華錄」(民國卅年天津書局出版)。
(三六) 龜茲伎係西域樂之代表,如唐朝段成式之酉陽雜俎卷一二所載『元宗常伺察諸王。寧王常夏中,揮汗鞔鼓。所讀書乃龜茲樂譜也。上知之喜曰,天子兄弟當極醉樂耳』。此係說明寧王常讀龜茲樂譜自娛,玄宗知之,頗爲喜悅之意。按西域樂種類繁多,專讀龜茲樂譜尙屬少見。此外根據段成式所著之「金剛經鳩異」(唐人說薈本)所載『荊州德法寺僧惟恭,三十餘年念金剛經,日十五遍。……因他故,出寺去一里。

逢五、六人，年少甚，都衣服鮮潔，各執樂器，如龜茲』。龜茲樂器屬於印度系統，所謂「如龜茲」一語，似亦可稱爲「如天竺」也，龜茲樂當係西域樂之代表。

（三七）本文係晉書卷一二二呂光傳之抄記。

（三八）根據北周書卷五武帝紀上所載『大和六年九月癸酉，省掖庭四夷樂，後宮羅綺工人五百餘人』。四夷樂似尚未完全廢止。

（三九）據北周書卷九，皇后列傳所載『武帝阿史那皇后，突厥木扞可汗俟斤之女。……天和三年三月后至。高祖行親迎之禮』。此係闡述自阿史那皇后入朝以後，西域樂復被採用。

（四〇）詳述於樂人篇。並請參閱本書第一章太常寺樂工。

（四一）關於「侯提鼓」之類別，史料內並無明確記載，似與雅樂之提鼓無關。九部伎創設初期，並無此種樂器，迨至唐代，始予補入，故似非俗樂器，其是否與「齊鼓」、「擔鼓」同屬於胡樂器者，亦難證實，惟「侯提鼓」之名稱與彈箏、齊鼓、擔鼓，屢見於通典及新唐志，此種樂器之存在，當無法予以否定也。

（四二）本篇內所引用者，已詳述於樂器篇，故對其書名、卷數、頁數等，均未明示，僅記述作者姓名而已。

（四三）請參閱 Curt Sachs, History of Musical Instruments, W.W. Norton, New York, 1960 版之古代印度章。

（四四）高昌出土之繪畫與燉煌之壁畫內，曾有很多實例，此均係中國方面現有之史料。

（四五）「毛員鼓」與「都曇鼓」在天竺伎與龜茲伎內有共通之點，亦係證明兩鼓均起源於印度。

（四六）締大鼓係兩端綳紮「皮革」之構造，如前期圓胴，或桶胴之「太鼓」。此爲古代傳統，細腰鼓必爲締大鼓，但締大鼓並非一定爲細腰鼓。如「羯鼓」係桶胴，而非細腰也。

(四七) 隋朝之天竺伎，並無羯鼓與篳篥，迨至唐代，始予編入。

(四八) 羯鼓爲「龜茲、疏勒、天竺、高昌」四伎之樂器者，唐代固有此種說法。惟其屬於龜茲疏勒二伎者，隋志以下之六典，通典、兩唐志亦均有同樣記載；其屬於天竺、高昌二伎者僅通典、兩唐書有此記載，六典則無記述。

(四九) 梵語寫成漢字時，「La」與「Va 或 Ba」通用，是則銅鈸恐係 tāla 譯者，（按「銅鈸」，「隋志」書「銅拔」，或係音譯故也）。

(五〇) 「銅鈸」與「打沙羅」前者係「鈸」，後者係「鑼」爲不同之樂器。

(五一) 請參閱 M. Sylvain Lévi; Le "Tokharien B," Langue de Koutcha, Journal Asiatique, 1903, Tom. II. M.M. Éd. Chavannes et P. Pelliot; Un Traite Manichéen Retrouvé en Chine, Traduit et Annoté par M.M. Ed Chavannes et P. Pelliot, Journal Asiatique, 1931. Tom. I.

(五二) 請參閱明朝方以智所著之通雅卷二九。

(五三) 舊唐書所載『緋襖、白袴帑』係根據疏勒、安國、康國、高昌四伎之例，舊唐書之史料，當較正確。

(五四) 根據「通典」四方樂所載『平林邑國，獲扶南工人及其匏琴。琴陋不可用。但以天竺樂傳寫其聲，而不列樂部』。則扶南樂並未編入十部伎。此「列」字之意義當與「以列於太樂」之「列」字相同。

(五五) 關於樂器種類，通典與隋志所載者爲十種，類別相同；「六典」所載，亦爲十種，惟其中以「侯提鼓」代替「腰鼓」，其餘九種相同；新唐志則將兩者同時列入，合計爲十一種，此種大同小異之處，對於疏勒伎之本質，則毫無影響。

(五六) 「六典」所載樂器，缺「簫」，另以「大篳篥」代替「篳篥」，數量方面，除「銅鈸二」外，其餘樂器各一；「通典」與「六典」大致相同，有「簫」無「和鼓」，除了「豎箜篌」外，另有「箜篌一」；舊唐志與隋志相同，僅結尾處，增載『箜篌、五絃琵琶今亡』一句；新唐志除「雙篳篥」外，九種各一，無雙篳篥一語，諒係有誤。

（五七）若「笛鼓」係「笛」與「某鼓」兩者誤爲綴合，則後者「某鼓」當係指「大鼓而言」，而大小鼓與正和鼓，當另有記述也。

（五八）舊唐志將「錦衿標」書爲「錦領」、「錦袖」書爲「錦領袖」、「緑綾渾襠袴」書爲「緑綾襠袴」、「白袴奴」書爲「白袴帑」，惟前後兩者意義完全相同。

（五九）請參閱各說第一章第一節第一三二頁。

（六〇）「通典」所載之開皇六年當係有誤。

（六一）「通典」所載爲「樂用答臘鼓一、腰鼓一、鷄婁鼓一、羯鼓一、簫一、横笛一、篳篥二、五絃琵琶二、琵琶二、銅角一、豎箜篌一（今亡）、笙一』。「舊唐書」與「通典」大致相同，缺少「笙一」。新唐志則載爲「有豎箜篌、銅角一、琵琶、五絃、横笛、簫、觱篥、答臘鼓、腰鼓、鷄婁鼓、羯鼓皆二人」。「六典」與以上所載資料，則稍有出入。按十部伎之記載，係以隋朝爲基礎，「六典」以後，漸次整理，迨至唐代，編入十部伎，故各種史料記載，稍呈混亂，「通典」與「新唐志」雖僅較，「六典」多出「答臘鼓」與「羯鼓」兩種，但順序排列，則有顯著不同，如上所述，六典所載者，當爲基本資料。

（六二）此種縱笛可能係從中國輸入之尺八，與高昌伎特有之銅角相似，並非角笛而係竹製樂器。

（六三）遠在漢朝，已有胡角之名。如晉書卷二三樂志所載『胡角者，本以應胡笳之聲，後漸用之横吹。有雙角。即胡樂也。張博望（張騫）入西域，傳其法於西京』。惟據通溝（位於我國東北三省）之高句麗丸都城故址古墳壁畫所繪者，係角笛，而並非銅製之銅角也（詳述於樂器篇）。

（六四）若印度之佛教音樂，前期之樂器，傳入西域文化第三期之高昌，則除于闐、龜茲外，「加達拉」地方亦將可能出現，但是根據加達拉資料，此種六弦琴形リュート彫刻形狀，爲一較粗之縱笛，由於彫刻難以明確模眞，實難以斷定其是否爲角笛之一種。按印度之角笛（銅角）爲先端彎曲朝顏形擴張之形狀，至於高昌之銅角，究係與「印度」或「加達拉」何者相似，亦無法證明。

（六五）參閱 A. v. Le Coq; Bericht über Reisen in Chinesische Turkistan (Vortrag,) Zeitschrift für Anthropologie Ethnologie und Urgeschichte, Berlin, 1907.

（六六）日本古典全集第一期內「信西古樂圖」卷首之「諸樂器圖，誤將阮咸稱爲五絃」。即爲一例。

（六七）中日兩國，通常均把「高句麗」稱爲「高麗」。日本平安朝初期，實施樂制改革，將管絃舞樂，分爲左方唐樂與右方高麗樂兩類。在此以前，奈良朝之三韓樂，亦載有高麗樂（與新羅樂、百濟樂共稱爲三韓樂）。

（六八）北史卷九四東夷傳亦有同樣記載。

（六九）朝鮮方面資料，請參閱筆者所著「東洋樂器及其歷史」。

（七〇）參閱池內宏博士、梅原末治博士所著之「通溝」下集（日滿文化協會昭和十五年出版）圖版二八之(1)『舞踊塚主室奧壁天井第四持送壁畫細部』。

（七一）「五絃琴」亦可視作中國之琴，惟中國之琴，自西周以來，均爲七絃琴。所謂五絃琴者，朝鮮曾將七弦琴制度復古改用五絃琴（傳說中國在周文王時代係使用五絃琴，武王時改爲七絃琴），但在中國僅有五絃琴與七絃琴之名稱，故將六絃之玄琴，亦寫成爲五絃琴，此與日本將其「六絃和琴」在「正史外國傳」

內寫成「五絃琴」情形巧合。又五絃琴亦有解釋爲「五絃」與「琴」，但此種解釋，似嫌勉強而欠妥當。

（七二）參閱晉朝崔豹之「古今注」音樂項目。

（七三）陳暘樂書卷一二八所載『扶南、高麗、龜茲、疏勒、西涼等國，其樂皆用蛇皮琵琶，以蛇皮爲槽，厚一寸餘。鱗介具焉。亦以楸木爲面，其棹（杆）撥以象皮爲之，圖其國王騎象，象其精妙也』。

（七四）詳述於筆者所著之「箜篌之淵源」。（考古學雜誌第卅九卷第二、三號）

（七五）筆者於昭和十八年曾赴中國各地孔廟，實地調查證實。

（七六）參閱舊李王職所著之「李王家樂器」。（寫眞集，昭和十四年三月發行）

（七七）參閱筆者所著之「東洋樂器及其歷史」。

（七八）陳暘樂書卷一三一所載『後魏宣武素悅胡聲，其樂器有胡鼓、胡箮。玉篇謂箮笙是也』。

（七九）參閱筆者所著之「燕樂名義考」。

（八〇）參閱陳暘樂書卷一四八。新唐書卷一〇七呂才傳。田邊尙雄氏所著之「正倉院樂器之調查報告」，帝室博物館學報第二冊（大正十年），及林謙三、芝祐泰所著「正倉院樂器調查概報(一)」宮內廳書陵部紀要第一集（昭和二十六年）。

（八一）隋書卷一三音樂志載爲『三朝，第一奏相和引，第二衆官入奏俊雅，第三皇帝入閣奏皇雅，第四皇太子發西中華門奏胤雅，第五皇帝進王公發，第六王公降殿同奏寅雅，第七皇帝入儲變服，第八皇帝變服出儲同奏皇雅，第九公卿上壽酒奏介雅，第十太子入預會奏胤雅，十一皇帝食舉奏需雅，十二撤食奏雍雅，十三設大壯武舞，十四設大觀文舞，十五設雅歌五曲，十六設俳伎，十七設鼙舞，十八設鐸舞，十九設拂舞，二十設巾舞並白紵，二十一設舞盤伎，二十二設舞輪伎，二十三設刺長追花幢伎，二十四設受猾伎，二十五設車輪折脰伎，二十六設長蹻伎，二十七設須彌山黃山三峽等伎，二十八設跳鈴伎，二十九設跳劍伎，三十設擲倒伎，三十一設擲倒案伎，三十二設靑絲幢伎，三十三設一撤花幢伎，三十四設雷幢伎，三十五設金輪幢伎，三十六設白獸幢伎，三十七設擲蹻伎，三十八設獼猴幢伎，三十九設啄木幢伎，四十設五案幢呪願伎，四十一設辟邪伎，四十二設靑紫鹿伎，四十三設白武伎作訖將白鹿來迎下，四十四設寺子遵安息孔雀鳳凰文鹿胡舞登連上雲樂歌舞伎，四十五設緣高絙伎，四十六變黃龍弄龜伎，四十七皇太子起奏胤雅，四十八衆官出奏俊雅，四十九皇帝興奏皇雅』。

(八二) 隋書卷一五音樂志所載『大業二年，突厥染干來朝，煬帝欲誇之，總追四方散樂，大集東都。初於芳華苑積翠池側，帝帷宮女觀之。有舍利先來，戲於場內。須臾跳躍，激水滿衢，黿鼉、龜鼇、水人蟲魚，徧覆于地。又有大鯨魚噴霧，翳日倏忽成爲黃龍，長七、八丈，聳踊而出，名曰黃龍變。又以繩繫兩柱，相去十丈，遣二倡女對舞繩上，相逢，切肩而過，歌舞不輟。又爲夏育扛鼎取車輪石臼大甕器等，各於掌上而跳弄之，并二人戴竿，其上有舞，忽然騰透而換易之。又有神鼇負山，幻人吐火，千變萬化，曠古莫儔。染干大駭之。自是皆於太常習，每歲正月，萬國來朝，留至十五日，於端門外建國門內，綿亘八里列爲戲場。百官起棚夾路，從昏達旦，以縱觀之，至晦而罷。伎人皆衣錦繡繒綵，其歌舞者，多爲婦人，服鳴環佩飾以花毦者，殆三萬人。初課京兆河南製此衣服，而兩京繒錦爲之中虛』。

(八三) 高昌伎之編入，當在貞觀十四年十二月。按讌樂亦在同年完成作曲。十部伎初演時間爲貞觀十六年十一月乙亥以前，在兩伎同時編入後十部伎完成後初演者亦未可知。至於兩伎編入，必有先後順序，若以讌樂曲編入時間在前，則「通典」所載之九部伎，不能有短時間之存在。新唐志所載編入順序，亦爲讌樂在前，高昌在後。

（八四）隋志、六典、通典、舊唐志、新唐志等，對十部伎史料之記載，均有出入，其中記述最簡單者則為六典。

	隋志	六典	通典	舊唐志	新唐志
由來	有	無	有	有	無
樂曲名	有	無	無	無	無
樂器名	有	有	有	有	有
各樂器數		有	有	有	有
舞人數	無	有	有	有	有
服飾	無	無	有	有	無
備考			清樂、西方樂、前代雜樂之三條之分載	通典	

（八五）如「突厥」等大國，若無相當樂伎，殊不可能。按阿史那氏嫁配北周武帝時，隨行有龜茲樂人蘇祗婆，故突厥當亦盛行龜茲樂（參閱筆者所著「西域七調及其起源」——史學雜誌第五六編第九號）。

（八六）如通典卷一九三悅般條所載『太武眞君九年，遣使朝獻並送幻人。稱能割人喉脈令斷，擊人頭令骨陷，皆血出淋漓或數升或盈斗。以草藥內口中令嚼咽之，須臾血止，養瘡一月復常，又無痕瘢。太武乃取死罪囚，試之，皆驗云』（按悅般係屬幻術之一種）。

（八七）「笙」雖係中國樂器，其傳入西域之例亦有，但很不可能傳至遙遠之「黠戞斯」地方。
（八八）請參閱筆者所著之「東洋樂器及其歷史」。
（八九）同八十八項。
（九〇）同八十八項。
（九一）根據高楠順次郎博士、田邊尙雄氏、津田左右吉博士、田中於兎彌氏、堀一郎氏等論證，所謂「林邑之樂」，似起源印度，經由海路，流經中國，傳入日本。
（九二）參照筆者所著之「東洋樂器及其歷史」。
（九三）獠（通典卷一八七）。
「西原蠻」，新唐書卷二二二下。
「東謝蠻」，舊唐書卷一九七。
（九四）若「百濟伎」與「扶南樂」相同，共爲十部伎以外之樂伎，則其與十部伎同時上演者，亦未可知也。
（九五）參閱田邊尙雄氏所著之「日本音樂的研究」與「第一音樂紀行」。
（九六）根據陳暘樂書卷一三〇所載『胡角本應胡笳之聲，通長鳴、中鳴，凡有三部。魏武帝北征烏桓，越沙漠，軍士聞之，靡不動鄉關之思。於是武帝半減之爲中鳴。其聲尤更悲切。蓋其制竝五采衣幡掌畫交龍五采脚。故律書樂圖以謂長鳴一曲三聲，竝馬嚴驚用之，第一聲曰龍吟，二曰彪吼，三曰阿聲，其中鳴一曲二聲，一爲盪聲，二爲牙聲。亦馬嚴驚用之也。其大者謂之簸邏廻。胡人用之。本所以驚中國馬。非中國所宜用也』。簸邏廻亦稱「中鳴」，爲較大之胡角也。

第六章　二部伎

唐代音樂，如上所述，係以中國古代之雅樂，南北朝以後西方流入之胡樂，與漢朝以後具有傳統之俗樂等三種音樂爲主流（註一）。當時崇尙儒教禮樂思想之學者，卑視胡樂，斥爲卑俗之鄭衛音樂。唐初太祖及太宗兩朝，祖孝孫、張文收等爲復興雅樂，着手制定大唐雅樂（註二）。所謂雅樂，旨在保存古周禮樂制度，但因受胡樂影響及俗樂發達緣故，雖經政治力量支持，終因技術落後，顯少成果。玄宗朝時，再度設法復興雅樂（註三），亦無實際效果，而胡俗樂却實際上控制了唐朝一代之音樂。雅樂內容缺乏藝術性，形式上保存古制，成爲屬於禮樂思想上的一種燕饗新雅樂，如唐初之三大舞，玄宗之二部伎，唐末之欽定諸舞曲。至於其他之所謂雅樂，實質上與胡俗樂相接近。總之，從唐朝初期至中葉，雅樂在內容及形式上，尙保有燕饗用之雅樂之獨立立場。唐朝中葉以後，胡俗兩樂融合之新俗樂出現以後，漸形式微。

拙著之「燕樂名義考」中，曾論及上述之新燕饗樂，對二部伎亦曾簡單提及，但該項論稿，曾指摘一般人誤將唐末俗樂總稱爲「燕樂」。按燕樂係宋朝俗樂之名稱，唐朝之燕饗樂，並無一定名稱，此在二部伎中僅有簡略解釋，對其詳細之組織及變遷，則無論述。本章係專門論究二部伎之組織、變遷及其本質，藉以剖明唐代特有「宮廷燕饗樂」之一部，其和唐末燕饗用之各種舞曲，異曲同工。但對唐代樂曲部份，容另在樂曲篇詳述外，本章僅就與二部伎有關之唐末各種舞曲，予以簡單之必要說明。

如第五章所述，十部伎制度中，燕饗樂亦佔主要部份，此與二部伎在不同之趣旨下所制定者。爲理解二部伎，亦可予以參考。

其次在史料方面，唐宋詩詞中雖屢有唐代音樂記載，但內容片斷，對唐代音樂制度鮮有提及，無法藉以研究。例如崔令欽之教坊記，僅二千字之小作，至於太常寺之音樂制度，亦僅有兩唐書之職官志（百官志）與六典有數百字之記載。著名之「梨園」，對其組織情形，竟無文獻稽考。太常四部樂，亦僅在新舊唐書之崔邠傳記載一行。故欲研究各種制度，必須從各種零星史料中廣泛蒐集，才能獲得大致常識，究明其眞實內容，除此以外，實無方法。在史料中比較豐富者，實爲二部伎與十部伎，例如「二部伎」，通典卷一四六之坐立二部伎條、舊唐書音樂志、新唐書禮樂志、唐會要卷三三音樂條，均有詳盡記述，其他屬於片斷文獻者，爲數亦甚豐富（註四）。十部伎方面，在通典、兩唐志會要內，亦有詳盡記錄。總之，研究二部伎，由於史料較多，比較研究太常寺樂工、教坊梨園、四部樂等困難較少。

第一節　二部伎之成立

研究二部伎，必先瞭解其成立情形，但因二部伎與十部伎、四部樂、梨園等制度相同，缺乏明確史料，故必須綜合各種有關之片斷文獻，予以推敲剖析也。

第一項　各曲製作之年次與事情

二部伎係由原來之十四曲編成，各曲製作時，各有其不同動機，首先從此點着手，以明瞭其成立之過程。

（一）立部伎八曲

(1)**安樂**

通典卷一四六坐立部伎條載有『後周武平齊所作也』。此係說明「安樂」係建德六年（西紀五七七年）北周武帝平定北齊時製作之曲。此外，新唐志亦載有『安舞、太平樂，周隋遺音也』。安舞係北周之樂舞，故太平樂也許隋朝所作之曲亦未可知。

(2)**太平樂**

太平樂在立舞伎八曲中，置於安樂之後，破陣樂之前第二曲位置。按破陣樂係唐太宗時所作之曲，爲唐初新燕饗樂之第一曲，在此以前，唐初似無其他新的燕饗樂新曲，是則太平樂似可視爲唐朝以前之作曲。但是證諸隋朝並無上演太平樂之文獻，太樂令壁記對其製作年代亦無記載，但其屬於隋朝樂曲當無異論。

(3)**破陣樂**

通典所載『破陣樂，大唐所造也。太宗爲秦王時征伐四方。人間歌謠，有秦王破陣樂之曲。及即位，貞觀七年製破陣樂舞圖。……令起居郎呂才依圖敎樂工。……云秦王破陣樂。饗宴奏之。太宗謂侍臣曰：「朕昔在藩邸，屢有征伐。人間遂有此歌。豈意今日登於雅樂。然其發揚蹈厲，雖異文容，功業有之致有今日，所以被於樂章，亦不忘於本也」。右僕射封德彝進曰：「陛下以聖武戡難立極安人，功成化定，陳樂象德實宏濟之盛烈，爲將來之壯觀，文容習儀豈得爲比」。太宗曰：「朕雖以武功定天下，終當以文德綏海內文武之道，各隨其時。公謂文容不如蹈厲，斯爲過矣』。又舊唐志載有『貞觀元年，宴羣臣。始奏秦王破陣之曲。太宗謂侍臣曰「朕昔在藩，屢有征討。世間遂有此樂。豈意今日登於雅樂。然其發揚蹈厲雖異文容、功業，由之致有今日。所以被於樂章，示不忘於本也」。尚書右僕射封德彝進曰「陛下以聖武戡難立極安人，功成化定，陳樂象德實弘濟之盛烈，爲將來之壯觀。文容習儀豈得爲比」。太宗曰「朕以武功定天下，終當以文德綏海內，文武之道，各隨其時。公謂文容不如蹈厲斯爲過矣」。德彝順首曰「臣不敏，不足以知之」。其後令魏徵、虞世南、褚亮、李百藥改制歌辭，更名七德之舞。增舞者至一百二十人，被甲執戟以象戰陣之法焉。（六年太宗行幸慶善宮……於是起居郎呂才以御製詩等於樂府被之管弦，名爲功成慶善樂三曲……爲九功之舞。冬至享醮及國有大慶與七德之舞，偕奏於庭）。七年太宗制破陣舞圖……令呂才依圖，敎樂工。……更名七德之舞。癸巳奏七德、九功之舞，觀者見抑揚蹈厲莫不扼腕踴躍，凜然震竦，武臣列將咸上壽云此舞皆陛下百戰百勝之形容。羣臣咸稱萬歲。……顯慶元年正月，改破陣樂舞爲神功破陣舞』

。以及新唐志所載『七德舞者本名秦王破陣樂，太宗爲秦王破劉武周。軍中相與作秦王破陣樂曲。及卽位，宴會必奏之。謂侍臣曰：「雖發揚蹈厲異乎文容，然功業由之被於樂章，示不忘本也」。右僕射封德彝曰「陛下以聖武戡難陳樂象德文容，豈足道哉」。帝矍然曰「朕雖以武功興，終以文德，綏海內謂文容不如蹈厲，斯過矣」。及製舞圖，……命呂才以圖敎樂工。……後令魏徵與員外散騎常侍褚亮、員外散騎常侍虞世南，太子右庶子李百藥，更製歌辭，名曰七德舞。舞初成，觀者皆扼腕踴躍，諸將上壽，羣臣稱萬歲。蠻夷在庭者，請相率以舞。太常卿蕭瑀曰「樂所以美盛德形容而有所未盡，陛下破劉武周、薛舉、竇建德、王世充願圖其狀以識」。帝曰「方四海未定，攻伐以平禍亂。製樂陳其梗槩而已。若備寫禽獲，今將相嘗爲其臣者觀之。有所不忍我不爲也」。自是元日、冬至、朝會、慶賀與九功舞同奏。……更號神功破陣樂』。上述三文，實有因果關係（註五），重複之處甚多，綜合所述，該破陣樂，係太宗尚未卽位前，任秦王時，破劉武周、薛舉、竇建德、王世充時依蕭瑀上言，爲表示征伐之樂作曲，稱爲秦王破陣曲，供軍中歌唱。及至秦王卽位太宗後，每逢太宗宴會，必奏此曲。按秦王征討劉武周等，根據正史係高祖武德元年至四年間事情（註六）。武德四年六月，勝利凱旋，高祖愛秦王武功，厚賜褒賞。如新唐書太宗本紀武德四年條所載『六月凱旋。太宗被金甲，陳鐵騎一萬，介士三萬，前後鼓吹，獻俘於太廟。高祖以謂太宗功高，古官號不足以稱。乃加號天策上將領司徒陝東道大行臺尙書令。位在王公上，增邑戶至三萬，賜袞冕、金輅、雙璧、黃金六千斤，前後鼓吹，九部之樂，班劍四十人』。文中所稱之前後鼓吹，係指軍樂（註七）。九部之樂，則爲隋代以後燕饗之樂，此或爲太宗卽位後，製作盛大之秦王破陣樂之動機者。

太宗卽位後，（貞觀元年正月三日）立卽賜宴羣臣，演奏秦王破陣之曲，當時太宗曾謂侍臣，此曲應列爲雅樂演奏，尙書右僕射封德彝奏言，文容與武功均不足比，由此可知，所謂登雅樂之言及破陣樂之本質；迨至貞觀七年，太宗製作破陣樂舞圖（註八），命起居郎呂才依圖敎授樂工「破陣樂」，其以雅樂身份之破陣樂規模，大爲整備。根據舊唐書本紀（註九）及會要記載，此係貞觀七年正月七日之事，以後，魏徵、虞世南、褚亮、李百藥等文人學士，改製歌詞，更名爲七德之舞。正月癸己（十五日）在殿庭演奏，觀者大受感動，上壽羣呼萬歲。高宗顯慶元年，更將秦王破陣樂改稱神功破陣樂，此恐係與功成慶善樂對照之名稱。自貞觀七年正月十五日以後，元日、冬至大享醼，以及其他國家大慶時，均演奏破陣樂及慶善樂兩曲。

⑷慶善樂

通典所載『慶善樂亦大唐造也。太宗生於武功慶善宮。及既貴宴宮中，賦詩以管絃，……舞蹈安徐以象文敎洽而天下安樂也。正至饗宴及國有大慶奏於庭』（註一〇）。又舊唐志所載『（貞觀）六年太宗行幸慶善宮。宴從臣於渭水之濱，賦詩寸韻。其宮卽太宗降誕之。車駕臨幸，每特感慶。賞賜閭里，有同漢之宛沛焉。於是起居郎呂才以御製詩等，於樂府被之管絃，名爲功成慶善樂之曲。令童兒八佾，皆進德冠、紫袴褶，爲九功之舞。冬至京醼及國有大慶，與七德之舞偕奏于庭』。又新唐志載有『九功舞者本名功成慶善樂。太宗生於慶善宮。貞觀六年幸之。宴從臣，賞賜閭里同漢沛宛。帝歡甚，賦詩。起居郎呂才被之管絃，名曰功成慶善樂，以童兒六十四人冠進德冠、紫袴褶、長裳、漆屐履而舞。號九功舞，進蹈安徐以象文德』。關於慶善樂製作時間，唐會要卷三三曾引用上述舊唐志，明記爲貞觀六年九月二十九日，並註解慶善宮「在武功縣，卽高祖舊宅也」，另記有太宗賦詩十韻，內容如次：

壽邱唯舊跡，酆邑乃前基，粵餘承累聖，
懸弧亦在茲，弱齡逢運改，提劍鬱匡時，
指麾八荒定，懷柔萬國夷，梯山咸入款，
駕海亦來思，單于陪武帳，日逐衛文螭，
端扆朝四岳，無爲任百司，霜節明秋景，
輕冰結水湄，藝黃遍原隰，禾穎郞京坻，
共樂還鄉宴，歌此大風詩。

根據上述，功成慶善樂，係貞觀六年九月二十九日，太宗駕臨其誕生地慶善宮（京兆府武功縣高祖舊宅）時，與漢高祖訪問故鄉沛縣情形相同，厚賜鄰里，並在渭水之濱宴賜從臣，賦詩十韻，命起居郎呂才在樂府作管絃樂曲，稱其舞爲九功舞。元旦冬至以及其他國家大慶時，與七德舞共在殿庭上演。

(5) 大定樂

根據通典『高宗所述，出自破陣樂。……歌云八紘同軌樂，以象平遼東而邊隅大定也』(註一一)。舊唐志『（顯慶）六年三月上欲伐遼於屯營教舞。召李義府、任雅相、許敬宗、許圉師、張延師、蘇定方、阿史那忠、于闐王伏闍、上官儀等赴洛城門，觀樂。樂名一戎大定樂，賜觀樂者雜綵有差』。新唐志『帝將伐高麗，燕洛陽城門觀屯營教舞。按新征用武之勢，名曰一戎大定樂。……歌者和之曰大紘同軌樂。象高麗平而天下大定也（及遼東平行軍大總管李勣作夷來賓之曲，以獻）』。以及唐會要卷三三諸樂條『龍朔元年三月一日，上召李勣、李義府、任雅相、許敬宗、許圉師、張延師、蘇定方、阿史那忠、于闐王伏闍、上官義等，讌於城門，觀屯營新教之舞。名曰一戎大定樂。其時，欲親征遼東，以象用武之勢』所載。自隋代以來，曾不斷派兵征討遼東及高麗，高宗親率大軍始告平定按。高宗於龍朔元年（顯慶六年二月乙未改元）率軍親征時，曾召李勣等將領，在洛陽城門設宴，對屯營之兵，新教演舞，此謂之「一戎大定樂」。

(6) 上元舞

根據通典『上元樂，高宗所造。舞八十人，衣畫雲水備五色，以象元氣，故曰上元』。舊唐志『上元三年十一月勅供祠祭上元舞。前令大祠享，皆將陳設。自今後，圓丘方澤，太廟祠享，然後用此舞。餘祭竝停』。新唐志『上元舞者，高宗所作也。舞者百八十人，衣畫雲五色，衣以象元氣。其樂有上元、二儀、三方、四時、五行、六律、七政、八風、九宮、十洲，得一慶雲之曲，大祠享皆用之。至上元三年詔惟圓丘方澤太廟乃用。餘皆罷』所載，上元舞係高宗上元三年所作，其製作宗旨與其他諸舞大致相同。「上元樂」與破陣樂、慶善樂共稱爲三大舞樂，如新唐志所載『唐之自製樂，凡三大舞，一曰七德舞，二曰九功舞，三曰上元舞』。此外，根據新唐志另載之『儀鳳二年，太常卿韋萬石奏請，作上元舞兼奏破陣、慶善二舞。而破陣樂五十二編著于雅樂者二編，慶善樂五十編著于雅樂者一編，上元舞二十九編皆著于雅樂』註（二）。上元舞係與破陣、慶善兩樂共同演奏。但破陣、慶善兩樂，經常以文、武兩舞關係，同時演奏。而上元舞則與此不同也。

(7) 聖壽樂

根據通典、太樂令壁記、舊唐志等均載爲『高宗武后所作也』。惟新唐志玄宗條所載『帝即位，作龍池樂……又作聖壽樂，以女子衣五色繡襟而舞之。……又作小破陣樂……又作光聖樂』。說明爲玄宗所作，兩者所載，略有出入。此外，唐朝崔令欽敎坊記所載『開元十一年，初製聖壽樂。令諸女衣五方色衣。以歌舞之。宜春院女敎一日，便堪上場，惟搊彈家，彌月不成。至戲日，上令宜春院人爲首尾。搊彈家在行間。令學其舉手也。宜春院亦有工拙。必擇尤者爲首尾。首既引隊，衆所屬目。，故須能者。樂將闋，稍稍失隊，餘二十人許人舞。曲終謂之合殺。尤要快健。所以更須能者也。聖壽樂舞，衣襟各繡一大窠。皆隨其衣本色。製純縵衫。下纏及帶。若短汗衫者以籠之。所以藏繡窠也。舞人初出樂次。皆是縵衣。舞至第二疊，相聚場中，即衆中從領上抽去籠衫，各納懷中。觀者忽見衆女咸文繡炳煥。莫不驚異』。文中係說明爲開元十一年初製，但所述「五方色衣」與「繡襟」，與立部伎之聖壽樂不同。後者教坊記所述之聖壽樂，爲一種妓樂，而二部伎原則上係由太常寺樂工演奏。按太常寺所屬之曲，於教坊設置後，幾乎沒有移來教坊變爲妓樂者，故聖壽樂亦不能例外。是則聖壽樂製作年代，似以太樂令壁記所稱武后所作，較爲妥當。

(8) 光聖樂

通典所載『高宗所造也。舞者八十人，鳥冠五綵畫衣，兼似上元、聖壽之容。以歌王業所興』。太樂令壁記『光壽樂，今上玄宗所造。舞八十人，鳥冠，五綵畫衣，兼似上元、聖壽之容，以歌王迹所興』。舊唐志二部條『光聖樂，玄宗所造也。舞者八十人，鳥冠，五綵畫衣，兼以上元、聖壽之容，以歌王跡所興』。又新唐志玄宗條『帝即位……又作聖壽樂，……又作小破陣樂……又作光聖樂，舞者鳥冠畫衣，以歌王迹所興』。原則上，通典二部伎記載，係根據太樂令壁記，舊唐志二部伎係根據通典，但上述中，僅通典書爲「高宗所作」，令壁記書爲「曲名光壽樂」。但鑑於新唐志玄宗條使用「王迹」字樣，其與令壁記較爲接近。故綜合各種史料推斷，「曲名爲光聖樂，作者爲唐玄宗」，但正確製作時間，却無法稽考(註一三)。

(二) 坐部伎六曲

(1)**讌樂**(註一四)

如舊唐志所載『（貞觀）十四年，有景雲見河水清。張文收探古朱雁天馬之義，制景雲河清歌，名曰讌樂，奏之管弦，為諸樂之首，元會第一奏者是也』。張文收倣朱雁、天馬故事(註一五)，製景雲河清歌之曲名——讌樂。根據通典資料，張文收官位協律郎，與太常卿祖孝孫為大唐雅樂復興之功臣(註一六)。

(2)**長壽樂**

根據通典所載係『武太后長壽年所造也』。

(3)**天授樂**

根據通典所載為『武太后天授年所造也』。其製作動機，可能與年號有關。

(4)**鳥歌萬歲樂**

如通典所載『武太后所造也。時宮中養鳥能人言，又常稱萬歲。為樂以象之』。係則天武后所作。文中所稱能作人言之鳥，諒係嶺南之鸚鵡，而被武后養畜宮中者。

(5)**龍池樂**

如通典所載『元宗龍潛之時，宅崇慶坊。宅南坊人所居變為池。瞻氣者亦異焉，故中宗末年汎舟池內。元宗正位，以宅為宮。池水逾大瀰漫數里。為此樂，以歌其祥也』。係玄宗之興慶宮發現龍池異兆所作之曲。文中所述之崇慶坊係隆慶坊之誤。至開元二年，明皇舊宅增築宮殿，稱爲興慶宮(註一七)。故此曲諒係興慶宮落成後爲時未久所製作者。

(6)**小破陣樂**

通典載爲『元宗所作也。生於立部伎破陣樂』。說明係玄宗朝時，將立部伎破陣樂改作者，至於其改作動機，可能因爲秦王破陣樂係立部伎中具有代表性質之大曲，故必須在殿庭演奏。不易經常上演，故予改作爲坐部伎曲。按坐部伎係在堂上演奏，其舞樂規模遠較立部伎小，改作後，適於隨時鑑賞也。此種坐部伎之樂曲，卽爲玄宗之所謂法曲，爲唐朝末葉新俗樂之主流，小破陣樂卽係一良好實例。關於其製作時間，新唐志曾載有『是時民間以帝自潞州還京師，與兵夜半誅韋皇后，製夜半樂、還京樂二曲。帝又作文成曲，與小破陣樂更奏之。其後河西節度使楊敬忠獻霓裳羽衣曲十二遍』。述及著名之霓裳羽衣曲，係河西節度使楊敬述呈獻玄宗者，白居易之霓裳羽衣詩內亦有註記(註一八)。文中之楊敬宗係楊敬述之誤，楊敬述於開元八年九月，因敗戰由涼州都督貶職(註一九)，故其呈獻玄宗時間，當在其貶職以前。玄宗將楊敬述獻曲，作成文成曲與小破陣樂共奏於後，故小破陣製作時間，當爲開元八年九月以前。新唐志將其放在聖壽樂之後，其所排順序，實難以置信也(註二〇)。

第二項　二部伎製定之年次與事情

根據第一項所述二部伎之十四曲製作時間，計唐朝以前二曲，太宗朝代三曲，高宗朝代二曲，則天武后朝代四曲，玄宗朝代三曲；其中立部伎方面，計唐朝以前二曲，太宗二曲，高宗二曲，則天武后一曲，玄宗一曲；屬於坐部伎者，計太宗朝代一曲，則天武后三曲，玄宗二曲，故二部伎制度，當係玄宗時期所完成。另據通典『武德初未暇改作。每讌享，因隋舊制奏九部樂（一讌樂，二淸商，三西涼，四扶南，五高麗，六龜茲，七安國，八疏勒，九康國）。至貞觀十六年十一月，宴百寮，奏十部。先是伐高昌收其樂付太常。至是增爲十部伎。其後分爲立坐二部』。及舊唐書卷二九音樂志『高祖登極之後，享宴因隋舊制，用九部之樂。其後分爲立坐二部』等所載，唐初，宴饗時係使用十部伎，「其後」分爲兩部。蓋此並非事實，諒係記述方式欠佳所誤解者。至於「其後」兩字，亦未說明正確年次，僅能根據文意推斷設立時間，距離十部伎成立，當爲時不遠。按新舊志於列記「龍池樂，聖壽樂、小破陣樂、光聖樂等製作事情後」；，接着載有『又分樂爲二部，堂下立奏者謂之立部伎，堂上坐奏謂之坐部伎』。文中之「龍池樂」係玄宗時代所製，故二部伎設立年代，當在玄宗朝代。至於文中之「其後又分樂爲二部」一語，似係根據通典及舊唐書者。至於新唐志內所載「樂」字，諒係將舊唐志文獻改編時增加者，而通典及舊唐志之「其後」兩字，或許亦係指玄宗朝代而言。

至於二部伎究係玄宗何年設立，因無史料明確記載，故僅有推測而已。首先記有「二部伎」名稱之古書，當爲「太樂令壁記」，本書作者劉貺係玄宗朝代史官劉子玄之長子。根據舊唐書卷一〇二劉子玄傳所載『子玄子貺、餗、彙、秩、迅、迴，皆知名於時。貺博通經史，明天文、律曆、音樂、醫算之術。終於起居郎修國史。，撰六經外傳三十卷、，續說苑十卷、太樂令壁記三卷……』。又上文前面載有『（開元）九年，長子貺爲太樂令，配事配流。子玄詣執政訴理，上聞而怒之。由是貺授安州都督府別駕』。此外『玉海卷一〇五及新唐書藝文志』載爲作者係協律郎劉貺，是則證明劉貺係由協律郎（正八品上官位）升爲太樂令，一旦流配，旋卽復官，再由太樂令（從七品下）累升至起居郎（從六品上）。劉貺係開元九年任太樂令，故其在協律郎官位時所作之太樂令壁記，當爲開元九年以前之事，其次與此有關聯之前述教坊記載有開元十一年作聖壽樂一語，此係說明立部伎之聖壽樂，係開元十一年才演變爲教坊樂化。故綜合上述理由，推斷二部伎成立年次約爲玄宗初期。按開元一、二年，設立左右教坊、梨園、太常四部樂制度，玄宗朝代一切音樂設施，多在此期間完成。故二部伎之成立，諒亦爲玄宗二年前後。但是與此一推想稍有出入之史料，爲通典卷一四七郊廟宮懸備舞儀條所載之文獻，茲予研析如次，先就其原文所載『儀鳳二年十一月，太常少卿韋萬石奏曰「據貞觀禮郊享日文舞奏元和、順和、永和等樂。其舞人著委貌冠服，手執籥、翟。其武舞奏凱安。其舞人著平冕，手執干、戚。奏麟德二年十月勑。文舞改用功成慶善樂。武舞改用神功破陣樂。並改器服。俱以慶善樂不可降顧破陣樂，又未入雅樂。雖改用器服，其舞曲依舊，迄今不改。事既不安。恐順別有處分。」詔曰「舊文舞、武舞既不可廢，並器服總宜依舊。若懸作上元舞日，依奏神功破陣樂及功成慶善樂，並殿庭用舞。竝須引出懸外而作。其安置舞曲，宜更商量作安穩法，並錄凱安六變法象。」奏聞。萬石又刊正樂官等奏曰「謹按凱安舞，是貞觀年中所造武舞。準貞觀禮及今禮。但郊廟祭享奏武舞之樂，卽用之。凡有六變。（註略）謹按貞觀禮祭享曰武舞唯作六變。亦如周之大武六成樂止。今禮奏武舞六成而數終未止。既非師古。不可依行其武舞凱安。請依古禮及貞觀禮六成樂坐。立部伎內破陣樂五十二徧修入雅樂只有兩徧，名七德。立部伎內慶善樂五十徧修入雅樂，只有一徧。名九功。上元舞二十徧，今入雅樂，一無所減。每見祭享日，三獻已終。上元舞猶舞未畢。今更加破陣樂、慶善樂。恐獻酌以後歌舞更長。其雅樂內破陣樂、慶善樂、上元舞三曲並請修改，通融令長短與禮相稱。冀於事爲便。破陣樂有象武事，慶善樂象文事。按古代六舞，有雲門、大咸、大韶、大夏等。是古之文舞。殷之大濩、周之大武，是古之武舞。先儒相傳，國家以揖讓得天下則先奏文舞。若以征伐得天下，則先奏武舞。請應用二舞日，先奏神功破陣樂。次奏功成慶善樂。先奉勅於圜丘方譯太廟祠享日則用上元之舞三曲。據見行禮，欲於天皇酌獻降復位(註略)。以後即作凱安六變樂止。其神功破陣樂、功成慶善樂、上元舞三曲，待改修訖，以次通融作之，即新舊並行，前後有序。」詔從之』(註二一)。上文論者太常少卿韋萬石，根據新唐書卷九八韋萬石傳所載『萬石，頗涉學善音律。上元中遷累太常少卿。當時郊廟會樂曲皆萬石與太史令姚元辯增損之，號任職。……』。說明韋萬石精通音律，掌握太常寺雅樂之實際權力人物。文中曾述及高宗儀鳳二年，郊廟祭享時除文武之舞外，使用破陣樂與慶善樂二舞。並就此事，在其貞觀禮與麟德詔中論述。唯文中所述頗堪注意者爲「立部伎內破陣樂」及「立部伎內慶善樂」二語，似係說明此二樂爲立部伎內之代表音樂之樂曲(註二二)。是則高宗二年，似已設有「立部伎」者，且二語中所謂「立部伎內有……」亦可猜想立部伎除此二樂曲外，尚有其他曲樂。按韋萬石於鳳儀二年上奏舞議時，高宗之大定樂上元樂等業已製定，共計有樂七曲，僅及玄宗二部伎十四曲之一半。且該舞議內，除破陣、慶善兩樂書有「立部伎內」字樣外，上元舞並未冠以立部伎字樣。其次談到坐部伎，玄宗以前尚無史料載有坐部伎之名稱(註二三)。按玄宗二部伎中坐部伎六曲，其在高宗以前作曲者僅有讌樂一曲，故在高宗時期言，若在當時成立二部伎因其僅有立部六曲，坐部一曲，內容稍嫌貧弱，似無設立必要。故韋萬石舞議中所引述之「立部伎」稱呼，也許後人掠入者亦未可知。

總之，立部伎之名稱，雖早在高宗朝代出現，但二部伎之制度，必在十四曲全部完成後之玄宗朝代才能成立。此種情形實與隋文帝時之七部伎、煬帝時之九部伎，到貞觀年代才完成十部伎之情形相同。

至於立部伎之名稱，在玄宗朝代二部成立以前，恐已可能存在。按唐初製作破陣樂、慶善樂等新燕饗樂以後，曾陸續製作同種樂曲數種。太宗貞觀元年製定破陣樂，六年制定慶善樂，十四年又製定讌樂。如新唐志所載『其後，因內宴詔長孫無忌製傾盃曲，魏徵製樂禮樂曲，虞世南製英雄樂曲。帝（太宗）之破竇建德也，乘馬名黃驄驃。及征高麗，死於道，頗哀惜之，命樂工製黃驄驃曲。四曲皆宮調也。太宗卽位，景雲見河水淸，張文收采古誼，爲景雲河淸歌，亦名燕樂』。文中所載者，除上述破陣樂、慶善樂、讌樂外，尚有傾盃曲、樂禮樂、英雄樂、黃驄驃等四曲。迨至高宗，計有上元三年之上元舞；龍朔元年之大定樂；其後又有六合還湻舞。後者如舊唐志所載『調露二年正月二十一日，則天御洛城南樓賜宴。太常奏六合還湻之舞』。同文接着又載『長壽二年正月，則天親享萬象神宮。先是上自製神宮大樂舞。用九百人。至是舞於神宮之庭。……延載元年正月二十三日，製越古長年樂一曲』。據此，則天武后時，除編入二部伎之聖壽樂、天授樂、鳥歌萬歲樂外，尚製作有神宮大樂舞及越古長年樂，此等與破陣樂等爲同樣用於宴饗用之音樂，故立部伎之名，也許早在高宗時代已有提及，名曲均包括在立部伎以內者，或亦未可知也。

總而言之，立部伎之概念，雖早在高宗時代，但二部伎正式制定時間，當在玄宗初期一、二年左右。按二部伎中十一曲係玄宗朝以前作品，僅有三曲係玄宗時代產物，故玄宗之二部伎亦係集以往各種樂制之大成者。

第二節　二部伎之內容

二部伎之內容，如通典等史料所述，概可大別爲舞曲與樂器兩類。舞曲方面，除了各曲之舞態與舞人人數外，服飾方面亦有詳盡記述。樂器方面則分爲坐立兩種，玆分別詳述於次。按唐朝樂曲，多於平安朝時代東渡日本，卽日本之所謂舞樂。二部伎中之數曲，在日本舞樂中尚有其遺容，服飾方面與第五章十部伎相同，大部份係根據原田淑人博士研究者。原田博士研究者多爲帝王、后妃、官吏。及一般民衆服飾，此與樂工舞人服飾多少不同，故特與十部伎之服飾比較對照並參考日本舞樂，予以詳細論究。

第一項　二部伎之樂曲與服飾

(一) 立部伎

⑴ 安樂

根據通典所載『行列方正象城郭。周代謂之城舞。舞者八十人。刻木爲面，狗啄獸耳，以金飾之，垂線爲髮。畫襖，皮帽舞蹈，姿制猶作羌胡狀』。說明係由舞者八十人，排列正方形，作城郭之形而舞蹈者。北周時代稱爲城舞。各舞者戴木頭彫刻之面罩，此爲二部伎中所罕有。按假面罩在中國早在周漢，業已使用，至唐代始爲發達。日本之伎樂及舞樂當可爲之佐證。惟唐代對使用假面罩之特記甚少，爲不可思議之事，僅有安樂與散樂之大面曲，西涼樂中之師子戲(註二四)而已。但推測胡樂、俗樂中使用假面罩之曲樂當爲數甚多。

文中所述舞者戴狗嘴獸耳(註二五)之金飾面具，垂線作髮，着有畫襖，皮製帽子，其容姿爲羌胡之狀，此爲二部伎十四曲中含有特殊風俗之一種舞曲。按文中之面具，尤若日本國伎樂中「迦樓羅」之面具與「崑崙八仙」之面具。垂線爲髮，亦若舞樂中所謂印度系胡樂之胡飲酒、拔頭、納曾利等。襖爲唐朝一般人冷天所穿着之短袍，多爲高昌、回訖人等武士穿用。安樂係屬勇武之舞蹈，故舞者穿着襖。此外十部伎舞人中屬於龜茲、安國、康國、疏勒、高昌等西域系舞伎之舞人亦穿用襖。襖既係，寒衣自無常用之理，故安樂係反映出缺乏輕裝之胡人之風俗者，特別安樂舞者穿着畫襖，也許這畫的樣子亦係胡俗，皮帽亦屬一種胡帽，故根據安樂服飾，當一種胡俗舞樂。故通典內有「作羌胡狀」之說，但此並非一定爲西域系之風俗，也許包含西藏屬於系風俗在內。總之中國在南北朝時代受五胡亂華影響與羌胡接觸機會較多，此種羌胡風俗，因而傳入中國。但在唐朝，西域文化中所謂主流，多指西域音樂方面，特別是印度系與伊朗流傳來華者較多，至於羌系音樂則並不顯著。但本曲（安樂）恐並非西域系之樂曲，而極可能爲系胡樂南北朝時模倣羌胡風俗而製作之一種舞曲者。

(2)太平樂

通典所載『亦謂之五方師子舞。師子摯獸出於西南夷、天竺、師子等國。綴毛爲衣，象其俛仰馴狎之容。二人持繩，（秉）拂爲習弄之狀。五師子各依其方色，百四十人歌太平樂舞，抃以縱之。服飾皆作崑崙象』。該太平樂亦稱五方師子舞，屬於所謂獅子舞之一種，其歌曲稱爲太平樂。按獅子產地爲天竺、錫蘭（師子國）及西南夷等地方，千里迢迢，傳來中國，大受珍重，本曲似係模倣調教師馴獅時模樣之舞蹈。如白居易之新樂府「西涼伎」條所載：

『西涼伎西涼伎　假面胡人假師子
刻木爲首絲作尾　金鍍眼睛銀帖齒
奮迅毛衣擺雙耳　如從流沙來萬里
紫髯深目兩胡兒　鼓舞跳梁前致辭

應似涼州未陷日　安西都護進來時
須臾云得新消息　安西路絕歸不得
泣向師子涕雙垂　涼州陷沒知不知
師子迴頭向西望　哀吼一聲觀者悲
貞元邊將愛此曲　醉坐笑看看不定
享賓犒士宴三軍　師子胡兒長扗目
有一征夫年七十　見弄涼州低面泣
泣罷斂手白將軍　主憂臣辱昔所聞
自從天寶兵戈起　犬戎日夜吞西鄙
涼州陷來四十年　河隴侵將七千里
平時安西萬里疆　今日邊防扗鳳翔
緣邊空他十萬卒　飽食溫衣閒過日
遺民斷腸扗涼州　將卒相看無意收
天子每思常痛惜　將軍欲說合慙羞
奈何仍看西涼伎　取笑資歡無所愧
縱無智力未能收　忽取西涼弄爲戲』

白居易之詩，係歌誦獅子舞者其理自明。此外唐人叚安節之樂府雜錄之龜茲部條所載『戲有五方獅子，高丈餘，各衣五色。每獅子有十二人。戴紅抹額、衣畫衣、執紅拂子。謂之獅子郎。舞太平樂曲』（註二六）。據此，該舞曲之獅子，穿着有毛之衣，以絲作尾頭爲木頭彫刻之假面具、金眼、銀齒，毛衣中露出雙耳。高約丈餘（係指頭頂至前脚脚根），故該舞曲之舞蹈者，至少需要二人，前脚者雙手高舉獅子頭，此種舞蹈形狀和日本國之獅子舞類同（請參閱所繪之第六圖 *a*、*b* 太平樂——五方獅子舞——信西古樂圖），畫中馴獅者，手持繩子引導與唐朝文獻完全相同（註二七）。古樂圖中馴獅者一人（通典書爲二人），右手持繩，左手執鞭引導獅子行進，左右兩側幼童二人跳舞，該兩幼童，如白居易詩內所述『紫髯深目兩胡兒，鼓舞跳梁前致辭』之胡兒。通典僅書「拂」字，太樂令壁記則書爲「秉拂」此與樂府雜錄之「執紅拂子」相吻合。古樂圖中馴獅者左手所持之鞭，也許係「拂」之變形者，亦未可知。惟舞人方面，通典書爲百四十人，而樂府雜錄僅書爲六十人（五方獅子，每一獅子各十二人，合計爲六十人）頗有疑問。惟據筆者研究，認爲通典資料較爲正確（註二八）。

最後必須論究者爲此百四十人之服飾。通典內稱爲『皆作崑崙象』。所謂崑崙究係何物。按日本舞樂中亦有「崑崙八仙」，其較舞樂更早傳來日本者有崑崙之曲，但是日本崑崙八仙舞樂所使用之假面具與伎樂之「迦樓羅」假面具相似。但是根據野間淸六氏所著之「日本假面史」（註二九），日本方面「舞樂」與「伎樂」所用假面具並不相同。所謂「崑崙」實有「靈鳥」及「

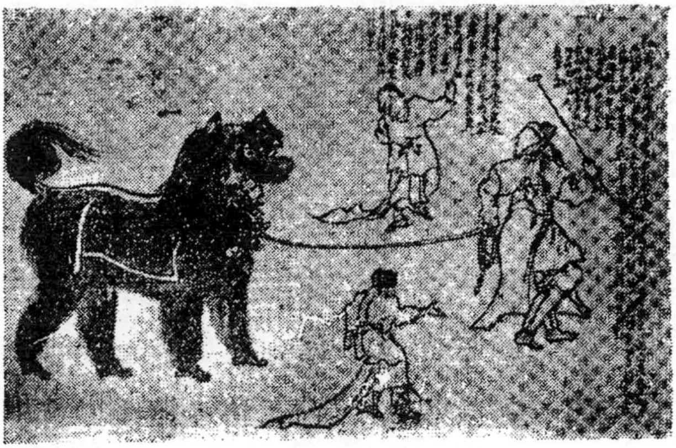

(a)

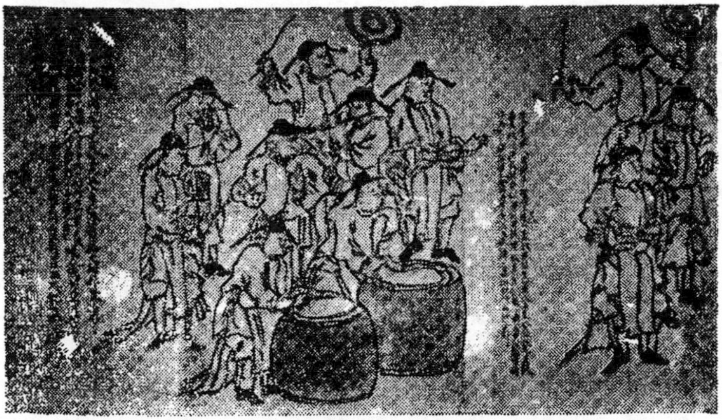

(b)

第六圖 (a)(b)太平樂（五方獅子舞）（信西古樂圖）

黑人」兩種意義，五方獅子舞之舞者（即文中之獅子郎），恐係後者之意，亦即為唐代被供用奴隸之南海黑人面孔者(註三〇)。六十人（乃至百四十人）之舞者當係由中國人來扮裝，因當時似無法集合多數黑人出演也。白居易詩所述之「假面胡人」也許可能係指此而言者。

此外日本舞樂中之平調之曲內亦有太平樂，稱為武將太平樂或武昌太平樂，(註三一)。但此與獅子舞毫無關係。按五方獅子舞中之太平樂曲係一種歌曲，配合獅子舞伴奏者，故兩者根本上也許可能毫無關係，其實際情形如何，本文內暫時不予追究(註三二)。

(3) 破陣樂

如通典所載『貞觀七年製破陣樂舞圖。左圓右方。先偏後伍，魚麗鵝鸛，箕張翼舒，交錯屈伸，首尾迴互，以象戰陣之形。令起居郎呂才依圖教。樂工百二十人被甲執戟。而習之。凡為三變。每變為四陣。有往來疾徐擊刺之象，以應歌節。數日而就。發揚蹈厲，聲韻慷慨，歌云秦王破陣樂。饗宴奏之』。說明破陣樂係貞觀七年制定，由舞工一百二十人排列戰陣，披甲、執戟，為一種極度勇壯之舞蹈。，其陣形「左圓右方，先偏後伍」，即前面為二十五乘戰車，後面為步兵五人，此皆為古代戰陣之戰法。至於陣形變化方面，所謂「箕張翼舒，交錯屈伸，首尾迴互」，即以一百二十個舞人，先後縱橫交錯排列，首尾轉迴，尤若現在之體操遊戲。但是破陣樂舞圖，經由起居郎呂才教授樂工一百二十人演舞。文中所記當時樣子為『凡為三變，每變為四陣，有往來疾徐，擊刺之象，以應歌節』。故為軍陣之舞，舞者披甲執戟，全副武裝。

呂才教授樂工，僅數日卽告完成(註三三)。文中形容其勇壯情形爲『發揚蹈厲，聲韻慷慨』，遂以歌和之稱爲「秦王破陣樂」。貞觀七年正月十五日上演之時，觀者深受感動，遂有羣臣齊呼萬歲場面出現。

秦王破陣樂，在日本舞樂中有乞食調之曲，此爲知名之曲，中國方面亦另稱神功破陣樂（七德舞）。另有天策上將樂、齊正破陣樂、齊政破陣樂、大定破陣樂、大定太平樂等名稱。裝束面罩、金甲、大刀等全副武裝手持丈餘之鉾，爲勇壯舞蹈。目前已無此種舞蹈，僅能在各種舞樂圖中見其雄壯畫面(註三四)。此外秦王破陣樂改作之曲，有稱爲皇帝破陣樂（又名武德太平樂）。武昌破陣樂（又名太平樂）、倍臚破陣樂散手破陣樂等，此等皆係秦王破陣樂系統之武舞，其在中國與日本皆爲著名之重要舞曲也。

(4)慶善樂

通典所載『舞童十六人，皆進德冠、紫大袖裙襦、漆髻、皮履。舞蹈安徐以象文教洽而天下安樂也』。文中所述「舞蹈安徐，文教洽而天下安樂」一語，適與破陣樂相反，故被稱爲文舞。所謂舞童十六人，服飾。當亦係文裝，如文中所稱「皆進德冠」。按「進德冠」係太宗新制之冠，皇帝自用者稱爲「翼善冠」，貴臣或皇太子乘馬時所戴者稱爲「進德冠」。故後者係王侯所戴之冠服，而舞人演舞時所扮裝採用者。至於「紫大袖，裙襦」一語，裙本係女子服裝，按十部伎中之淸商伎、高麗伎舞人亦穿着裙襦(註三五)，是則該三伎舞人也許可能爲女性，但慶善樂之舞人，如文中所述係「舞童」，並非成年人。文中所述「漆髻」，似係指結髮方法，十部伎中淸商伎，舞人亦用漆髻。「皮履」則係皮製之靴鞋。但太樂令壁記所載，與通典稍有出入。按太樂令壁記內將「紫大袖裙襦」改爲「紫袴、褶長裳」，「皮履」改爲「皮屣」，後者大致意義相同。前者所稱之「褶」係短衣，與袴倂用，蓋「褶、袴」本係屬於賤服或戎服類爲輕裝，晉代以後改用爲常服，當不適用於雅正舞樂，但太樂令及通典所載者，究以何者正確，殊難判定。總之慶善樂，着用貴人達官服飾，其以文容取德於天下者，則無疑義。

(5) 大定樂

根據通典所載『出自破陣樂。舞者百四十人，被五綵文甲、持槊、歌云八紘同軌樂，以象平遼東，而邊遇大定也』。此係模倣破陣樂歌頌武功之舞樂。其舞容服飾大致與破陣樂相似，僅人數方面爲一百四十人，與破陣樂一百二十人稍有不同。本曲亦曾東傳日本，但目前僅傳其曲名而已。

(6) 上元樂

通典載爲『舞八十人，衣畫雲水，備五色，以象元氣。故曰上元』。按太樂令壁記所載舞人爲一百八十人，何者正確，無法制定。文中所稱穿着雲水畫衣服一語，此在日本舞樂中之裝束，亦有穿着用五色絲袍上刺繡有唐獅子等衣服。本曲亦僅有曲名尚在目前日本舞樂中流傳。

(7) 聖壽樂

如通典所載『舞者百四十人，金銅冠，五色畫衣舞之。行列必成字，十六變而畢。有聖超千古道泰百王皇帝萬歲寶祚彌昌』。說明舞者一百四十人，穿着五色繽紛畫衣，排列「聖超千古，道泰百王，皇帝萬歲，寶祚彌昌」十六個字。所謂「字舞」(註三六)。此外，教坊記內亦曾具體說明，此舞在教坊內妓樂化以後之情形如后『開元十一年初製聖壽樂，令諸女衣五方色衣。以歌舞之。宜春院女教一日，便堪上場。惟搊彈家彌月不成。至戲日，上令宜春院人爲首尾。搊彈家在行間，令學其舉手也。宜春院亦有工拙。必擇尤者爲首尾。首既引隊。衆所屬目。故須能者。樂將闋，稍稍失隊。餘二十許人舞。曲終謂之合殺。尤要快健。所以更須能者也。聖壽樂，舞衣雜皆各繡一大窠。皆隨其本衣。製純縵衫，下纔及帶。若短汗衫者以籠之。所以藏繡窠也。舞人初出樂次，皆是縵衣。舞至第二疊，相聚場中，即於衆中縱領上抽去籠衫。各納懷中。觀者忽見衆女咸文繡炳煥，莫不驚異』。文中所述『諸女衣五色衣』之裝束，與通典之『五色畫衣』相似，但『衣襟各繡一大窠，皆隨其本衣』，此爲通典所未有者；而通典所載之『金銅冠』，教坊內亦未見載有；至於通典所載之「聖超千古」等十六個字舞之舞容，教坊內亦無明確記載。據此，證明二部伎之聖壽樂與教坊在開元十一年初製之聖壽樂，並非同一舞樂。惟教坊內之聖壽樂，也是字舞，如舊唐書音樂志玄宗條所述有關設宴時種種演舞情形『又令宮女數百人，自帷出擊雷鼓，爲破陣樂、太平樂、上元樂，雖太常積習皆不如其妙也。若聖壽樂則迴身換衣，作字如畫』。宮女係指教坊樂妓，故文中之聖壽樂當指教坊化之聖壽樂。『迴身換衣』亦卽迅卽「脫却外裝露出內裝」之意，若非演技優秀，難以引起觀衆驚異。，故上述敎坊條文內稱爲「以宜春院人爲首尾」，按宜春院人爲敎坊（左右敎坊）四種樂妓中，技能最優秀者。搊彈家則居以第三位，後者係專修琵琶、五絃、箜篌、箏等絃樂器，對於舞蹈，當難得心應手，故有宜春院人敎授一日卽可上場，而搊彈家雖費時一月，仍難學好，故在上演時，以宜春院人爲首尾，搊彈家夾在中間，倣效宜春院擧人手投足。總之，此種字舞，在上演時，主要着眼在行列整齊，字劃淸晰，對於個人舞態並不十分講求。此舞需舞者一百四十人，而宜春院人之人數僅有數十人，爲數不够。故必須由搊彈家予以補足。惟查敎坊樂妓中尙有宮人（亦稱雲韶），其技能却介於宜春院人與搊彈家之間；及屬於第四種之「雜婦女」，雜婦女係跟隨宜春院人及宮人之學徒，僅學歌唱，不修習舞蹈，但是宮女演技，雖僅次於宜春院人，但其所演舞曲，根據史料記載，只有「伊州」及「五天重來疊」二曲，至於「聖壽樂」，其舞伎雖較搊彈家優秀，亦未能加入上演。研究其理由，或如敎坊記所述『（宮女）蓋賤隸也。非直美惡殊貎，居然易辨明，內人帶魚，宮人則否』。因宮女出身低賤，容貎惡劣。而搊彈家根據敎坊記所載『平人女以容色選入內者』，係由良家婦女中，選擇姿色優秀者充任，故玄宗製作本曲時，特別在初次上演，選擇後者補足宜春院人人數而共同演出者。

此外，文中除說明由宜春院人擔任首尾演出外，而宜春院人之演技，亦有優劣，故文中特別提出，於樂曲將終時，隊列漸次崩解相繼退場，最後僅留約二十人演出「合殺」之曲，該二十人左右當爲宜春院人中演技超羣者。所謂「合殺」之意，似係指曲將終時，將全曲之曲趣合在一起，而一切音樂聲音，亦漸次減低，變成一種最靜寂之曲，而告終場之意者(註三七)。

如上所述，聖壽樂之舞容與舞者之選拔，均煞費心意。此外，尚有值得我人注意者，卽爲所謂「迴身換衣」技術(註三八)，迴身換衣後，各皆在衣襟露出一大繡窠，使正在聚精會神之觀衆，更增驚奇，而大大的增加了演出效果。至於「迴身換衣」時機，文中僅述爲「第二疊」。按「疊」與「徧」不同，上述中曾有破陣樂五十二徧（遍）、慶善樂五十遍、上元舞二十遍，而有名之霓裳羽衣曲爲十二疊(註三九)，至於貞元之南詔奉聖樂，係「五字」字舞之曲名。如新唐書卷二二二下南詔奉聖樂條所載『舞「南」字，歌聖王無爲化。舞「詔」字，歌南詔朝天樂。舞「奉」字，歌海字修文化。舞「聖」字，歌雨露覃無外。舞「樂」字，歌闢土丁零塞。皆一章三疊而成。……每一字曲三疊，爲五成』。據此，每一字爲歌詞一章，其樂曲則由三疊而成，亦卽全舞曲共有字舞「五字」，及十五疊，故一遍並非僅限於樂曲一疊。聖壽樂之十六字變化，既非爲十六疊，是則第二疊，究係指何字而言，實難捉摸。按每一字舞，係由一至三疊樂曲而成。另據「南詔奉聖樂」對於聖字解釋，爲「唯聖字詞末皆恭揖以明奉聖」。對「聖」字特別表示恭揖之意，是則「聖壽樂」十六個字舞中第二疊，所謂「脫下外裝，露出內裝」時機，可能爲第一字聖超千古……中之「聖」字之第二疊。按聖壽樂舞者共一百四十人，至曲終時才減至二十人左右，故在脫外裝時，當在一百四十人同演之際。盛況可見。也許「聖壽樂」爲玄宗朝代中最富麗堂皇與精緻獨特之舞曲。

(8) 光聖樂

通典所載『舞者八十人，鳥冠、五綵畫衣，兼以上元、聖壽之容，以歌王業所興』，說明光聖樂係表示玄宗王業興盛狀況，兼具上元樂、聖壽樂兩曲舞容，故屬於「文舞類」。所謂鳥冠係爲鳥形裝飾之冠，或帽子本身係模倣鳥形製成，爲舞樂演出時特殊使用者。日本舞樂中目前尚有使用鳥冠，由此亦可推想當時中國方面鳥冠形狀，日本舞樂稱此爲鳥甲，係作成似鳳凰類之冠，於舞樂時供舞者使用。樂人亦有使用者，與正倉院之鳥冠殘缺完全相同(註四〇)。至於「五綵畫衣」，則與聖壽樂之裝束相同。(請參閱第七圖（*a*）日本舞樂之樂人，（*b*）奈良朝代之鳥甲殘缺，（*c*）奈良朝代之樂帽等三圖）。

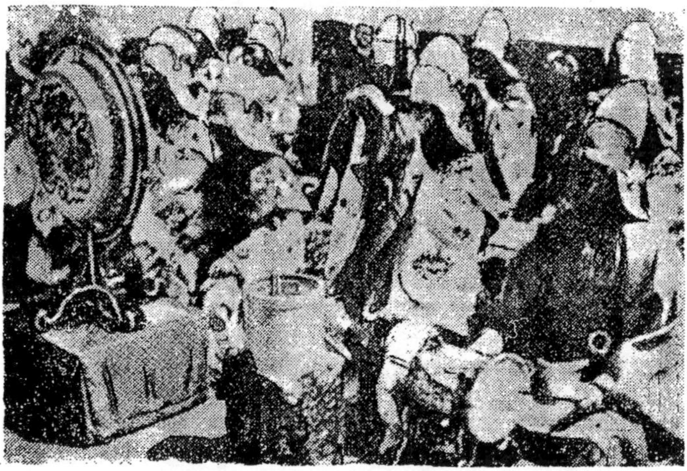

第七圖（a）　日本舞樂之樂人

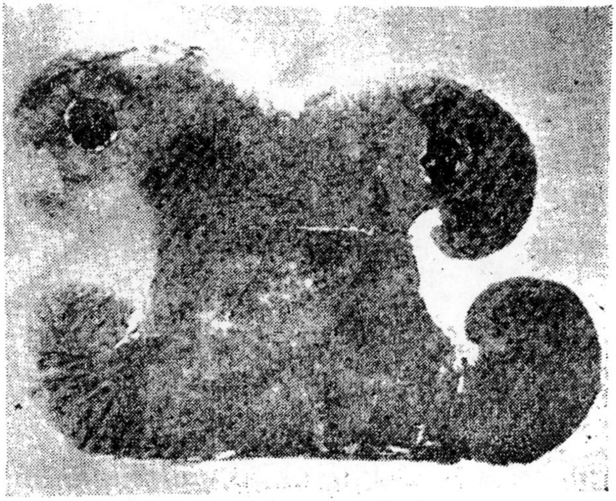

(b) 奈良朝之鳥甲殘缺

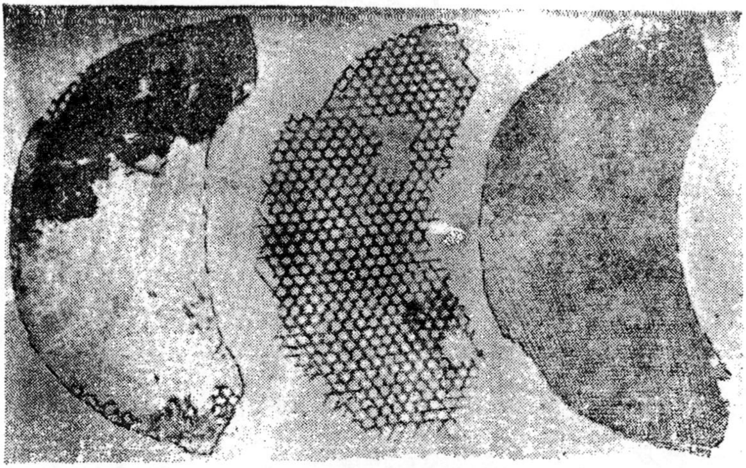

(c) 奈良朝之樂帽

（二）坐部伎

(1)讌樂

如通典所載。

『景雲舞八人，花錦袍、五色綾袴、綠雲冠、烏皮靴。慶善舞四人，紫綾大袖、絲布袴、假髻。破陣樂四人，緋綾袍、錦衿褾、緋綾袴。承天樂舞四人，紫袍、進德冠、竝金銅帶。樂用玉磬一架……。按此樂唯景雲舞近存。餘竝亡。』

讌樂之舞曲，係含有祝賀吉兆之意，所製作者當屬文舞。按坐部伎係在堂上坐奏音樂之一種伴奏舞伎，故適於優美之文舞，比較立部伎之文舞更爲精巧細緻，舞者人數亦遠較立部伎爲少。但「讌樂」根據通典所載，係由「景雲」、「慶善」、「破陣」、「承天」四舞而成，其樂曲規模之大，爲二部伎中所未有者，正如通典所述『今元會第一奏者是』，即在元旦朝會時所奏之第一曲，由此亦可證明讌樂之重要性了。按十部伎係由西域、東夷諸伎及中國之淸樂伎等共同編成之一大組曲；第一伎卽爲本曲（讌樂），爾後順次演奏各伎，各伎均由一至數曲作代表之演奏，但讌樂僅祗有此一樂曲，可見「讌樂」實爲宮廷燕饗方面，儀禮形式之一種樂曲，與隋代九部伎（十部伎之前身）之第九伎之「禮畢」（又稱文康伎）之樂曲性質及意義相同。

本舞曲之服飾規定，與十部伎相類似，「景雲舞」穿着繡花錦袍，五色綾袴；至於綠雲冠，並非普通之冠，係塗有綠色雲形裝飾之冠；烏皮靴卽帝王，貴臣所穿之烏皮六合靴(註四一)，所以不能稱爲舞人特別之裝束。其次「慶善舞」穿着紫綾大袖，絲布袴，頭戴「假髻」。按十部伎中之西涼伎亦使用假髻，根據晉書卷二七五行志所載『太元中，公主婦女必緩鬢傾髻，以爲盛飾。用髮既多。不可恒戴。乃先於木及籠上裝之。名曰假髻。或名假頭。至於貧家不能自辦，自號無頭。就人借頭。遂布天下。亦服妖也。無幾時孝武晏駕而天下騷動，刑戮無數，多喪其元。至於大殮，皆刻木及蠟，或傳菰草爲頭，是假頭之應云』。文中對「假髻」意義已有詳解釋。再次「破陣」穿着緋綾袍、綾袴、錦衿褾，此爲十部伎常見之服飾。最後提及「承天」，穿着紫袍，戴進德冠（立部伎慶善樂亦使用進德冠）及金銅帶。

根據上述服飾探究四舞內容，破陣樂與立部伎之破陣樂不同，係屬文舞：其服飾情形卽可證知。慶善舞，不用進德冠，服裝也與立部伎之慶善樂不同，兩者當無關聯。但文中之「承天舞」服飾却戴進德冠，此點與立部伎之慶善樂相接近。

(2) 長壽樂

如通典所載『舞十二人，畫衣冠也』。

(3) 天授樂

通典僅載『舞四人，畫衣、五綵鳳冠』。其與長壽樂，趣旨似同。鳳冠與烏冠相同，並非禮服及常服等使用之普通冠制，而係舞樂時特殊使用者。根據日本舞樂之皇仁地久，貴德之冠當可想像其形狀也。（請參閱第八圖「日本舞樂地久之別樣甲」）。

(4) 鳥歌萬歲樂

如通典所載『舞三人，緋大袖竝畫鸜鵒冠，作鳥象』。按宮中有能作人言之鳥，常呼萬歲，模倣鳥之舞曲，據此當可猜想其舞容矣。通典對於「鸜鵒」部份載有『今嶺南有鳥似鸜鵒，養之久則能言名吉了（音科）』。新唐志二部伎條文載爲『今案嶺南有鳥似鸜鵒而稍大。乍視之不相分辨。籠養久則能言，無不通。南人謂之吉了亦云科。開元初，廣州獻之。言雄重如丈夫。委曲誠人情。慧於鸜鵒遠矣。疑卽此鳥也。漢書武帝本記書南越獻馴象能言鳥。注漢書者謂鳥爲鸚鵡。若見鸚鵡不得不舉其名，而謂之能言鳥。鸚鵡隴尤多。亦不足重。所謂能言鳥卽吉了也。北方常言鸜鵒踰嶺。乃

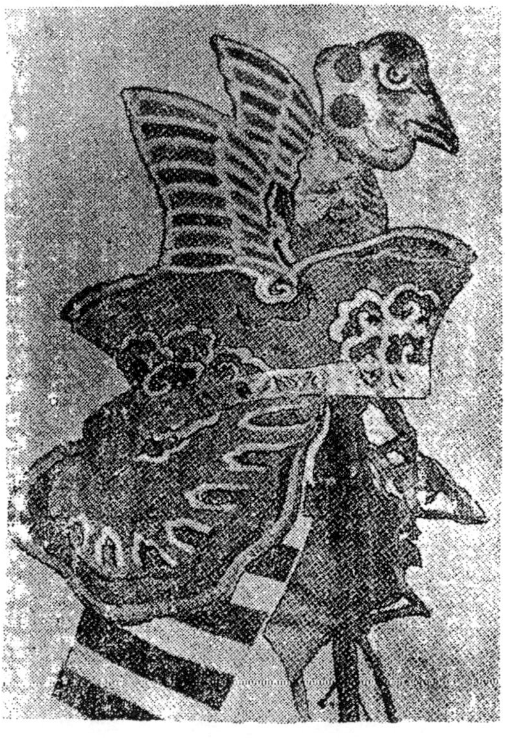

第八圖　日本舞

能言傳者誤矣。嶺南甚多鸜鵒，能言者非鸜鵒也』。後者係說明嶺南地方，有能作人言似北方鸚鵡之鸜鵒，及與鸜鵒極相類似之吉了（亦稱吉料）；武太后宮中飼養者爲「吉了」，但當時畫成鸜鵒冠者，蓋因「鸜鵒」之名遠較「吉了」被北方地區所盛傳也(註四二)。

本曲因鳥呼萬歲，而賦予「萬歲樂」名稱。按萬歲樂之曲名，敎坊記、羯鼓錄內亦曾刑載，如隋書卷一五音樂志之龜茲樂條『煬帝不解音律，略不關懷。後大製艷篇，辭極淫綺。令樂正白明達造新聲，剏萬歲樂、藏鉤樂、七夕相逢樂，……等曲。掩仰摧藏，哀音斷絕。帝悅之無已』。龜茲樂條中所述之萬歲樂，係隋代所作。按日本舞樂中亦有『萬歲樂』，此係敎坊記、羯鼓錄曲傳來者，目前雖亦有傳聞鳥歌萬歲樂之名，兩者混同，但實際上，日本現有之萬歲樂，並非武后之鳥歌萬歲樂也。

(5) **龍池樂**

通典載爲『舞有七十二人，冠飾以芙蓉』。太樂令壁記則書爲『十二人』。根據坐部伎之性質及其他名曲實例，似以『十二人』較爲正確。本曲製作趣旨，屬於文舞。文中所述以芙蓉裝飾幘冠。按當時「芙蓉」與「牡丹」爲一般人所最欣賞之花。此外，通典坐部伎條最後一段載有『自長壽樂以下，皆用龜茲樂。舞人皆着靴，唯龍池樂備用雅樂笙磬。舞人躡（履）』。是則坐部伎中僅龍池樂舞人穿着普通之履，其他各曲均使用靴。

(6) **小破陣樂**

小破陣樂係將立部伎之破陣樂縮小規模之一種舞樂。如通典所載『舞人四人，金甲冑』。證明其服飾及舞容遠較立部伎之破陣樂爲小。此外，原田博士根據唐書禮樂志所載之『千秋節，無於勤政樓下，後賜宴設酺亦會勤政樓。其日未明，金吾引駕騎，北衛四軍陳仗列旗幟，被金甲短後繡袍，太常卿引雅樂，每部數十人。間以胡夷之技，內閑廐使引戲馬，五坊使引負犀，入場拜舞。宮人數百錦繡衣，出帷中，擊雷鼓，奏小破陣樂，以爲常（下略）』。原田博士所著之『千秋節宴樂考』論文中，提及「千秋節」係開元十七年制定，爲紀念玄宗帝生日之節日，按例在勤政樓前廣場演出各種舞樂雜戲，供官吏及一般平民觀覽同樂。原田博士並就此對「燉煌壁畫」之插圖（請參閱第九圖燉煌壁畫）指稱爲玄宗帝觀覽小破陣樂之圖畫，渠認爲乘馬者係玄宗帝。按玄宗帝恐穿戴通天冠絳紗袍，但

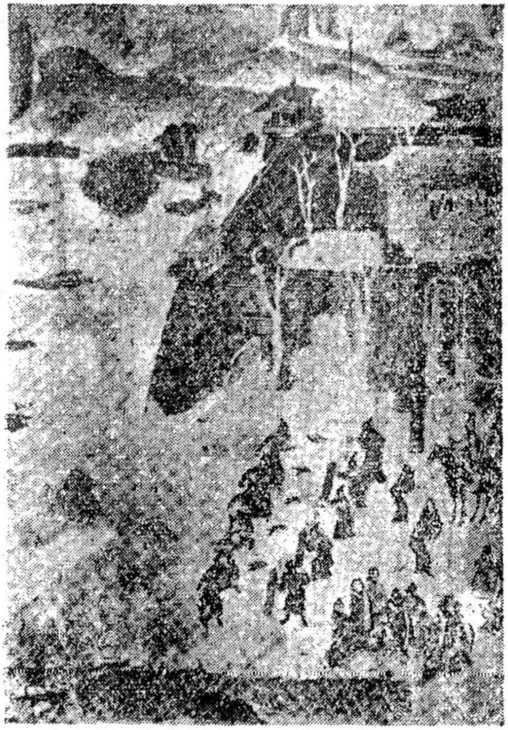

第九圖　燉煌壁畫

壁畫照片過小，細部地方無法辨認。圖下端係穿戴冕服及進賢冠之官吏，兩側披甲冑持「矛」及「盾牌」者爲舞人，諒係玄宗帝在臣民陪同下觀賞小破陣樂之舞圖。

但原田博士之解釋，似有下列兩種疑問。「其一」，所謂「燉煌壁畫」係上演小破陣樂之圖，係根據新唐書禮樂志之「奏小破陣樂」之論說。但新唐書禮樂志與舊唐志稍有不同。按舊唐志所載『又宮女數百人自帷出，擊雷鼓，爲破陣樂、太平樂、上元樂，雖太常積習皆不如其妙也』。文中不稱小破陣樂，而叫爲破陣樂，且與太平樂、上元樂同列，諒係立部伎之破陣樂，而非坐部伎之小破陣樂也。新唐志經常修改舊唐志發生錯誤，坐部伎係堂上坐奏，立部伎係堂下之戶外立奏，上圖沒有樂人，立奏、坐奏雖無法區別，但其在樓外演出則很顯然。況且小破陣樂僅有舞人四人，圖中繪有武士八人，每行四人相對。破陣樂雖擁有舞人一百二十人，但其縮小之可能性，當較小破陣樂放大二倍之可能性爲大，也許一百二十人演出時，先後縱橫交叉，首尾轉廻，無法全部繪畫而取其一部者亦有可能。但揆諸破陣樂舞容，主要在表演其舞隊之雄壯，此圖則毫無顯示，亦無破陣樂使用之大鼓等樂器，據此判斷，此圖可能並非小破陣樂或破陣樂，而爲一種閱兵繪畫。按中共發表之「燉煌畫模寫」時，亦僅賦予「閱兵之圖」名稱。「其次」關於圖內「樓殿」與「樓壁」部份，是否爲勤政樓頗有問題，本書卷上卷頭圖版第四圖「北宋呂大防圖長安興慶宮圖拓本」內，其西南側繪有二個廣大樓閣，南面者稱「勤政務本樓」，西面者稱「花蕚相輝樓」（請參閱第十圖北宋呂大防圖長安興慶宮圖拓本——此圖係上冊卷頭圖版第四圖之部份圖面放大圖）。其與燉煌壁畫比較，並不一致，故燉煌壁畫之城壁，實不足以表示爲勤政樓者。如上所述，該「燉煌壁畫」雖不能肯定其爲原田博士所稱之千秋節在勤政樓前演出小破陣樂。總之，該壁圖僅爲類似閱兵之一種兵事圖。但若否定其並非武裝舞樂者，亦缺乏有力之論斷也。

（三）二部伎與雅樂服飾之比較

關於坐、立二部伎舞曲之內容及服飾，已在本項第㈠、㈡兩節詳盡說明，至於二部伎之服飾與十部伎之服飾保有密切關係，第㈠、㈡兩節，略有提及，詳細情形請參照第五章，現在再就雅樂服飾部份略予敘述，並與二部伎比較如次。

新唐書卷二四車服志內，記載有關雅樂之樂人及舞人。亦即「郊廟舞人」服飾，爲『平冕者，郊廟武舞郎之服也。黑衣、絳裳、革帶、烏皮履。委貌冠者，郊廟文舞郎之服也。有黑絲布大褒、白練領標、絳布大口袴、革帶、烏皮履』。關於「殿庭舞人」服飾，爲『武弁者，武官朝參、殿庭武舞郎

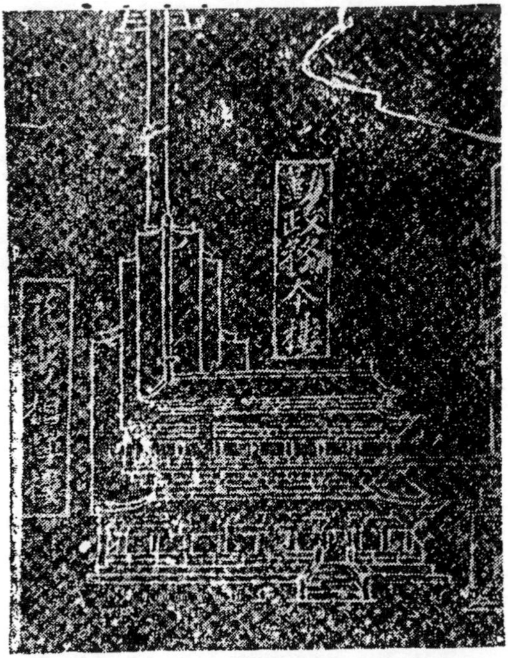

第十圖　北宋呂大防圖長安興慶宮圖拓本

、堂下鼓人、鼓吹案工之服也。有平巾幘。武舞，緋絲布大褏、白練𧝓襠、螣蛇起梁帶、豹文大口袴、烏皮鞾。鼓人，朱褠衣、革帶、烏皮履。鼓吹案工、加白練𧝓襠。進賢冠者，文武朝參三老五更三服也。黑介幘，青縷紛長六尺四寸，廣四寸。色如其綬。（中略）殿庭文舞郎，黃紗袍、黑領襈、白練襤襠、白布大口袴、烏皮履』。關於「登歌工人」（樂人）服飾爲『介幘者流外官、行署三品以下、登歌工人之服也。（中略）登歌工人，朱連裳、革帶、烏皮履。殿庭加白練𧝓襠』。其次唐六典卷一四太常寺太樂署條文內，對於雅樂之工人（樂人）及舞人服飾，亦有詳細記載，如『宮懸、登歌工人，皆介幘、朱連裳、革帶、烏皮履。鼓人及堦下工人皆武弁、朱褠衣、革帶、烏皮履。若在殿庭加白練𧝓襠、白布襪。鼓吹按工人亦如之。文舞六十四人，供郊廟，服委貌冠、玄絲布大袖、白練領褾、白紗內衣、絳領褾、絳布大口袴、黃帶、烏皮履、白布韤(其執纛人衣冠各同也)。武舞六十四人，供郊廟、服平冕、餘同武舞。若供殿庭，服武弁、平巾幘、金支緋絲布大袖、緋絲布裲襠、甲金飾、白練𧝓襠、錦螣蛇、起梁帶、豹文大口布袴、烏布鞾（其執旌人衣冠各同當色舞人，餘同工人也）』。又太常寺鼓吹署條文內，對於鼓吹工人服飾，記有『（大駕）大鼓、長鳴、大橫吹、節鼓及橫吹後笛、簫、觱篥等工人服皆緋地苣文袍袴及帽。金、鉦、掆鼓、小鼓、中鳴、小橫吹及橫吹後笛、簫、觱篥、笳、桃皮觱篥等工人服，竝青地苣文袍袴及帽。羽葆鼓及歌簫、笳工人服竝武弁、朱褠衣、革帶。大角工人平巾幘、緋衫、白布大口袴。其鼓吹主師服與大角同，以下主師服亦准此也。（法駕）大鼓。小鼓無金鐲。羽葆、長鳴、中鳴，大橫吹五綵衣。幡緋掌畫蹲豹五綵，餘脚竝同上。（親王已下）其橫吹一品已下三品已上，鼓吹竝朱漆鐃及節鼓、長鳴、大橫吹五綵衣、幡緋掌畫蹲豹五綵脚。大角幡亦如之。其大鼓、長鳴、大笛、橫吹、節鼓及橫吹後笛、簫、觱篥、笳等工人服緋紬幘、赤布袴褶。金、鉦、掆鼓工人服青紬幘、青布袴褶。鐃鼓、簫、笳工人服武弁、朱褠衣、革帶。大角工人服平巾幘、緋衫、白布大口袴，四品鐃鼓及簫、笳工人衣服同三品。餘鼓皆綠沈。金、鉦、掆鼓，大鼓工人服青紬幘、青布袴褶』。

上述「新唐書」與「唐六典」比較，以唐六典記載較詳。按「新唐書」係根據唐六典編撰，但兩者內容，稍有異同，蓋因新唐書纂襲時，常發生錯誤故也，特需注意。茲綜合全般史料，雅樂服飾之制定情形，大致如次。

雅樂大別爲堂上登歌，及堂下樂懸兩種。堂下又分爲「文」與「武」之八佾舞，故其服飾，概可分爲堂上，堂下之工人（係指演奏樂器及歌唱人員）與文、武舞人四種。

①堂上之樂人，穿着介幘、朱連裳、革帶、烏皮履。

②堂下之樂人，穿着武弁、朱褠衣、革帶、烏皮履、如在郊祀，廟祭時，於宮庭演出，另外再穿着白練襤襠。

③文舞之舞人，在郊祀廟祭時，穿着委貌冠、玄絲布大袖、白練領標、白紗內衣、絳領標、赤布大口袴、革帶、白襪、烏皮履。若在殿庭演出時，穿着黃紗袍、黑領襈、白練襤襠、白布大口袴、革帶、烏皮履。

④武舞之舞人，在郊祀廟祭時，除穿着平冕外，其餘與文舞之舞人相同。在殿庭演出時，穿着武弁、平巾幘、金支緋絲布大袖、緋絲布裲襠、甲金飾、白練襤襠、起梁帶、錦螣蛇、豹文大口布袴、烏皮鞾。

鼓吹工人服飾，若與上述雅樂之樂人及舞人之盛飾比較，遠爲簡樸，其在大駕、法駕、親王以下等場合各有不同。此外，根據使用樂器亦有分別。大別如次。

①苣文袍及帽（緋色、青色）。

②平巾幘、緋衫、白布大口袴。

③五綵衣。

④紬帽、布袴褶（緋色、青色）。

⑤武弁、朱構衣、革帶。

其中「第五種武弁、朱構衣、革帶」與雅樂堂下樂人、鼓人

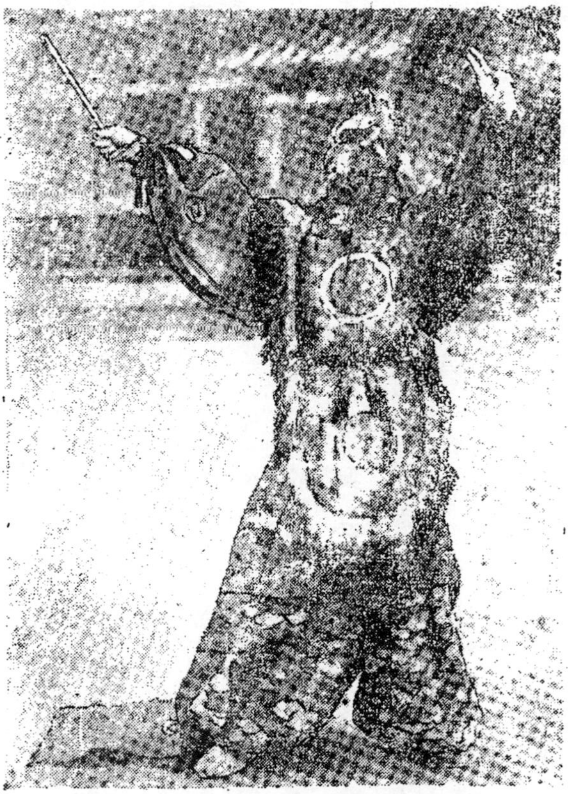

第十一圖　日本舞樂蘭陵王之裲襠

所穿着者相同。

「雅樂」與「鼓吹」之服飾，與二部伎比較，不同之處，判然明瞭。茲就雅樂舞人與二部伎舞人之服飾相比較，迴然不同，此當係兩者本質互異所使然。其最顯著者爲「冠」，二部伎使用金銅冠、鳥冠、鳳冠、雲冠、鸜鴿冠、芙蓉冠、金胄等特殊華麗之冠；而雅樂使用者，則爲委貌冠、平冕、武冕等普通之冠。二部伎中使用之進德冠，更爲貴顯之冠。蓋二部伎爲顯示其舞容之偉大，而使用特殊高貴之冠也。至於衣着方面，「雅樂」在武舞方面，穿着裲襠、螣蛇。文舞方面，使用領。褾等亦屬於一般不同之特殊服着，但二部伎所穿着之五綵畫衣亦係特殊衣着，更較雅樂服飾華麗。故二部伎中之破陣、慶善、上元三舞，在雅樂使用時，必須變換爲雅樂服飾。如通典所載『自安樂以後皆雷大鼓，雜以龜茲樂……其舊破陣、上元、慶善三舞，皆易衣冠，合之鐘磬，以饗郊廟』。此係說明三大舞在郊祀、廟祭宴饗演出時，改換其二部伎之服飾，使與鐘磬一致，亦卽改換爲雅樂鼓人服飾者。

（四）歌曲

二部伎之各舞曲，大部份均附有歌曲。例如通典內對於太平樂部份載有『百四十人歌太平樂舞，抃以從之』；太樂令壁記之破陣樂條載有『發揚蹈厲，聲韻慷慨，歌和云秦王破陣樂』；又通典太定樂載有『歌云八紘同軌樂，以象平遼東，而邊隅大定也』。樂府雜錄對於聖壽樂部份載有『令諸女衣五色衣，以歌舞之』。僅龍池樂方面，通典載爲『唯龍池樂備用雅樂笙磬，舞人躡』。但太樂令壁記載爲『唯龍池備用雅樂而無聲。舞人躡履』，若太樂令壁記之「無聲」正確的語，該龍池曲則無歌曲，是則坐部伎六曲中除龍池曲外，其餘五曲各附有歌曲也。（至於龍池樂中究係「無聲」正確，或係「坐磬」正確容在次節剖述）。

第二項　樂器之編成

二部伎之樂器和服飾相同，各曲並無詳盡史料，僅就立、坐部兩伎概括記述。例如通典之立部伎條最後所載『自安樂以後，皆雷大鼓，雜以龜茲樂。聲振百里。竝立奏之。其大定樂加金鉦。唯慶善樂獨用西涼樂，最爲閑雅。其破陣、上元、慶善三舞，皆易其衣冠，合之鐘磬，以饗郊廟。自武太后革命，此禮遂廢（自安樂部謂之立部伎）』。又通典坐部伎條最後載爲『自長壽樂以下皆用龜茲樂。舞人皆着靴。唯龍池樂備有雅樂笙磬。舞人躡（自讌樂竝謂之坐部。初太宗貞觀末，有裴神符妙解琵琶。初唯作勝蠻奴、火鳳、傾盃樂三曲，聲度淸美，太宗之末，其伎遂盛流於時矣，自武太后中宗之代大增造，坐伎諸舞遂亦寖廢）』。上述「通典」所述兩文，語意簡略，尤其所稱「龜茲樂」及「西涼樂」，意義深長，解釋困難。其與「太樂令壁記」（按通典係根據太樂令壁記編撰）及「舊唐志」（舊唐志係根據通典編撰）所載，稍有異同，茲分別考證如次。

玉海卷一〇五引之令壁記條所載『自破陣舞以下皆雷太鼓，雜以龜茲之樂。聲振百里，動盪山谷。大定樂加金鉦。唯慶善舞獨用西涼樂，最爲閑雅。破陣等八舞聲樂皆立奏之，樂府謂之立部伎，餘摠謂之坐部。自長壽樂以下，皆用龜茲樂。舞人皆着靴。唯龍池備用雅樂，而無聲，舞人躡履』。又舊唐志二部伎所載『自破陣舞以下皆雷大鼓，雜以龜茲之樂，聲振百里，動盪山谷。大定樂加金鉦。唯慶善舞獨用西涼樂，最爲閑雅。破陣、上元、慶善三舞皆易其衣冠，合之鐘磬，以享郊廟，以破陣爲武舞，謂之七德，慶善爲文舞，謂之九功。皇武后稱制，毀唐太廟，以禮遂有名而亡實。安樂等八舞聲樂皆立奏，樂府謂之立部伎，其餘總謂坐部伎，則天中宗之代大增造，坐立諸舞尋以廢寢』。

上述「令壁記」文中，字傍畫有「。」符號者，表示與通典記載史料不同。至於「舊唐志」文中，字傍畫有「。」符號者，表示與「通典」史料不同，但與「令壁記」相同。畫有「、」符號者，表示與「通典」一致，但「令壁記」並無記載，畫有「．」符號者，表示與「通典」或「令壁記」均不同。據此，我人可以推想「通典」於根據「令壁記」編撰時，增加編者意見，而「舊唐書」根據『通典』編撰時，必亦參照「令壁記」或其他史料，故其內容亦與「通典」稍有不同之處。

此外，「新唐志」載有『破陣樂以下皆用大鼓，雜龜茲樂，其聲震厲。大定樂又加金鉦。慶善舞顓用西涼樂。聲頗閑雅。每享郊廟，則破陣、上元、慶善三舞皆用之。……自長壽樂以下用龜茲舞，唯龍池樂則否』，新唐志內容，大致與舊唐志相同，並無新異之處。

（一）㈠立部伎之樂器

⑴大鼓

「通典」所載，自安樂以下八曲，皆雷大鼓，雜以龜茲樂；而「令壁記」則載爲破陣樂以下皆雷大鼓，將「安樂」及「太平樂」刪除；舊唐志亦根據「令壁記」書爲破陣舞以下。是則「通典」所載史料·與「令壁記」及「舊唐書」所載史料，稍有出入。按「通典」係根據「令壁記」撰編者，何以將第三伎之破陣樂以下皆雷大鼓；而改爲自第一伎安樂以下皆雷大鼓，令人費解，茲先就二部伎與大鼓關係，予以剖析。

「其一」，文中所稱「雷大鼓」之意義，根據文字意譯，當可解爲「太鼓齊擊，聲鳴如雷」之意。根據舊唐書卷二八玄宗條『玄宗在位多年，善樂音。若讌設酺會，即御勤政樓。……太常大鼓藻繪如錦。樂工齊擊，聲震城闕。太常卿引雅樂，每色數十人，自南魚貫而進，列於樓下。鼓笛、鷄婁充庭考擊。太常立部伎、坐部伎，依點鼓舞。間以胡夷之伎。日旰即內閑廐引蹀馬三十匹。傾杯樂曲，奮首鼓尾，縱橫應節。又施三層棱牀，乘馬而上，抃轉如飛』。玄宗在勤政樓（即勤政務本樓，興慶宮，爲玄宗著名讌饗之地）設宴時，上演太常寺之雅樂、二部伎以及胡樂與舞馬等種種樂伎。文中所稱太常卿率領出場之雅樂，似非郊祀廟祭之雅樂（即堂上登歌，堂下樂懸，文武八佾舞），而爲太常寺所屬之二部伎，視作雅樂演出者；故該雅樂，可能係指二部伎而言。其次所述「每色數十人，自南魚貫而進，列於樓下，鼓笛、鷄婁滿庭敲擊」一節，其中「鷄婁」即「鷄婁鼓」，係西域系之太鼓，爲二部伎使用·絕非一般雅樂樂器。故文中之所謂「雅樂」，當非純粹雅樂·而係指二部伎所言。其次文中所稱「太常大鼓藻繪如錦，樂工齊擊，聲震城闕」一語，亦可證明大鼓數量甚多，故有聲震城闕之說，此即爲「雷大鼓」意義也。又玄宗條續文載有『又令宮女數百人，自帷惟出擊雷鼓，爲破陣樂、太平樂、上元樂。雖太常積習皆不如其妙也』。文中所稱宮女數百人，出擊雷鼓，比較太常積習（所謂太常積習如前文所述係指太常雅樂——二部伎——之大鼓）尤爲巧妙。按雅樂稱八面大鼓（四個大鼓一組）爲雷鼓(註四三)。但文中之雷鼓，則係「雷大鼓」之意，由此可見二部伎與大鼓實具有密切關係也。

「其二」，「太常四部樂制」中設有大鼓部（太常四部樂制容另在第七章詳說）。按太常寺所屬樂器分爲如下四類。

①胡部：箏、箜篌、五絃、琵琶、笙、笛、觱篥、拍板、方響、銅鈸子。

②龜茲部：羯鼓、揩鼓、腰鼓、鷄婁鼓、笛、觱篥、簫、拍板、方響、銅鈸。

③大鼓部：大鼓。

④鼓笛部：笛、杖鼓、拍板。

如上所述，「胡部」係以絃樂器與管樂器爲中心，另加打樂器。「龜茲部」係以鼓樂器與管樂器爲中心，另加打樂器。「大鼓部」僅爲大鼓。「鼓笛部」則由管、鼓、打、三種樂器組成。其中「胡部」亦卽坐部系乃至法曲系之樂曲編成；「龜茲部」亦卽立部伎系乃至胡樂系之樂曲編成；「鼓笛部」係因散樂（百戲）編成；而大鼓部之編成，由於太常寺內僅二部伎使用大鼓，故其實因二部伎而編成，亦卽大鼓部實爲二部伎之代表也。迨至宋朝，模倣唐制設敎坊，置四部制。（卽法曲部、龜茲部、鼓笛部、雲韶部等四部）其中雲韶部相當於唐朝大鼓部，係繼唐朝燕饗雅樂，特別酷似唐末之雲韶法曲，使用琵琶、箏、笙、觱篥、笛、杖鼓、羯鼓、方響、拍板、大鼓，唐朝四部樂中除鼓笛部外，幾乎包括了其他三部樂器。特別是大鼓，故保存唐朝大鼓部之名稱，由此可證明唐朝大鼓部當爲二部伎之代表者。

「其三」，日本舞樂中所傳之獅子舞，如第六圖「信西入道古樂圖」中之獅子舞圖，該獅子舞與立部伎之五方獅子舞亦卽太平樂頗爲相同。其後方十一人中，除二人打扑外，其餘九人奏樂器（計腰鼓二人，銅鈸二人，橫笛一人，篳篥二人，拍板一人，大鼓二人），此九人中，大鼓者佔有二人，由此亦可證明大鼓之重要了。

根據上述太常二部伎與大鼓之密切關係，對於通典等史料，對立部伎之樂器，冒頭記載『雷大鼓』意義當不難想像。惟値得吾人留意者，「通典」載爲『自安樂以後』，令壁記及舊唐志則載爲『破陣樂以後』，按後者之所謂『雷大鼓』者，並未將太平樂及安樂包括在內，但徵諸信西舞樂圖之太平樂之雷大鼓，以及上述舊唐志所載『宮女數百人，出自帷擊雷鼓，爲破陣樂、太平樂、上元樂云云』，故太平樂亦有雷鼓之曲，故「通典」編者因知道上述情形，故在撰編時，將「破陣樂以下」改爲「自安樂以下」者。

(2) **龜茲樂器**

「通典」內稱爲『雜以龜茲樂』，令壁記及舊唐書均載爲『雜以龜茲之樂』。前者根據唐代音樂史通例，所謂『樂』字除表示音樂意義外，尙包括有樂器意義在內，故通典『雜以龜茲樂』

亦卽令壁記等所載『龜茲之樂器』之意義。按龜茲樂爲西域音樂之中樞，故文中特別稱定爲龜茲樂。如太樂令壁記所載『自周隋以來，管絃雜曲數百，多用西涼樂，鼓舞曲多用龜茲樂。唯彈琴家猶傳楚漢舊聲及淸調、瑟調蔡邕雜奏云云』（註四四）。是則隋唐時代，管絃曲多使用西涼樂之樂器，鼓舞曲多使用龜茲樂之樂器。「令壁記」內對有關西涼樂部份，載有『西涼舞蓋後魏平沮渠氏所得也。樂有鐘磬。蓋涼人所傳中國之舊樂，而雜以羌胡之聲也』。此係說明西涼樂係在河西涼州地方，中國之淸樂與西域之龜茲樂融合而成之音樂。是則隋唐之管絃樂與鼓舞曲，均使用龜茲樂器也。

但本文中所指之龜茲樂器，究係指龜茲現地使用之樂器，抑係傳入中國之龜茲樂器，尙有疑問，六典十部伎所載爲『豎箜篌、琵琶、五絃、笙、簫、橫笛、觱篥各一。銅鈸二。答臘鼓、毛員鼓、都曇鼓、羯鼓、侯提鼓、要鼓、鷄婁鼓、貝各一。舞四人』。此係指龜茲伎之樂器編成情形，當係指中國樂制之龜茲伎，而並非紀錄龜茲當地之樂器狀況也。例如上述樂器中，將中國樂器之『笙』亦予編入，此係使其成爲完整之十部伎所編入者。但是根據最近發現之龜茲古都壁畫，並綜合其他西域美術史料上所顯現之樂器資料等文獻，十部伎之龜茲伎，大體係由龜茲現地音樂原狀傳入中國者。尤其在樂器方面更爲明顯。是則龜茲伎十六種樂器中，除了中國樂器「笙」及「侯提鼓」兩種外，其餘十四種，似可均視作龜茲樂之樂器。但是信西古樂圖之獅子舞，僅有腰鼓、大鼓、橫笛、篳篥、銅鈸、拍板六種樂器，規模似嫌過小。又日本舞樂內，龜茲十四種樂器中除毛員鼓，都曇鼓兩種外，傳入日本者計有十二種，亦感種類過少，尤其是絃樂器三種，均付闕如，似不適宜表示為「龜茲樂」者(註四五)。該獅子舞，如為立部伎之太平樂之遺構，則其奏樂氣魄實嫌不足。

上述『太常四部樂』中之「龜茲部」，係由羯鼓、揩鼓（答臘鼓）、腰鼓、雞婁鼓等四種鼓類；笛、觱篥、簫等三種管類；與拍板、方響、銅鈸等三種打樂器等共同編成。按「信西古樂圖」之獅子舞之樂器編成，除大鼓外，另為腰鼓、橫笛、篳篥、銅鈸及拍板，似為小規模之龜茲部。至於通典之「龜茲樂」，是否係四部樂之「龜茲部」，抑係指龜茲伎之樂器者，容另在坐部伎條文內再作進一步之研討。

(3) 其他

此外，關於上述立部伎八曲中，除了大鼓及龜茲樂以外之特殊樂器情形，「通典」載為『其大定樂加金鉦。唯慶善樂獨用西涼樂，最為閑雅』。文中所稱「金鉦」，根據通典卷一四四「金」條載為『鐲，鉦也，形如小鐘，軍行鳴之。以為鼓節。周禮以為金鐲節鼓，近代有如大銅疊懸而擊之，以節鼓，呼曰鉦』。是則「金鉦」，係小形之鐘，為『鐲』之別稱。唐時為大銅疊，信西古樂圖之一枚銅鈸狀之鐘，諒即係金鉦。所謂「軍行鳴之」，故屬軍樂樂器。上述鼓吹樂器中當有其名，僅大定樂加有『鉦』，更可象徵其平定遼東時軍旅之勇武者。本曲係出自破陣樂，但破陣樂不使用鉦，而大定樂却使用鉦，此係表示「前者」更接近雅樂，「後者」則更表示軍樂性質者。

其次，文中所稱，僅慶善樂使用西涼樂樂器，該西涼樂似可與龜茲樂異曲同工，而解釋爲十部伎之西涼伎之樂器，(註四六)係由『鐘一架、磬一架、彈箏一、搊箏一、臥箜篌一、豎箜篌一、琵琶一、五絃琵琶一、笙一、簫一、大篳篥一、小篳篥一、長笛一、橫笛一、腰鼓一、齊鼓一、擔鼓一、貝一、銅鈸二（今亡）』。十九種編成，其中豎箜篌、琵琶、五絃琵琶、簫、大小篳篥、橫笛、腰鼓、貝及銅鈸等九種，係龜茲樂之樂器所同，其餘長笛、齊鼓、擔鼓三種，恐爲俗樂系樂器，「笙」與龜茲伎相同，爲使形式上成爲完整之十部伎所編入者，此外，值得吾人注目者爲鐘（編鐘）、磬（編磬）、彈箏、搊箏、及臥箜篌。按編鐘係由十六個鐘排列二行懸掛架上，打擊鳴聲；編磬則係以磬代替鐘而成，兩者均爲雅樂（郊祀、廟祭之樂）之代表樂器。箏係漢朝以後之俗樂器，所謂「彈箏」卽係手指上套上爪彈奏之箏，搊箏則爲僅用手指彈奏之箏。臥箜篌係由西域樂之「豎箜篌」與唐朝之「琴」乃至「箏」融合而成之俗樂器。彈箏使用於高麗伎；搊箏使用於讌樂伎；臥箜篌爲讌樂伎、清樂伎、高麗伎所共同使用者，均屬俗樂系。故西涼樂包括有雅樂、俗樂之樂器，而清樂亦爲其構成之一份子，關於清樂伎之樂器編成，如前所述爲『鐘一架、磬一架、琴一、一絃琴一、瑟一、秦琵琶一、臥箜篌一、筑一、箏一、節鼓一、笙一、笛二、簫二、篪二、葉一、歌二』。均係中國固有樂器。特別除了鐘、磬外，另加琴、瑟、篪等代表的雅樂器，其所具中國色彩，更較西涼樂濃厚。按西涼伎亦採用清樂樂器中之鐘、磬、臥箜篌、箏、笙、簫、葉等樂器。

根據西涼樂之樂器編成情形，當可推想慶善舞之樂風，通典稱其『最爲閑雅』；繼稱『其舊破陣、上元、慶善三舞，皆易其衣冠，合之鐘磬，以饗郊廟。自武太后革命，此禮遂廢』。說明除了慶善樂外，連同破陣、上元二樂共同使用鐘、磬等雅樂器，樂人使用雅樂、服飾。由此推想三大舞，似亦有編入雅樂之可能也。

(二) 坐部伎之樂器

(1) 讌樂之大編成

通典載爲『自長壽樂以下，皆用龜茲樂』，是則坐部伎八曲中，除第一曲「讌樂」以外，其他七曲均使用龜茲樂器，此種情形和立部伎相同，讌樂曲亦爲十部伎中之第一伎，持有特別意義，其樂器編成亦甚獨特，如前所述，係由『玉磬一架、大方響一架、搊箏一、筑一、臥箜篌一、大箜篌一、小箜篌一、大琵琶一、小琵琶一、大五絃琵琶一、小五絃琵琶一、吹葉一、大笙一、小笙一、大篳篥一、小篳篥一、大簫一、小簫一、正銅鈸一、和銅鈸一、長笛一、尺八一、短笛一、揩鼓一、連鼓一、鞉鼓二、浮鼓二、歌二』編成。其規模爲十部伎或二部伎中最大者，此等二十八種樂器中，大小（竪）箜篌、大小琵琶、大小五絃、大小篳篥、大小簫、正和銅鈸、長短笛、尺八、揩鼓（答臘鼓）等十六種係胡樂器；玉磬、笙二種爲雅樂器；其他九種爲俗樂器。關於「玉磬」部份，太樂令壁記，載爲『樂用玉磬一架、登歌磬、以玉爲之』。按磬似有「堂上登歌」及「堂下樂懸」兩種，坐部伎因係堂上樂，故用登歌磬。磬係玉製，稱爲玉磬，也許其與普通之磬不同。根據通典所載，讌樂僅使用「磬」而無「鐘」，但文中所稱之大方響，其形狀和編鐘、編磬相似，係由小型鐵片十六塊懸掛架上組成，該大方響與編鐘形狀相若，或以大方響代替編鐘者。至於「搊箏」與「臥箜篌」編入讌樂，可能與西涼伎意義相同。「筑」係琴或箏之變形樂器，亦編入清樂伎使用。故「讌樂」實係融合雅、俗、胡三樂之樂器編成，總數達二十八種樂器，實爲十部伎或二部伎中最大規模之樂曲。此可從「讌樂曲」作爲燕饗樂之代表樂曲情形，推想一斑。

(2)龍池樂之雅樂器

坐部伎八曲中，尚有龍池樂，亦爲由特殊樂器編成之樂曲，通典載爲『唯龍池樂。備用雅樂笙磬，舞人躡』，係說明其使用雅樂器者，與立部伎中僅慶善樂使用西涼樂情形，適爲異曲同工，相互對照。但通典語焉不詳，究係僅使用雅樂器並無龜茲樂器，抑係與龜茲樂器共同使用雅樂之笙磬者，無法確認，茲特推測如次。

此外關於龍池樂情形，舊唐志載爲『惟龍池備用雅樂而無鐘磬，舞人躡履』，又太樂令壁記載爲『唯龍池備用雅樂而無聲，舞人躡履』。按舊唐志係說明龍池樂使用雅樂器，而無鐘、磬，根據讌樂、清樂、西涼樂等例子，併用雅樂時，必先採用鐘磬，故不用鐘、磬、實爲特殊記載。至於太樂令壁記，除了缺少龍池樂之「樂」字，增加「舞人躡履」之『履』字，和舊唐志一致外，但舊唐書中之「而無鐘磬」一語，令壁記內却書爲「而無聲」，後者意義，如勉強解釋，則爲沒有聲樂，亦即沒有歌曲之意。但「通典」在說明龍池樂內容時，曾載爲『爲此樂，以歌其祥也』，說明此曲與讌樂曲同係歌唱吉祥之曲，故並絕非樂舞者。此外通典所載「笙磬」兩字，因「笙」亦爲龜茲伎採用，實無特別記錄必要，或係「鐘磬」兩字之誤。若此，如依舊唐志所載內容爲準，予以解釋，龍池樂如僅使用雅樂器，不用龜茲樂器，而雖僅用雅樂器，並不包括「鐘、磬」在內，則其樂器編成規模過小，實無編入坐部伎八曲必要也。例如西涼樂係融合雅，胡俗三樂而成，特別以龜茲樂器爲其主要樂器，故判斷龍池樂亦係以龜茲樂，與雅樂共同使用者，惟雅樂器佔其主要部份而已。

（三）二部伎與太常四部樂之關係

有關坐部伎之樂器，概如上述。至於「龜茲樂」之意義，其與立部伎內情形相同，均有疑問。若『信西古樂圖』中之獅子舞圖，確爲立部伎之太平樂，則「龜茲樂」實爲太常四部樂之「龜茲部」。按四部樂中，「龜茲部」包括有以鼓類，管類爲主之十種樂器；「胡部」係由絃類、管類爲主之十種樂器編成。該兩部樂器，除重複者外，共計有十五種（箏、箜篌、五絃、琵琶、笙、笛、觱篥、簫、㽿鼓、揩鼓（答臘鼓）、腰鼓、鷄婁鼓、拍板、方響、銅鈸等十五種）。按十部伎之「龜茲伎」十五種樂器中，其中有十二種與兩部相同（十部伎之龜茲伎中都曇鼓、毛員鼓、貝，三種樂器爲兩部所沒有，但兩部中之箏、拍板、方響三種俗樂器，亦爲十部伎之龜茲伎所沒有）。太常四部樂係將原屬太常寺之各種樂器予以分類者，開元二年左右教坊成立太常寺之音樂，除雅樂以外，大致爲二部伎，十部伎等之燕饗樂與散樂。若以「鼓笛部」接管散樂，「大鼓部」接管立部伎之大鼓，則「龜茲部」與「胡部」則接管二部伎，十部伎其他諸樂器。該兩部共有十五種樂器，大體言之，實已包括二部伎及十部伎主要之基本樂器在內（十部伎中各伎特殊樂器。並未包括在內）。惟「龜茲部」以鼓類爲其特色，「胡部」以絃類爲其編成基礎，前者適於立奏，亦即龜茲部適於立部伎，後者適於坐奏，亦即適於坐部伎。按立部伎因係立奏，故不能使用絃類樂器。但是坐部伎除弦類樂器外，鼓類亦可適用坐奏，惟就雅樂思想言，鼓類爲堂下立奏性質，根據雅樂之堂上、堂下形式，分爲立、坐二部之二部伎，當亦依此原則，將鼓類用作堂下樂器，絃類用作堂上樂器，亦屬當然現象。亦即『胡部』包括使用龜茲樂中坐部伎之樂器；『龜茲部』包括使用龜茲樂中立部伎之樂器。但「通典」及其原據之「太樂令壁記」對於太常四部樂，毫無記述，也許編著者缺乏四部樂方面知識，故無法作詳盡記載，僅簡單記爲「龜茲樂」或「龜茲之樂」。

坐部伎不可能沒有使用鼓類，如羯鼓、揩鼓、鷄婁鼓、均適於坐奏，燉煌千佛洞之壁畫亦屢有實例（註四七），四部樂制將鼓類專屬龜茲部，絃類專屬胡部者，或係爲明確表示制度，將其制度特色過於誇張所造成者。總之，二部伎之制度，係由雅樂思想出發，反映於太常四部樂，並與十部伎有關聯。坐部伎之樂曲爲法曲之樂曲，立部伎之樂曲爲胡部之樂曲。唐朝中葉以後，前者大爲盛行，支配了唐朝末期之新俗樂，並發展爲宋朝之燕樂。若認爲二部伎支配了唐朝音樂全般之傾向，則其在音樂制度上當然要發生極大作用。

第三節　二部伎之本質

對於二部伎之組織內容，已在前節詳細敍述。玆爲究明二部伎之眞正意義，故必須從唐朝音樂全般着想，考慮其究係屬於何種音樂？特色如何？本節，首先闡明二部伎二分意義；其次證明二部伎屬於太常寺之一種雅樂；最後說明二部伎在唐朝音樂爲佔有重要地位之宮廷燕饗樂之中心，藉以徹底究明二部伎之本質。

第一項　二部伎之二分意義

對於二部伎之本質，由於唐代史料缺乏，有很多人誤解爲二部伎係將唐朝所有舞樂分爲二部者。此種誤解，首先係由二部伎與十部伎之關係開始。如通典卷一四六之坐立二部伎條『至是增爲十部伎。其後分爲立、坐二部』。舊唐志根據前述史料，載爲『高祖登極之後，享宴因隋舊制用九部之樂。其後分爲立、坐二部』。又新唐書卷二二禮樂志篇『又分樂爲二部。堂下坐奏云云』(註四八)。上述史料，易於使人誤解二部伎係將十部伎分成二部之意，但二部伎實際上爲一種雅樂，供燕饗之用與採用胡樂』俗樂之十部伎之組織完全不同。若認爲二部伎即係十部伎者，此在研討二部伎本質時，必將發生很大障礙。更有很多人認爲二部伎係將唐朝音樂分爲二部者，如上述新唐書禮樂志所載『又分樂爲二部』，此種誤解實由於唐代音樂史料貧乏，不能顯示正確全貌，片斷史料，無法概全。例如通典，兩唐書等公式記錄，對於十部伎、二部伎、以及唐朝末葉之諸種燕饗樂曲，記述較詳，但上述各樂，僅爲宮廷音樂，爲當時音樂界之一部，至於佔音樂界大部份地位之胡、俗樂，則祇有片言隻語。其他如「理道要訣」（係杜佑撰寫）（註四九）。「樂府雜錄」、「教坊記」、「羯鼓錄」等文獻，對於民間音樂，記載較多。但後者史料，若係根據通典及兩唐書撰編時，當亦可能令人有十部伎及二部伎爲唐代音樂之大部份之感。若此，如認爲二部伎係將十部伎二分制度，當亦使人聯想發展爲二部伎係將唐代音樂二大分之制度之誤解也。此種誤解情形，如「樂府雜錄」之「雅樂部」條所載『凡奏曲，登歌先引諸樂逐之。其樂工皆戴平幘衣緋大袖，每色十二，在樂懸內。已上謂之坐部伎。八佾舞則六十四人，文武各半，皆著畫幘，俱在樂懸之北。文舞居東……武舞居西。……其鐘師及磬師、登歌、八佾舞并諸色舞，通謂之立部伎』。本文似係記述唐朝末期之雅樂制度，而又濫用於燕饗樂二部伎之名稱者。其次如「樂府雜錄」之「雲韶樂」條『樂分堂上堂下』。「胡部」條『奉聖樂曲，是韋南康鎮蜀時，南詔所進，在宮調。亦舞伎六十四人。遇內宴卽於殿前立奏樂，更番替換。若宮中宴卽坐奏樂。俗樂亦有坐部立部也』。文中之「雲韶樂」係文宗時代新的製作；「奉聖樂」爲德宗貞觀年間之新作之燕饗樂。該兩樂似作與立坐二部伎相同，採用堂上、堂下，立奏、坐奏形式，未嘗不可。但其文內後段所稱「俗樂亦有坐部、立部也」一語，似有將雅樂和俗樂兩者爲二部伎之意義。「樂府雜錄」或係傳述唐朝末期之音樂實況（註五〇），蓋坐立二部伎之十四曲，在唐朝末葉，其中部份樂曲業已失傳。

當時僅在觀念上、形式上保有二部伎之名稱，實質上已經大部流失。日本「石井文雄氏」最近所著之「立坐部伎論」，亦誤將二部伎與十部伎，同樣視作胡樂系統，而認爲二部伎係將大部份之十部伎二大分類，故在其著作中，將十部伎之內容與二部伎內容共同詳細闡述；石井氏『唐代音樂、經由雅、胡、俗之二部伎』之結論，就唐末實況言，也許有其道理。

但二部伎之本質，實由雅樂之堂上登歌、堂下樂懸兩種形式所產生。按雅樂原來大別爲堂上登歌、堂下樂懸，及文武八佾舞三類，淵源早自古周。「書經」虞書益稷之『戛擊鳴球，搏拊琴瑟，以詠祖考來格，虞賓位，羣后德讓。下管鼗鼓，合止柷敔，笙鏞以間，鳥獸蹌蹌，簫韶九成，鳳皇來儀』，一語可見一斑。此外，綜合「通典卷一四四樂懸條」、「舊唐志樂懸條」、「文獻通考卷一四〇樂懸條」等史料，所謂樂懸分爲「天子之宮懸」、「皇太子諸侯之軒懸」、「大夫之判懸」、「士之特懸」四種。其中「宮懸」係在堂下東、南、西、北四方，各置鐘及磬十二架（編鐘三、編磬三、鎛鐘三、特磬），四個角落各置鼓三（建鼓、朔鼓、應鼓），在中間各置壎、缶、篪、箎、簫、竽、籥、笙、管等各十二個排成橫列，在其南側配置柷（西），敔（東）配鼓樂。在此等配置之樂器北方，其與「堂」之間，置文舞（西）、武舞（東）。該文武兩舞，若天子時，共計八行八列六十四人，稱爲八佾舞。以上所述者爲堂下樂。至於堂上樂部份，配置歌者四十八人（十二人一列共四列），其南各置琴、瑟（箏、筑）各二，並列。在此南方，東側置黃鐘鐘及黃鐘磬，西側置柷、敔，中央置拊。「軒懸」則將宮懸南面樂器除掉；「判懸」則將宮懸南、北兩面樂器除掉；「特懸」，將宮懸、南、北、西三面樂器除掉。其在文武舞方面，「軒懸」爲六佾舞（三六人），「判懸」爲四佾舞（一六人），「特懸」爲二佾舞（四人），人數亦漸次減少(註五一)。

如上所述，雅樂之奏樂及演舞，在堂上者坐奏，堂下者立奏，與坐立二部伎比較，頗相近似。太樂令壁記『破陣等八舞，聲樂皆立奏之，樂府謂之立部伎，餘摠謂之坐部』。新唐志『又分樂爲二部。堂下立奏謂之立部伎。堂上坐奏謂之坐部伎』。此等文獻，已有明確記述。又段安節之樂府雜錄之雅樂部條『凡奏曲，登歌先引諸樂逐之。其樂工皆戴平幘，衣緋大袖。每色十二，在樂懸內。已上謂之坐部伎。八佾舞則六十四人，文武各半，皆著畫幘。俱在樂懸之北。文舞居東，手執翟，狀如雁毛。武舞居西，手執戚。文衣長大，武衣短小，其鐘師及磬師、登歌、八佾舞、并諸色舞，通謂之立部伎』。此係唐末之雅樂制度，其形式業已相當崩散。但登歌、樂懸、八佾舞構成之說法，尚具有根本之正規形式。惟其稱登歌爲坐部伎，樂懸及八佾舞爲立部伎(註五二)，明顯表示將二部伎之概念適用於雅樂，據此亦可推想二部伎之形式，係由雅樂形式產生者。

其次談及二部伎之舞，與雅樂之八佾舞之關係。如第一節所述，以秦王破陣舞（七德舞）代表雅樂之武舞，功成慶善舞（九功舞）代表雅樂之文舞而製作者。至於名曲人數，『立部伎』中安樂八十人，太平樂百四十人，破陣樂百二十人，慶善樂六十四人，太定樂百四十人，上元樂八十人，聖壽樂百四十人，光聖樂八十人。最少爲八十人，人數甚多。『坐部伎』中，讌樂之景雲舞八人，慶善舞四人，破陣舞四人，承天舞四人，長壽樂十二人，天授樂四人，鳥歌萬歲樂三人，龍池樂十二人，小破陣樂四人，其中最多者十二人，人數較少。蓋因堂下廣場演出之立部伎，需要較多舞人，但堂上受場地限制，當然演出時舞人較少。惟立部伎中之慶善樂六十四人，與八佾舞人數相同，其他各樂人數亦爲八之倍數。「坐部伎」人數爲「八」乃至「四」之倍數或約數，此與「八佾」之八爲基礎當有關係也。

如上所述，立坐二部伎之分爲「立」「坐」意義，實係基於儒教之禮樂思想與雅樂之形式。此外就二部伎與雅樂同屬太常寺所管情形，則二部伎之本質當益爲明顯也。

第二項　二部伎之所屬——太常寺太樂署

二部伎之另一特質爲「燕饗樂」，此從其隸屬太常寺情形，即可明證。如第一章太常寺樂工及第二章教坊內所述，唐朝初期太常寺（太樂署）係掌管軍樂以外之一切音樂。開元二年設立左右教坊，太常寺原掌管之胡樂、俗樂、散樂之一部移交教坊接管，太常寺之主體僅爲雅樂，在此期間二部伎仍舊隸屬太常寺。按通典以下各種史料，儘管對二部伎之內容，有詳盡報導，對此則無直接說明，故必須從其史料有關記載中予以推定。如新唐志玄宗條『若讌設酺會，即御勤政樓。……太常大鼓藻繪如錦。樂工齊擊，聲震城闕。太常卿引雅樂，每色數十人，自南魚貫而進，列於樓下，鼓笛鷄婁充庭考擊。太常樂立部伎、坐部伎依點鼓舞，間以胡夷之伎』。通典卷一四六散樂條『若尋常享會，先一日具坐立部樂名上太常。太常封上，請所奏。御注而下。及會，先奏坐部伎，次奏立部伎，次奏蹀馬，次奏散樂（然所奏部伎竝取當時進止無准定）』。上述兩文，已可推定二部伎係太常寺所管轄。又新唐書卷二二玄宗條『又分樂爲二部。堂下立奏謂之立部伎，堂上坐奏謂之坐部伎。太常閱坐部。不可教者隸立部，又不可教者乃習雅樂』。又後半文中白居易之新樂府「立部伎」所載『太常部伎有等級，堂上者坐，堂下立』該句自註爲『太常選坐部伎無性識者，退入立部伎，又立部伎絕無性識者，退入雅樂部，則雅樂之聲不知矣』。根據此文，二部伎與雅樂同屬太常寺情形更爲顯然，此外舊唐書卷二八在說明梨園時載有『玄宗又於聽政之暇，教太常樂工子弟三百人。爲絲竹之戲……號皇帝弟子，又云梨園弟子』。新唐書卷二二則載爲『玄宗既知音律，又酷愛法曲，選坐部伎子弟三百教於梨園……號皇帝梨園弟子』。文中所稱「太常樂工子弟三百人」與「坐部伎子弟三百」當屬同一人物，教太常樂工亦即坐部伎之謂。此外傍證二部伎直屬太常寺者，爲立部伎中所不能缺少之大鼓。「通典」坐立部伎條文內，對此種樂器曾載有『自安樂（太樂令壁記則稱爲破陣樂）以後，皆雷大鼓，雜以龜茲樂，聲振百里……』。舊唐書卷八二『太常大鼓藻繪如錦，樂工齊擊，聲震城闕』。該條稍後，又載有『又令宮女數百人自帷出，擊雷鼓。爲破陣樂、太平樂、上元樂。雖太常積習。皆不如其妙也』。綜合上述文獻，大鼓爲立部伎所不能缺少之一種樂器，太常四部樂中大鼓部爲其一部，則太常寺內，大鼓亦爲其重要樂器。如所週知該大鼓部，係因立部伎之大鼓而設立者也。

另一推定二部伎屬於太常寺之實例，爲舊唐書卷一一七趙宗儒傳文獻。該文所載爲『長慶元年二月，檢校右僕射守太常卿。太常有獅子樂，備五方之色。非會朝聘享不作。幼君荒誕，伶官縱肆，中人掌教坊者，移牒取之。宗儒不敢違，以狀白宰相。相以爲事有在有司執守，不合關白。以宗儒法不任事，改太子少師』(註五三)。該文內容，係說明穆宗帝幼年時，宦官出身之伶官，掌握教坊實權；將原屬太常寺之五方獅子舞，亦卽立部伎之太平樂，任意佔奪移牒教坊。當時太常卿趙宗儒未能及時具狀宰相，致遭左遷。該文獻不但證明二部伎屬於太常寺，更能證明二部伎並非屬於教坊也。按教坊係開元二年以後從太常寺分離之獨立機構，第二章內曾就此反覆說明。但趙宗儒之上述逸事，不僅證明二部伎屬於太常寺之事實，亦且傍證了「教坊」與「太常寺」毫無隸屬關係之事實也。

第三項　二部伎具有燕饗樂之意義

如上所述，二部伎具有雅樂形式，但其內容，實包含有胡俗樂之一種折衷的音樂。茲就構成二部伎制度之樂曲情形，以探究二部伎之根本本質。

按南北朝、隋、唐、宋歷代，係就漢晉時代業已確立之中國固有音樂，不斷吸收西方傳來音樂，融合產生新的中國音樂之時期。此種胡俗樂之融合（乃至胡樂之俗樂化），尤以唐朝中葉至唐朝末期更爲隆盛。唐初雅、胡、俗三樂鼎立之勢；唐末由於新俗樂出現，演變成雅、俗兩樂對立情勢。此時，儒教之禮樂思想在以宮室爲中心之上層階級，特別是知識階級中，業已根深蒂固。彼等視胡樂、俗樂爲卑俗之樂，力予排斥，積極復興在南北朝兵亂中崩壞之雅樂，藉以粉飾新王朝之建設思想。隋文帝、唐太祖及唐太宗時曾修定雅樂。如唐初，祖孝孫、張文收等制定大唐雅樂，但儘管如此，雅樂雖保存了周代禮樂古制，因受漢朝以來發達之俗樂，和南北朝以後飛躍進步之胡樂等影響，其在藝術和技術方面，均感落後。雖有政治思想等背景支援，事實上，唐初以後雅樂再度衰退，最後僅保持了制定開元禮樂之名目。相反的胡俗樂益形隆盛，故雅樂爲圖振興，必然在趕上時代，提高藝術水準，保存雅樂古制形式及禮樂思想趣旨上，產生一種新的雅樂。亦即以破陣樂、慶善樂、上元樂等三大舞爲首二部伎諸曲，及包括唐初唐末諸舞之新燕饗樂。如二部伎通典卷一四六坐立二部伎項慶善樂條所載『慶善樂……冬至饗宴及國有大慶，奏於庭』。舊唐志卷二八音樂志，玄宗條『（玄宗）在位多年，善音樂。若讌設酺會，即御勤政樓……太常樂立部伎坐部伎依點鼓舞，間以胡夷之伎』。大體上說明宮室國家饗宴時，與郊祀廟祭之雅樂相同。，上演雅樂或與雅樂相同之替代音樂者。其最顯著之史料，如通典卷一四七郊廟宮懸備舞儀條所載『大唐麟德二年十月（唐會要書爲七月二十四日）詔，國家平定，天下革命，創制記功，旌德久被樂章。今郊祀四懸猶用干戚之舞。先朝作樂，韜而未伸。其郊廟享宴等所奏宮懸，文舞宜用功成慶善之樂，皆著履執拂，依舊服袴褶童子冠。其武舞宜用神功破陣之樂，皆衣甲持戟。其執纛之人亦著金甲，人數並依八佾仍量。加簫、笛、歌、鼓等於懸南列坐。若舞即與宮懸合奏。其宴樂內二色舞者，仍依舊制別設』。又『（韋）萬石又與刋正樂官等奏曰：謹按凱安舞是貞觀年中所造。武舞準貞觀禮及今禮。但郊廟祭享奏武舞之樂。即用之。凡有六變（註略）。謹按貞觀禮祭享曰，武舞唯作六變，亦如周之大武六成樂止。今禮奏武舞六成而數終未止，既非師古，不可依行，其武舞凱安，請依古禮及貞觀六成樂止（「止」字，通典誤書爲「坐」；舊唐志更正爲「止」）。立部伎內破陣樂五十二徧修入雅樂。只有兩徧，名七德。立部伎內慶善樂五十徧修入雅樂。只有一徧，名九功。上元舞二十徧，今入雅樂，一無所減。每見祭享日，三獻已終，上元舞猶舞未畢。今更加破陣樂、慶善樂。恐獻配以後歌舞更長。其雅樂內破陣樂、慶善樂、上元舞三曲竝請修改通融，令長短與禮相稱。冀於事爲便（下略）』」。文中所述，三大舞與雅樂同時演奏，或代替雅樂演出。三大舞中一部份編入雅樂，至於三大舞以外之二部伎各曲，是否與三大舞同樣與雅樂保有深切關係，殊有疑問。但其在饗宴時，當具有代替雅樂之意義。尤以坐部伎爲堂上坐奏法曲之曲。唐初以後，時間過久，雅樂色彩減退，但坐部伎中之讌樂曲，係貞觀年間張文收之製作，爲坐奏之新燕饗樂之代表曲。玄宗之龍池樂也以雅樂器爲主。總之二部伎雖包括有「雅正之樂」與「卑俗之樂」，但就全般構成言，仍有雅樂形式，此爲二部伎在新燕饗樂方面之最大特色。

此外在二部伎十四曲以外，亦有如二部伎曲之新燕饗雅樂。如新唐書卷二一禮樂志所載『其後因內宴詔，長孫無忌製傾盃曲，魏徵製樂社樂曲，虞世南製英雄樂曲。帝（太宗）之破竇建德也，乘馬名黃驄驃。及征高麗，死於道。頗哀惜之，令樂工製黃驄疊曲。四曲皆宮調也。（中略）』。『（高宗）及遼東平，行軍大摠管李勣作夷來賓之曲，以獻。調露二年幸洛陽城南樓，宴羣臣，太常奏六合還淳之舞』。舊唐書卷二八音樂志『長壽二年正月則天親享萬象神宮。先是上（中宗）自製神宮大樂舞，用九百人。至是舞於神宮之庭。（中略）延載元年正月二十三日製越古長年樂一曲』。如上所述，太宗朝代之傾盃曲、樂社樂、英雄樂、黃驄驃等；高宗朝代之六合還淳舞；則天武后朝代之神宮大樂舞，越古長年樂等之舞態、樂容等詳情雖然不明，但其與二部伎相同之燕饗樂情形當不難想像。此外根據新唐志所載『代宗繇廣平王復二京，梨園供奉官劉日進製寶應長寧十八曲，以獻。皆宮調也。大歷元年又有廣平太一樂』。說明代宗時代有「寶應長寧樂」及「廣平太一樂」兩曲，此爲安祿山亂後宮廷開始復興音樂史料。上文續載『貞元初（樂工康崑崙，寓其聲於琵琶，奏於玉宸殿，因號玉宸宮調，合諸樂，則用黃鐘宮）。其後方鎮多製樂舞以獻』。此係敍述德宗朝代貞元年間以後，很多地方節度使製樂舞呈獻唐室，燕饗樂逐漸復興。又舊唐志『貞元三年四月，河東節度使馬燧獻定難曲。御麟試殿，命閱試之。十二年十二月昭義軍節度使王虔休獻繼天誕聖樂。十四年三月，德宗自製中和舞。又奏九部樂及禁中歌舞伎者十數人布列在庭。上御麟德殿會百寮，觀新樂詩。仍令太子書示百官。貞元十六年正月南詔異牟尋作奉聖樂舞。因韋臯以進。……太和八年十月宣太常寺準雲韶樂，舊用人數，令於本寺閱習進來者，至開成元年十月教成，三年武德司奉宣索雲韶樂懸圖二軸進之』。又新唐志『河東節度使馬燧獻定難曲。昭義軍節度使王虔休以德宗誕辰未有大樂，乃作繼天誕聖樂，以宮爲調。帝因作中和樂舞。山南節度使于頔又獻順聖樂。曲將半而行綴皆伏，一人舞於中。又令女伎爲佾舞，雄健壯妙號孫武順聖樂。文宗好雅樂，詔太常卿馮定，采開元雅樂，製雲韶法曲及霓裳羽衣舞曲。雲韶樂有玉磬四虡、琴、瑟、筑、簫、篪、籥、跋膝、笙、竽皆一，登歌四人，分堂上下。童子五人繡衣執金蓮花以導，舞者三百人。階下設錦筵。遇內宴乃奏。謂大臣曰笙磬同音，沈吟忘味，不圖爲樂至於斯也。自是臣下功高者輒賜之。樂成改法曲爲仙韶曲。會昌初，宰相李德祐命樂工製萬斯年曲以獻。……宣宗每宴羣臣備百戲。帝製新曲，敎女伶數千百人。衣珠翠緹繡連袂而歌。其樂有播皇猷之曲。舞者高冠方履褒衣博帶，趍走俯仰中於規矩。……咸通間，諸王多習音聲倡優雜戲。天子幸其院，則迎駕奏樂。是時藩鎭稍復破陣樂。然舞者衣畫甲執旗旆，纔十人而已。蓋唐之盛時樂曲所傳，至其末年往往亡缺』。根據上述新、舊唐志文獻，德宗貞元年間，出現定難曲，繼天誕聖樂、中和樂、順聖樂、孫武順聖樂、南詔奉聖樂。文宗開成年間製作雲韶樂；武宗會昌年間製作萬斯年；宣宗大中年間製定播皇猷之曲，此等曲中，中和樂、雲韶樂及播皇猷之曲係皇帝自製或命廷臣製作者，其餘名曲係藩鎭呈獻。諸曲之內容及形式，雖多無詳盡記載，但其根本上似係爲與二部伎相同之一種燕饗雅樂。茲就「雲韶樂」與「南詔奉聖樂」二例略述於次。

「雲韶樂」，如新唐志所述(註五四)，係愛好雅樂之文宗，倣開元雅樂製作之曲。使用磬、琴、瑟等雅樂器爲主，分爲堂上、堂下，階下有舞人三百人。此種情景，令人憶及以往之破陣、慶善兩樂，但其內容爲「雲韶法曲」及「霓裳羽衣舞曲」。按「霓裳羽衣舞曲」係玄宗製作，流行人間，爲一種代表性之法曲。其實係河西節度使呈獻玄宗之河西之胡部新聲「波羅門」改作成俗樂化之法曲(註五五)。至於「雲韶法曲」，意義含糊，有稱爲玄宗朝代法曲中之雲韶樂之樂曲。玄宗朝代雲韶樂之內容，雖乏詳盡文獻，但其與霓裳羽衣相同，均爲法曲。是則文宗之「雲韶樂」內容，亦爲胡俗樂，從其雅樂形式內包含有胡俗樂內容情形觀察，此「雲韶樂」實爲二部伎之再度出現也(註五六)。

其次關於「南詔奉聖樂」。新唐書卷二二二下南詔傳驃國（卽今之緬甸）條內有一千五百二十三字之詳盡報導，該奉聖樂曲規模甚大，內容華麗，令人驚訝，關於其製作動機，根據南詔傳驃國條所載。爲『貞元中，王雍羌聞南詔歸唐，有內附心。異牟尋遣使楊加明，詣劍南西川節度使韋皐，請獻夷中歌曲，且令驃國進樂人。於是皐作南詔奉聖樂』。蓋「驃國王」雍羌，聞南詔附唐，遣使朝貢，呈獻該國音樂於劍南西川節度使韋皐，韋皐據以作曲(註五七)。關於驃國之國樂，在奉聖樂後面約有一千二百九十六字記錄，該文獻首先爲『雍羌亦遣弟悉利移城主舒難陀，獻其國樂。至成都，韋皐復譜次其聲。以其舞容樂器異常，乃圖畫以獻』。說明韋皐採用驃國樂譜，繪圖呈獻唐室，因其對此樂舞，特別關心，此爲其製作南詔奉聖樂之動機也。其次關於大概內容爲『舞六成，工六十四人，贊引二人，序曲二十八疊，舞南詔奉聖樂，字舞十六，執羽翟以四爲列云云』。據此，該舞曲當屬字舞。根據文內所載「舞六成」、「工六十四人」、「以四爲列」情形觀之，亦爲八佾舞也。其對音樂理論方面，亦完全攝取中國之雅樂理論，但在樂器編成方面，則爲『凡樂三十，工百九十六人，分四部，一龜茲部、二大鼓部，三胡部，四軍樂部』。文中除第四部軍樂部與太常四部樂之第四部鼓笛部不同外，其餘三部完全相同，或係模倣太常四部樂制者。南詔奉聖樂與二部伎所用樂器相同。此外根據樂府雜錄之胡部項所載『奉聖樂曲，是韋南康鎮蜀時，南詔所進。在宮調。亦舞伎六十四人。遇內宴卽於殿前立奏樂，更番替換。若宮中宴卽坐奏樂。俗樂亦有坐部立部也』。由此更可明瞭南詔奉聖樂與二部伎之關係也(註五八)。

第四節　二部伎之變遷

第一項　上演之方法

二部伎自開元初期創設以來，係以何種形式上演，此實爲研究二部伎本質之重要資料。關於二部伎上演方法，第一項要指摘者爲與十部伎不同。按十部伎演出時，全部從第一伎開始至第十伎，必須順序演出，其上演情形，如舊唐書所載『貞元十四年二月戊午上御麟德殿，宴文武百寮，初奏破陣樂，偏奏九部』。二部伎雖與十部伎係同屬太常寺之燕饗樂，但其上演時，全部十四曲並非共同演出，以選擇數曲演出情形較多。如通典卷一四六散樂條末所載(註五九)『若尋常享會，先一日，具坐立部樂名，上太常。太常封上請所奏。御注而下。及會，先奏坐部伎，次奏立部伎，次奏蹀馬，次奏散樂（然可奏部伎竝取當時進止無准定）』。是卽讌會前一天，先將預定演奏之坐立部樂曲名稱報告太常寺，奏呈皇上核定，讌會時先奏坐部伎，次奏立部伎，再次爲蹀馬（舞馬）及散樂，宴會規模亦極盛大，尤以玄宗之勤政樓下之御宴更爲著名。舊唐書卷二八音樂志所載『玄宗在位多年，善樂音。若讌設酺會，卽御勤政樓，先一日金吾引駕仗北衙四軍甲士。未明陳仗衛尉張設，光祿造食。候明百僚朝，侍中進中嚴外辦，中官素扇，天子開簾受朝禮。畢又素扇垂簾。百寮常參供奉官，貴戚二王後，諸蕃酋長謝食就坐。太常大鼓藻繪如錦。樂工齊擊，聲震城闕。太常卿引雅樂，每色數十人，自南魚貫而進，列於樓下。鼓笛、鷄婁充庭，考擊。太常樂立部伎、坐部伎，依點鼓舞，間以胡夷之伎。日旰即內閑廐引馬三十匹，傾杯樂曲，奮首鼓尾，縱橫應節。又施三層校牀，乘馬而上抃轉如飛。又令宮女數百人自帷出，擊雷鼓，爲破陣樂、太平樂、上元樂，雖太常積習皆不如其妙也。若聖壽樂，則廻身換衣，作字如畫。又五方使引大象入場。或拜或舞，動容鼓振，中於音律，竟日而退』(註六〇)。此係敍述太常樂人之立部伎，坐部伎上演外，宮女亦演出破陣樂、太平樂、上元樂及聖壽樂。按「太常樂人」之上演，如通典所載。又資治通鑑卷二一八亦有同樣記載，如『至德元載八月辛丑……初上皇每酺宴，先設太常雅樂、坐部、立部，繼以鼓吹、胡樂、教坊府縣散樂雜戲』。故二部伎似與十部伎相同，上演時係集合各種各樣樂器，分爲堂上、堂下兩種形式演出，但其演出時，並非十四曲同時上演，多係選擇一曲或數曲演奏者。其次二部伎上演時單獨演出情形，遠較與其他各種樂舞（如雅樂、大鼓、胡樂、散樂、舞馬、象戲等）在宴席餘興時共同上演較少，這點更可顯示出二部伎具有燕饗雅樂之性格也。

第二項　二部伎之轉化

各種史料，對於二部伎創設情形及其變遷，均無明確記載。文獻中涉及二部伎上演記錄，亦極貧乏。太樂令壁記解說之二部伎爲開元年間記錄，通典大曆三年所撰(註六一)；對於讌樂四舞之記述『按此樂惟景雲舞近存。餘竝亡』。當時讌樂四舞中之慶善、破陣、承天三舞業已廢絕。此爲代宗大曆三年之事，二部伎中最重要之「讌樂」尚且如此，其他各樂情形當可想像也。

慶善、破陣雖見諸於其他立部伎曲，但此似係如樂府雜錄之雅樂部及胡部之所謂坐部、立部，適用於二部伎概念之雅樂與俗樂者，而非證明二部伎存在之史料也。新唐書禮樂志之玄宗條續載有『其後巨盜起陷兩京，自此天下用兵不息。而離宮苑囿遂以荒堙。獨其餘聲遺曲傳人間。聞者為之悲涼感動。蓋其事適足為戒。而不足考法。故不復者其詳』。此係敍述安史亂後，離宮苑囿荒廢，教坊、梨園、十部伎、四部樂等音樂制度陷入混亂，宮廷音樂，佚散民間之軼事，二部伎恐亦招致同樣命運。但各種音樂制度於肅宗還京時漸告復興，惟有關二部伎復活史料則從未發見(註六二)。可是儘管二部伎制度已被廢止，二部伎內各曲則經常不斷上演。如上述「舊唐書德宗紀」所載「貞元十四年，破陣樂與九（十）部伎共同演出記錄」。此外，根據新唐書卷二一六下吐蕃傳所載『（貞元十五年）唐使者始至，給事中論悉答熱來議盟，大享於牙石，飯舉酒行與華制略等。樂奏秦王破陣曲。又奏涼州、胡渭、錄要雜曲、百伎皆中國人』。二部伎中之破陣樂，於唐朝末葉尚在上演。文中所稱貞元十五年之「樂奏」，諒係僅奏樂曲，似並無舞樂演出者。至於破陣樂演舞，史料中之最後記載為新唐書卷二二禮樂志之『（懿宗）咸通間……是時藩鎮稍復舞破陣樂。然舞者衣畫甲執旗旆纔十人而已』一文，說明咸通年間，節度使某氏復活破陣樂舞，但舞者僅有十人，此與破陣樂原有百四十舞人比較，其頹廢程度，可想而知。其他二部伎諸曲，當亦可推想臆測也。

二部伎全體構成雖已式微，但其中一曲或數曲，則常以二部伎之身份上演者；迨至宋朝，尚有坐部伎名稱出現。如宋史卷一四二樂志『燕樂，古者燕樂自周以來用之。唐貞觀增隋九部爲十部。以張文收所製，名燕樂，而被之管絃。厥後至坐部伎琵琶曲盛于時，匪直漢氏上林樂府縵樂，不應經法而已。宋初置教坊，得江南樂，已汰其坐部不用。自後因舊聲創新聲』。若文中之坐部，係指二部伎之坐部伎，則坐部伎係傳至宋初，始告廢絕者。但是文中「坐部伎琵琶盛於時」一語，並非指唐末坐部伎盛隆之意，而爲唐朝中葉至末期，胡樂與俗樂融合而產生之一種新俗樂者。在其經過過程中，重用鼓類胡樂系堂下立奏之風氣漸形減少，而重用絃類法曲系之堂上演奏風氣却逐漸流行。影響所及，二部伎之立部伎隨之消失，至於坐部伎雖亦推測其廢絕，但是唐末破陣樂之上演，此雖不能證實坐部伎依然殘存，但是至少可以認爲破陣樂(小破陣樂)之坐部伎化也，上述坐部伎盛行結果，琵琶之樂曲亦隨之流行。固然上述之二部伎，雖不能視爲坐部伎制度本身之隆盛，至少亦可解釋爲堂上坐奏風之坐部伎之樂曲，亦卽法曲系樂曲隆盛之意義也。此種情形，宋初較唐末更甚，繼承唐末新俗樂之宋朝燕樂主體之法曲卽爲實例；宋朝琵琶之獨彈曲以及其他樂器之獨奏曲之出現，亦爲顯著之事例也(註六三)。

如上所述，二部伎之制度，恐在玄宗朝代，其本來實質或已喪失，至其餘聲遺曲，傳至宋初仍舊存在，是則所謂二部伎之概念係反映唐末之雅樂、燕饗樂、俗樂；而『餘聲遺曲』，亦卽所謂法曲中出現者。

唐朝中葉以後，俗樂名稱之樂曲，屢見於法曲。首先爲玄宗帝，將中國俗樂「淸商樂」（或稱淸樂）及其親製之新曲，賦予「法曲」名稱；並新設梨園制度，在梨園演唱，此種新曲，實係胡樂之中國化而已，如著名之「霓裳羽衣曲」。此種法曲化情形，與坐部伎之堂上坐奏之樂風具有接近意義，蓋唐朝中葉以後，「胡樂」與「俗樂」亦係在這種基調上融合者。

此外，根據唐會要卷三三諸樂條『太常梨園別教院，教法曲樂章等。王昭君樂一章，思歸樂一章，傾盃樂一章，破陣樂一章，聖明樂一章，五更轉樂一章，玉樹後庭花一章，泛龍舟樂一章，萬歲長生樂一章，飲酒樂一章，鬪百草一章，雲韶樂一章，十二章』。及陳暘樂書卷一八八法曲部條『太宗破陣樂，高宗一戎大定樂，武后長生樂，明皇赤白桃李花皆法曲尤妙者。其餘如霓裳羽衣、望瀛、獻仙音、聽龍吟、碧天雁、獻天花之類，不可勝紀』。破陣樂、大定樂、長生(壽)樂等均被編入「法曲」。二部伎中十四曲之若干曲，唐朝中葉以後，亦以「教坊之俗樂」或「法曲」身份繼續存在也。按「法曲」在玄宗朝代，主要在梨園教習，至於法曲與俗樂難以區別者，仍在教坊。如教坊記列舉之曲目(三百二十四曲)中，有大定樂、破陣樂、太平樂及破陣子等曲名，該等樂曲，均非大曲；如「破陣樂」原係大曲，但在教坊者，係坐部伎化之小破陣樂，至於「破陣子」或更形小曲化，亦未可知也(註六四)。

二部伎曲中若干曲，有被用作軍樂者，如新唐書卷二三下，儀衛志下內曾列舉鼓吹五部之樂曲，將羽葆部十八曲中第十七曲列爲「龍池」，第十八曲列爲「破陣樂」，又鐃吹部七曲中第一曲，列爲「破陣樂」，第七曲列爲「太平」(龍池卽「龍池樂」，太平卽「太平樂」)。又儀衛志續載『凱樂用鐃吹二部……將入都門，鼓吹振作奏破陣樂、應聖期、賀朝歡、君臣同慶樂等四曲』。文中諸曲，當非舞曲，而係合奏曲也。

總而言之，二部伎本質，在外表上具有雅樂形式，但內容上却有濃厚之胡俗樂之一種新的燕饗雅樂。由此亦可想像隋唐時代，一般音樂趨勢中之中國固有音樂與外來音樂之融合，乃至外來音樂中國化之情形。所以，二部伎之關係極爲廣泛，其與雅樂間相互援助提携，與十部伎則共爲宮廷燕饗樂之兄弟樂，並予太常四部樂之分類基準，又坐部伎的樂曲亦即法曲的樂曲，自唐朝中葉至宋代間，支配了當時之音樂界，使中國音樂之藝術性大爲提高。故一般人對二部伎制度爲將唐代音樂二大分之制度之見解，固爲誤解，但二部伎對於音樂界之影響却有此種偉大，此點殊堪吾人研究唐代音樂者必須重視也。

第六章二部伎註釋

（一）序說第二章將唐代音樂區分爲雅樂、燕樂、俗樂、胡樂、散樂、軍樂六種。若再增加琴樂一種，未嘗不可，但其中主要者則爲雅樂、胡樂、俗樂三種。

（二）請參照「六典卷一四太常寺」、「通典卷一四一——一四七樂」、「舊唐書音樂志」及「新唐書禮樂志」。

（三）同右。

（四）請參照筆者拙著之「唐代音樂文獻解說」（東洋音樂研究第一卷第一號）。

（五）「太樂令壁記」載有「破陣樂三，文帝所造也。百二十人……」一語按「通典」常將大唐寫爲文帝，故文中所稱「文帝」，並非指隋文帝，而係指唐太宗。蓋「太宗」贈謚爲「文武聖皇帝」而唐高祖、唐高宗均無含有「文」字之贈謚也。

（六）「新唐書卷(2)太宗本紀內」載有「武德元年爲尚書令右翊衞大將軍，進封秦王，薛舉寇涇州，太宗爲西封元帥……舉死。……二年正月鎮長春宮，進拜左武侯大將軍涼州總管。是時劉武周據并州……三年四月……懼武周奔於突厥。……七討王世充敗之於北邙。四年二月，竇建德率兵十萬以援世充，太宗敗建德於虎牢，執之。世充乃降。

（七）「隋書音樂志」、「唐六典」、「通典」、「新唐書禮樂志」、「舊唐書音樂志」等史料，對於「鼓吹」兩字，均有詳細記載。

（八）玉海卷一〇五之「徐景安樂書」載有『古今樂纂云……俗樂之調，有七宮、七商、七角、七羽、合二十八調，而無徵調。（裴瑾爲太常主簿，作「坐立二部伎圖」）』。按裴瑾任職太常主簿，諒係承太宗之命所繪。文內雖述及俗樂二十八調，但對這點並無詳細分析，殊令人弗解。

（九）舊唐書太宗本紀內載有『（貞觀）七年正月戊子……是日，上製破陣樂舞圖』之記錄。

（一〇）唐會要卷三「破陣樂」條所載『文帝所造也』一語，即係明證。

（一一）太樂令壁記所載『高宗所造，出自破陣樂。舞百四十人，被五綵文甲，持槊。歌和云八紘同軌樂，以象平遼」。此文較通典所述者簡單，似係從玉海卷一〇五所摘錄者。

（一二）新唐志所載者，似係摘自「通典卷一四七郊廟宮懸備舞議」所書之「韋萬石樂議」其內容如次：

『儀鳳二年十一月，太常少卿韋萬石奏曰，據貞觀禮郊享曰文舞，奏元和、順和、永和等樂。其舞人着委貌冠服，手執籥翟。其武舞奏凱安，其舞人着平冕，手執干戚。奉麟德二年十月勅，文舞改用功成慶善樂。武舞改用神功破陣樂，並改器服，俱以慶善樂不可降顧破陣樂，又未入雅樂，雖改用器服，其舞曲依舊，迄今不改。事既不安，恐須別有處分。詔曰，舊文舞、武舞既不可廢，并器服總宜依舊。若懸作上元舞日，依奏神功破陣樂及功成慶善樂，并殿庭用舞。竝須引出縣外而作。其安置舞曲，宜更商量作安穩法，并錄凱安六變法象奏聞。

萬石又與刊正樂官等奏曰「謹按，凱安舞，是貞觀年中所造武舞。準貞觀禮及今禮。但郊廟祭享奏武舞之樂，卽用之。凡有六變。謹按，貞觀禮祭，享日武舞。唯作六變。亦如周之大武，六成樂止。今禮奏武舞六成而數終未止。旣非師古不可依行。其武舞，凱安請依古禮及貞觀禮六成樂止。立部伎內破陣樂五十二徧，修入雅樂，只有兩徧，名七德。立部伎內慶善樂五十徧，修入雅樂。只有一徧，名九功。上元舞二十，今入雅樂，一無所減。每見祭享日，三獻已終，上元舞猶舞未畢。今更加破陣樂、慶善樂。恐獻配以後徧，歌舞更長。其雅樂內破陣樂、慶善樂、上元舞三曲竝請修改通融，今長短與禮相稱。冀於事爲便。破陣樂有象武事，慶善樂有象文事。按古六代舞有雲門、大咸、大韶、大夏等，是古之文舞。殷之大濩，周之大武，是古之武舞。先儒相傳國家以揖讓得天下，則先奏文舞。若以征伐得天下，則先奏武舞。請應用二舞日，先奏神功破陣樂，次奏功成慶善樂。先奉勑於圜丘、方澤、太廟，祠享日，則用上元之舞。臣據見行禮。欲於天皇酌獻降復位。以後卽，作凱安六變樂止。其神功破陣樂、功成慶善樂、上元舞三曲，待改修訖，以次通融作之。卽得新舊竝行，前後有序。」詔從之』。

（一三）新唐志所載「二部伎四曲」，並非按照年代順序記述，故光聖樂不一定爲玄宗「四曲」中之最後之作曲。

（一四）新唐志誤將「讌樂」寫成「燕樂」，請參照筆者著作之「燕樂名義考」。（東洋音樂研究第一卷第二號）

（一五）通典將「朱雁」誤寫「朱鴈」。新唐志還略記爲「采古誼」。所謂「天馬古誼」，根據前漢書卷六武帝本紀元鼎四年條所載「秋，馬生渥洼水中，作（寶鼎）天馬之歌」。是則由於渥洼河中所生奇馬而作之「天馬之歌」。但對「朱雁」有關事蹟，未見記述，未悉「朱雁」是否係「朱雀」之誤。

（一六）對於大唐雅樂復興情形，通典及兩唐志均有詳細記載。請參照序說，便知梗概。

（一七）長安志卷九興慶坊條載爲『武后大足元年，睿宗左藩賜爲五王子宅。明皇始居之宅，臨大池。中宗時，望氣者云，此池有天子氣，故龍宴遊此池上，已泛舟以厭之。南街東出春明門。開元二年置宮，因本坊爲名」。

（一八）請參照宋朝王灼之「碧鷄漫談」卷三，及孫人和之「沈括以霓裳爲道調法曲辨」。（服部先生古稀祝賀紀念論文集）

（一九）根據新舊兩唐書之「玄宗本紀」及「突厥傳」，楊敬述於開元八年九月，任職涼州都督時，突厥進犯甘、源諸州，迎戰失敗，削除官位，降爲白衣檢校涼州。

（二〇）新唐志玄宗條，將玄宗帝所作之二部伎三曲中，順次排列爲龍池樂、聖壽樂，按新唐志係根據「通典」及「舊唐志」撰寫，並參考其他教坊等史料編纂者，故其並非一定可靠也。

（二一）請參照本章註解第十二。

（二二）請參照舊唐書卷七七「韋萬石傳」。

（二三）根據唐末徐景安之「新纂樂書」，坐部伎之名，似在玄宗以前業已使用。按徐景安「新纂樂書」之「雅俗二部第五」中，載有「古今樂纂云，隋文帝分九部伎樂。以漢樂坐部爲首。外以陳國樂舞後庭花也。西俗與清樂，竝龜茲五天竺國之樂，竝合佛國，法曲也。安國、百濟、南蠻、東夷之樂，皆合野龍之曲、胡旋之舞也。唐分九部伎樂，以漢部燕樂爲首。外次以淸樂、西涼、天竺、高麗、龜茲、安國、疏勒、高昌、康國合爲十部」。

（二四）白居易新樂府「西涼伎」所載「西涼伎，西涼伎，假面胡人假師子」一語，即係歌誦「五方師子舞」爲

「太平樂曲」者（請參照太平樂條文）。

（二五）「通典」寫爲「戰耳」。舊唐志却寫爲「猒耳」。

（二六）本文係引用新唐志，十部伎條文中之龜茲伎。

（二七）「信西古樂圖」係引用文獻通考卷一四五「樂舞」項目中之獅子舞及舊唐書音樂志之太平樂（五方獅子舞）條文。按兩者均係引用「通典」，故此圖卽爲五方獅舞（亦卽太平樂之圖），文獻通考之「樂舞」，大部份係根據北宋陳暘樂書之樂圖論。但獅子舞之條文，則非來自陳暘樂書，而爲文獻通考之增補部份資料。

（二八）由中國傳來之「日本樂舞曲」均無歌唱隨伴。此或因中國語歌詞唱誦困難，或此種曲譜缺乏歌手所致，但日本樂舞中，古代尚有較短詩句歌詞，此亦或因漢語發言困難而中國傳來歌詞較長，僅能採用其一部份詩句所致。

（二九）請參閱野間清六之「日本假面史」第三三頁至三六頁。（昭和十八年，藝文書院刊）

（三〇）關於「崑崙」意義，樂人篇內有詳細記述。

（三一）今日之「太平樂」係由「朝小子」、「武昌樂」、「合歡鹽」等歌曲組成。

（三二）根據「續日本紀」所載，則天武后長安二年，「太平樂」與「五常樂」同時在宮中演奏。

（三三）此等大曲，僅教習數天，卽可完成，令人可疑。但「教伎記」所有之宜春院人（爲教坊妓中最優秀之樂妓）對「立部伎」之聖壽樂，教習一天，卽可上演之說，因其原係樂妓，具有舞樂基礎，故修習數天卽可完成，或有可能也（請參閱第一章太常寺樂工及第二章教坊）。

（三四）「如信西古樂圖」、「高嶋千春序之樂舞圖」等。

（三五）「高麗伎」及「百濟伎」均係韓國古代音樂，接受唐代影響而成立。因其受中國文化影響，故以中國樂器爲主，另滲入具有韓國色彩之二、三種樂器所組成。按高麗伎、百濟伎，與淸商伎相同，和中國俗樂甚爲接近，與龜茲伎等西域樂七伎不同，故西域樂七伎多穿「袴」，而俗樂系三伎則穿着「裙襦」。

（三六）段安節之「樂府雜錄」所載『舞者樂之容也。……即有健舞、軟舞、字舞、花舞、馬舞』。按字舞之最著名者，爲唐末之「南詔奉聖樂」。此在樂曲篇內已有詳細記述，請參照石田乾之助氏之「唐史漫抄」四，字舞部份文獻記錄。

（三七）請參照樂曲篇。

（三八）「樂人」和「舞人」穿「衫」者較少。十部伎之樂人、舞人尙無此例。如「明皇雜錄」所載「元宗常命教舞馬四百蹄。各爲左右，分爲部。……樂工數人，立左右前後，皆衣淡黃衫，文玉帶」。文中僅提及舞馬樂人穿着淡黃衫。

（三九）宋朝王灼之「碧鷄漫志」卷三。

（四〇）正倉院御物圖錄第十六册中第六十、六十一圖之鳥甲殘缺，與現行之鳥甲有顯著不同；其與「輪臺」（左舞唐樂），「林歌」（右舞高麗樂）等舞人所用之「別樣甲」形狀相似。同書第六十四圖之樂帽殘缺三枚，爲單純之山形，亦非現行樂人使用之鳥甲。

（四一）正倉院御物中，僅保存有「襪子」而無「靴鞋」。請參照宮內廳書陵部發行之「書陵部紀要」第一號（昭和二十六年三月）中之「正倉院年報」及「圖版第三」。

（四二）利用鳥爲舞樂，當時並非初創。根據晉書卷七九，謝尙傳所載『善音樂，博綜衆藝，司徒王導深器之。比之王戎，常呼爲小宴。豐辟爲掾襲父爵咸亭侯。始到府通謁。導以其有勝會，謂曰聞君能作鴝鵒舞。一坐傾想，寧有此理不。尚曰佳。便者衣幘而舞。導令坐者撫掌擊節。尚俯仰在中，傍若無人，其率詣如此』。但文中之鴝鵒舞，似係餘興節目，或非正式舞曲也。

（四三）宋代陳暘樂書卷一一六，及韓國朴堧之「樂學軌範」卷六。

（四四）李文係引用通典卷一四六「清樂」條文。

（四五）「絃樂」中之五絃琵琶，爲龜茲樂之代表樂器，而被稱爲「龜茲琵琶」。正倉院御物中有一具龜茲琵琶，因其保有樂譜，而傳入日本，但似並未被樂人重視。故「信西古樂圖」中誤將「阮咸」賦予「五絃」之名。按五絃琵琶，在獅子舞所用六種樂器中亦未被採用，或係並非屬於龜茲樂之明證也。

（四六）請參照筆者著作之「南北朝、隋、唐時期之音樂——西涼樂與胡部新聲」（史學雜誌第五十編第十二號，樂曲篇所收）。

（四七）請參照筆者著作之「燉煌畫所表現之音樂資料」（考古學雜誌第二十九卷第十二號，樂曲篇所收）。

（四八）文中所用「燕樂」名稱，實有誤解。請參閱筆者著作之「燕樂名義考」。

（四九）請參照「樂書篇」及筆者著作之「唐朝俗樂二十八調成立之年代」。

（五〇）請參照「樂府雜錄」序及跋，「四庫全書總目提要」。

（五一）「六佾與二佾」之解釋不同。所謂六佾係八列六行共四十八人；「四佾」係八列四行共卅二人；「二佾」則係八列二行共十六人。

（五二）前文所載「鐘師及磬師、登歌，八佾舞……通謂之立部伎」，其中「登歌」列入「立部伎」當無問題。按通典「樂懸」條「開元中大樂曲制」所述，樂懸登歌內之『又設登歌、鐘、節鼓、琴、瑟、箏、筑於堂上，笙、笳、簫、篪、塤於堂下』一語，則登歌樂器中如笙、笳、簫、篪等管樂器設於堂下。文中所稱登歌，諒係指此而言。

（五三）唐會要卷三三雜錄所載『其年（長慶四年）八月，以太常卿趙宗儒爲太子少師。先是，太常有師子五方之色。非常朝聘饗不作焉。至是，教坊以牒取之。宗儒不敢違，以狀白宰相，以事正有司，不合關白。而宗儒憂恐不已。宰相責以怯懦，故換秩焉」。又宋朝錢易之「南部新書」卷一，亦載有『五方師子，本領出太常寺。靖恭崔尚書邠爲樂卿，左軍並教坊曾移牒索此戲，稱云備行，從崔公判回牒不與，閱儺曰如方鎮大享，屈請司侍郎兩省官同着。崔公時在色養之下，自靖恭坊露冕，從板輿入太常寺。棚中百官，皆取路廻避，不敢直衝，時論榮之』。按「南部新書」係根據舊唐志卷一五五崔邠傳所載之『太常卿，初上閱四部樂於署。觀者從焉。邠自私第去帽，親導母輦。公卿逢者迎騎，避之衢路，以爲榮』。此段記事，似與太常卿趙宗儒有關記事有混同之處。

（五四）「樂府雜錄」雲韶樂條所載『用玉磬四架，樂即有琴、瑟、筑、簫、篪、籥、跋膝、笙、竽、登歌、拍板。樂分堂上堂下。登歌四人在堂下坐。舞童五人衣繡衣。各執金蓮花引舞者，金蓮如仙家行道者也。舞在階下，設錦筵，宮中有雲韶院』。（文中傍邊有。記號者係與新唐書所述不同部份）。

（五五）請參照「碧鷄漫志」及筆者著作之「唐朝俗樂二十八調成立之年代」。

（五六）唐末之雲韶樂，傳入宋朝後成爲燕樂中之代表，爲教坊四部樂中之一部。請參照第七章太常四部樂。

（五七）根據「唐會要」卷三四所載，此係貞元十八年正月之事。舊唐書德宗本紀之貞元十八年條文內亦有敍述。此曲若係韋皐製作，南詔國能製作此種風範大曲，當已早經學習唐樂。此在明朝「楊愼」之「愼載記」內亦有類似說法。按愼載記所載者爲『皮羅閣之立，當玄宗開元十六年，受唐冊封，爲雲南王，賜名歸義。於是南詔浸強大。……後遣其孫鳳伽異入朝。唐授鴻臚少卿，妻以宗女，賜樂一部。南詔於是始有中國之樂。……（德宗貞元）十年，自將數萬人襲吐蕃大破之。……請復號南詔，唐以其功遣冊使之。……宴使者，出玄宗所賜器物，指老笛工、歌女曰皇帝所賜，龜茲惟二人在耳（下略）』。

（五八）請參照第三章梨園第三四九頁。樂書篇內亦有詳細記載。

（五九）舊唐志將此引用樂懸條文，並稱與雅樂上演方法有關，深堪注意。

（六〇）唐朝「鄭處晦」之「明皇雜錄」內有類似說法，雖稍有出入，但無法斷定此文卽係引用舊唐志爲典據者。

（六一）杜佑撰寫之通典，係大曆三年完稿，貞元十九年呈上（請參照何炳松著之「杜佑年譜」中國史學叢書，商務印書館，中華民國二十三年出版）。

（六二）資治通鑑卷二一八所載『至德元載八月辛丑……初上皇每酺宴，先設太常雅樂、坐部、立部，繼以鼓吹、胡樂、教坊府縣散樂雜戲。……安祿山見而悅之。旣克長安，命搜捕樂工。運載樂器舞衣，驅舞馬犀象，皆詣洛陽』。此文係記述玄宗時期之盛況，並非肅宗時期二部伎復活之佐證也。

（六三）宋史卷一四二樂志之教坊條文中所列記「琵琶獨彈」之曲名甚多。

（六四）唐朝蘇鶚之杜陽雜篇卷中（學津討原本）所載『上降日，大張音樂。集天下百戲於殿前。時有妓女石火胡，本幽州人也。挈養女五人，纔八、九歲。於百尺竿上，張弓弦五條，令五女各居一條之上，五色衣，執戟持戈，舞破陣樂曲』。文中所稱破陣樂曲，當係原曲之一部也。

第七章　太常四部樂

太常四部樂亦爲唐代宮廷音樂制度中較顯著之一種樂制。上述「太常寺樂工」、「十部伎」、「二部伎」、「教坊」及「梨園」等，雖說史料貧乏，但「六典」、「通典」、「舊唐志」、「新唐志」、「唐會要」等現有主要史書內，尙有片斷記載。本章之太常四部樂，卻在此等史書中毫無記述，僅在宋朝之「玉海」與明朝之「通雅」等史書內間有引述，根據此罕有史料及後代記錄等文獻研究，太常四部制仍具有大規模之一種音樂制度，事實上亦曾在音樂界發揮重大效力。

太常四部樂制，二部伎、教坊、梨園等成立後。是在唐代音樂最盛期之玄宗初年所創設，爾後內容漸有變化，迨至唐朝末期，依然存續，北宋時期，尙有其遺制，故並非流行一時；自唐朝中葉至唐朝末期，雖受胡俗兩樂融合，產生新俗樂之潮流影響，仍能獨立存在，根據上述各章文獻，其與宮廷、國家之五種樂制，關係甚深。爾後在唐末至宋代期間，不僅樂器，在樂曲分類方面，亦有效用。按太常四部樂在創設時，以樂器分類目的爲其特徵，亦卽林立於以教習機關性質之梨園、教坊，以樂曲制度編成之十部伎、二部伎間。太常四部樂，卻以樂器收藏時分類法，爲其特殊具有之意義。

本章首先證實太常四部樂之存在；繼詳述其內容；最後研究其在唐代各種樂制中，所佔之地位及意義。

第一節　四部樂制之存在

第一項　太常四部樂

明朝方似智之「通雅」卷二九樂曲條內以「唐有十部伎，有兩部樂，有四部樂」爲題。在說明二部伎文中載有『其(二部伎)讌樂張文收所作。又分四部。崔邠傳，大閱四部樂，都人縱覽』。又「玉海」卷一〇五「四部燕樂」項目下載有『讌樂張文收所作，又分爲四部，有景雲、慶善、破陣、承天。崔邠傳故事，太常始視事，大閱四部樂，都人縱覽』。按「讌樂」爲二部伎之坐部伎中第一曲，亦爲十部伎之第一伎，係由四部舞曲組成。通雅及玉海，似將「讌樂四部」與崔邠之閱四部樂視同一致，但是否如此，參酌舊唐書卷一五五崔邠傳所載『崔邠……後改太常卿，知吏部尚書銓事故事太常卿。初上大閱四部樂於署。觀者縱焉。邠自私第去帽親導母轝。公卿逢者，迴騎，避之衢路，以爲榮。』及新唐書卷一六三崔邠傳所載『崔邠（字處仁，貝州武城人）……憲宗器之，裴珀亦薦邠材可宰相。會病遂不拜。久乃爲太常卿，知吏部尚書銓故事，太常始視事，大閱四部樂，都人縱覽。邠自第去帽，親導母輿。公卿見者，皆避道，都人榮之』，該事係憲宗朝代之事（註一）。按二部伎成立於玄宗朝代，安史亂後已告廢絕，宣宗朝代上演之破陣樂，爲史料中最後之記錄，從未聽說唐末尚有讌樂上演，是則綜覽唐代是否尚有讌樂演出，頗有疑問。惟文中所稱「大閱四部樂於署」一語，並未說明爲讌樂四部。憲宗朝代所有史料，亦無將讌樂四部之舞曲，稱爲四部樂之實例。二部伎上演時，亦無所謂「閱」

的性質，是則「玉海」及「通雅」雖將四部樂與讌樂四部視同一致，究有疑問。此外「玉海」除「四部讌樂」外，尚有以「唐太常四部樂」爲題之史料，爲『實錄，玄宗先天元年八月己酉，吐蕃遣使朝賀，帝宴之於武德殿，設太常四部樂於庭』。按讌樂係坐部伎之曲，亦即堂上坐奏之曲。文中所稱設在庭內之太常四部樂，當非讌樂四部。「玉海」及「通雅」一方面將「四部樂」與「讌樂四部」混同論述；另方面「玉海」又專設「太常四部樂」項目。「通雅」又連記「二部樂、十部樂、四部樂」，究亦漠認兩種之「四部」（讌樂四部與太常四部樂）之存在也。

關於太常四部樂之內容，幾無史料明確記載。根據上述玄宗實錄（玉海在「唐太常四部樂」項目中之文獻），四部樂於先天年間，業已存在。通典等以後之主要史料，應該記述，但卻無片言隻語，宋代以後論述唐代音樂者，都忽視了唐代四部樂之存在，此或爲主要原因；要解決此一疑問，確信四部樂之存在，容在第二項之南詔四部樂史料中敍述之。

第二項　南詔四部樂

根據第六章二部伎文獻內，對唐末燕饗諸舞之記述，貞元十六年正月，異牟尋冊封南詔王之冊封使節「川西節度使韋皐」，作成南詔奉聖樂，呈獻德宗。貞元十八年正月，隣邦驃國王又進貢該國音樂。南詔奉聖樂成爲演舞「南」、「詔」、「奉」、「聖」、「樂」五個字之字舞。其序曲、間奏曲、終曲，及舞樂伴奏諸曲所使用之樂器，分爲四部，舞工服飾採用南詔服飾，與唐朝二部伎之燕饗雅樂幾乎完全相似，僅服飾不同。此係「韋皐」以中國樂人模倣京都之燕饗雅樂所作者。新唐書卷二二二下南蠻傳之驃國條，對此記載甚詳，其對樂器部份之記述如次。

『凡樂三十，工百九十六人，分四部。一龜茲部、二大鼓部、三胡部、四軍樂部。

龜茲部　有羯鼓、腰鼓、鷄婁鼓、短笛、大小觱篥、拍板皆八，長短簫、橫笛、方響、大銅鈸、貝皆四。凡工八十八人。分四列，居舞筵四隅，以合節鼓。

大鼓部　以四爲列。凡二十四，居龜茲部前。

胡　部　有箏、大小箜篌、五絃、琵琶、笙、橫笛、短笛、拍板皆八。大小觱篥皆四。工七十二人，分四列，居舞筵之隅，以導歌詠。

軍樂部　金鐃、金鐸皆二。掆鼓、金鉦皆四。鉦鼓金飾蓋垂流蘇，工十二人，服南詔服，立闢四門舞筵四隅，節拜合樂。又十六人畫半臂、執掆鼓、四人爲列』。

文內對各種樂器是否係唐代樂器雖未說明。按南詔奉聖樂部份，驃國奉獻之音樂，根據新唐志所載，係使用鈴鈸、鐵板、螺貝、鳳首箜篌、箏、龍首琵琶、雲頭琵琶、大匏琴、獨弦匏琴、小匏琴、橫笛、兩頭笛、大匏笙、小匏笙、三面鼓、小鼓、牙笙、三角笙及兩角笙等十九種樂器。此等樂器係由印度傳來之佛教音樂之樂器，或爲南海固有之樂器。其中亦有與印度經由西域傳來中國之相同樂器者，故南詔奉聖樂之樂器中，與驃國樂器種類相同者，亦不能認爲均係南海系之樂器也。而奉聖樂之樂器編成中，亦有模倣中國樂器編成者。

如上所述，南詔四部樂制，並非南詔與驃國之土著制度；但亦不能夠判斷南詔四部樂與太常四部樂爲同一樂制。驃國傳文中，亦未明確記載，係根據太常四部樂制定者。判定兩者關係，唐代音樂史料中毫無記載，此項疑問，容在第三項宋朝教坊四部制中再予研討。

第三項　宋朝之教坊四部

宋史卷一四二樂志十七所載『教坊……宋初循舊制置教坊。凡四部』。文中之「舊制」，係指唐朝之教坊制度。根據文字解釋，宋代教坊係根據唐制設置；所謂四部，唐制是否如此，頗難斷定，宋史「樂志」中對太宗之春秋聖節三大宴及其他宴會、遊幸等所用音樂之種類，奏樂之次第，樂調及樂曲名，樂器編成等續有記載。如『每春秋聖節三大宴。其第一皇帝升坐，宰相進酒，庭中吹觱篥，以衆樂和之，賜羣臣酒，皆就坐，宰相飲作傾盃樂，百官飲作三臺。第二皇帝再舉酒，羣臣立於席後，樂以歌起。第三皇帝舉酒如第二之制，以次進食。第四百戲皆作。第五皇帝舉酒第二之制，第六樂工致辭，繼以詩一章謂之口號，皆述德美及中外蹈詠之情，初致辭，羣臣皆起，聽辭畢再拜。第七合奏大曲。第八皇帝舉酒，殿上獨彈琵琶。第九小兒隊舞，亦致辭以述德美。第十雜劇罷，皇帝起更衣。第十一皇帝再坐舉酒，殿上獨吹笙。第十二蹴踘。第十三皇帝舉酒，殿上獨彈箏。第十四女弟子隊舞，亦致辭如小兒隊。第十五雜劇。第十六皇帝舉酒，如第二之制。第十七奏鼓笛曲，或用法曲，或用龜茲，第十八皇帝舉酒，如第二之制，食罷。第十九用角觝。宴畢，其御樓賜酺同大宴。崇德殿宴契丹使。惟無後場雜劇及女弟子舞隊。每上元觀燈，樓前設露臺，臺上奏教坊樂舞小兒隊。臺南設燈山，燈山前陳百戲，山棚上用散樂、女弟子舞。餘曲宴會、賞花、習射、觀稼。凡游幸但奏樂行酒。惟慶節上壽及將相八辭賜酒則止奏樂（註略）。所奏，凡十八調四十六曲』。其後除列舉十八調四十六曲名稱外，更續載如次：

『法曲部：其曲二，一曰道調宮望瀛、二曰獻仙音。樂用琵琶、箜篌、五絃、箏、笙、觱篥、方響、拍板。

龜茲部：其曲二、皆雙調、一曰宇宙淸、二曰感皇恩。樂用觱栗、笛、羯鼓、腰鼓、揩鼓、鷄婁鼓、鼗鼓、拍板。

鼓笛部：樂用三色笛、杖鼓、拍板。』

文中列舉法曲、龜茲、鼓笛三部名稱，各部樂器編成及所屬樂曲亦明確記載。但宋史教坊第一條開始就記載爲「凡四部」，現在文中所列者祗有三部，故教坊四部制中另一部之名稱，實必須予以究明。此外，宋史教坊項眞宗條所載『太宗所製曲，乾興以來通用之，凡新奏十七調總四十八曲……又法曲、龜茲、鼓笛三部，凡二十有四曲』。文中所稱太宗所製之十七調四十八曲，較諸前述史料減少一調，增多二曲。所稱「三部二十四曲」似係前述史料中之三部四曲者。前述史料僅列舉四曲，或係將其他二十曲名略載，或係鼓笛部並未列舉之曲名者，當非眞宗朝代所增加。總之，本文內所記述亦僅有三部，對於太宗朝代教坊四部中，另一部之名稱未曾列舉，諒或有其原因也。

但是宋朝教坊四部制，當無問題，列如宋會要稿第七二冊，職官第二二所載文獻如次：

『**教　坊**

國朝凡大宴曲宴，應奉車駕游幸，則皆引從及賜大臣宗室筵設竝用之。置使一人，副使二人，都色長四人，色長三人，高班都知二人，都知四人，第一部十一人，第二部二十四人，第三部六人，第四部五十四人，貼部九十八人。舊使至貼部止二百四人。復增高班都知已下。……（太祖開寶八年四月二十九日……）。』

文中第一部至第四部卽爲宋代教坊四部，至於貼部不能稱爲單獨一部，僅係具有四部樂工缺員時遞補性質（註二）。又北宋陳暘之樂書卷一八八教坊樂項所載『聖朝循用唐制，分教坊爲四部。……自合四部以爲一，故樂工不能徧習，第以大曲四十爲限，以應奉遊幸二燕。非如唐分部奉曲也』。文中之「分教坊爲四部」，或係根據宋志撰寫者（註三）。此外記述，爲宋志所未有者；其「自合四部以爲一語，卽係四部存在之確證。又明朝唐順之荊川稗編卷三七所收之元朝吳萊之「辨魏漢津之誤」所載『教坊色長張俁曾製大樂玄機論，七音六十律八十四調不脫白蘇之舊。正行四十大曲，常行小節，四部弦管，尙循唐代梨園之遺』（註四）。此對教坊四部之存在，根據唐制傍證之又一事例也。其次究明四一」部中另一部之名稱，與此有關史料，爲宋史樂志之教坊條後續記載『雲韶部者黃門樂也。開寶中平嶺表，擇廣州內臣之聰警者，得八十人，令於教坊習樂藝。賜名簫韶部。雍熙初改曰雲韶。每上元觀燈、上巳、端午、觀水嬉，皆命作樂於宮中。遇南至、元正、清明、春秋分社之節，親王內中宴射則亦用之。奏曲十三。一曰中呂宮萬年觀，二曰黃鐘宮中和樂，三曰南呂宮普天獻壽，此曲亦太宗所製，四曰正宮梁州，五曰林鐘商汎清波，六曰雙調大定樂，七曰小石調，八曰越調胡渭州，九曰大石調淸平樂，十曰般涉調長壽仙，十一曰高平調罷金鉦，十二曰中呂調綠腰，十三曰仙呂調綵雲歸。樂用琵琶、箏、笙、觱篥、笛、方響、杖鼓、羯鼓、大鼓、拍板。雜劇用傀儡，後不復補。』（註五）如上所述，宋史將「教坊」與「雲韶部」分別先後敍述。其將兩者區別情形，在其卷首『樂十七（詩樂、琴律、燕樂、教坊、雲韶部、鈞容直、四夷樂）』目次中卽可明瞭。此外王易氏之「樂府通論」（中華民國二十二年神州國光社出刊）明流第二內載有『自唐代置教坊，諸部樂用之燕饗。宋初循舊制亦置教坊，凡分四部（法曲、鼓笛、龜茲、雲韶）……法曲部其曲二……龜茲部其曲二……鼓笛部無曲（但隨諸曲合奏），雲韶部其曲十三（註略）』。將雲韶部列入四部內。按「樂府通論」係根據宋史樂志之教坊及雲韶部條文撰寫者，對於「宋志」將雲韶部放在教坊之外敍述原因，固乏詳細考證。根據筆者陋見，雲韶部亦必爲四部中之一部，因雲韶樂繼承唐代太常四部樂之大鼓部，爲唐朝以後之宮廷燕饗雅樂之代表，（和二部伎相同），對此若能正確理解，宋史對雲韶部另列項目專門敍述理由，當亦可迎刄而解。

根據上述理由，玆推定宋初敎坊四部制如次：

第一部　法曲部　十一人　樂器八種

第二部　龜茲部　二十四人　樂器八種

第三部　鼓笛部　六人　　樂器三種

第四部　雲韶部　五十四人　樂器十種

按陳暘樂書所記『循用唐制，分教坊爲四部』，及張俁之大樂玄機論所載『四部絃管，尚循唐代梨園之遺』，均係說明係繼承唐代制度者（註六）。所謂唐制恐係，指唐代太常四部樂而言，因其內容不明，無法推測南詔四部樂。但南詔四部樂與宋代教坊四部有其不同之處，兩者共有龜茲部、胡部、大鼓部、軍樂部、法曲部、鼓笛部及雲韶部等七個部名，其中所共同通用者，僅有龜茲部一個部，故就唐宋兩制關係推察唐朝太常四部樂之構成，或從唐制去考定宋朝教坊四部之不明白地方，對於各部內容，則須詳細研討。

第二節　各部之內容

第一項　龜茲部及胡部（法曲部）

唐宋兩種四部制中，其共同通用者，僅龜茲部一部，其實，宋朝之法曲部，亦卽唐朝之胡部，兩者關係密切，無法分別探究，故亦予以一倂敍述。

按唐末段安節之「樂府雜錄」（註七）之卷首載有『雅樂部、清樂部、鼓吹部、熊羆部、鼓架部、俗樂部、龜茲部及胡部』等八條，驟看之下，各種音樂各自成爲一部，形成全般的一種組織。制度者。實際上，唐代並無此種制度存在之證據。此係利用唐代音樂各方面均使用「部」的制度觀念之項目之名稱者，（請參照第四章第二節）。但值得吾人注意者，爲其中之龜茲部及胡部之有關記錄，茲抄錄如次：

龜茲部

樂有觱篥、笛、拍板、四色鼓、揩鼓、羯鼓、鷄婁鼓。戲有五方獅子，高丈餘，各衣五色，每一獅子有十二人，戴紅抹額，衣畫衣，執紅拂子，謂之獅子郎，舞太平樂曲。破陣樂曲亦屬此部，秦王所制，舞人皆衣畫甲，執旗旆，外藩鎮春冬犒軍亦舞此曲。兼馬軍引入場，尤甚壯觀也。萬斯年曲，是朱崖太尉進此曲。名卽天仙子是也。

胡　部

樂有琵琶、五絃、箏、箜篌、觱篥、笛、方響、拍板，合曲時亦擊小銅鈸子。合曲後立唱歌。涼府所進，本在正宮調，大遍小遍。至貞元初康崑崙翻入琵琶玉宸宮調，初進曲在玉宸殿，故有此名。合諸樂卽黃鐘宮調也。奉聖樂曲，是韋南康鎮蜀時南詔所進，在宮調。亦舞伎六十四人，遇內宴卽於殿前立奏樂。更番替換。若宮中宮宴卽坐奏樂。俗樂亦有坐部立部也。

茲就兩部樂器編成，將「南詔四部樂」與「教坊四部」予以比較，列表如次，樂器方面雖稍有差異，但根本上仍可視作一致也。（表中數字係配列順位）。

龜茲部

	1	2	3	4	5	6	7	8	9	10	11	12	
南詔四部	羯鼓	揩鼓	腰鼓	鷄婁鼓	短笛	大小觱篥	拍板	長短簫	横笛	方響	大銅鈸	貝	
樂府雜錄	6 羯鼓	5 揩鼓		7 鷄婁鼓		1 觱篥	3 拍板		2 笛				4 四色鼓
敎坊四部	3 羯鼓	5 揩鼓	4 腰鼓	6 鷄婁鼓		1 觱篥	8 拍板		2 笛				7 鼗鼓

胡部（法曲部）

	1	2	3	4	5	6	7	8	9		
南詔四部	箏	大小箜篌	五絃	琵琶	笙	横笛	短笛	大小拍板	大小觱篥		
樂府雜錄	3 箏	4 箜篌	2 五絃	1 琵琶		6 笛		8 拍板	5 觱篥	7 方響	8 小銅鈸子
敎坊四部	4 箏	2 箜篌	3 五絃	1 琵琶	5 笙			8 拍板	6 觱篥	7 方響	

根據表列情形，「樂府雜錄」與「敎坊四部」兩者所用樂器，幾乎相同。其中法曲部（胡部），琵琶、五絃、箏、箜篌、觱篥、方響、拍板等七種樂器完全一致。惟「樂府雜錄」使用笛，「敎坊四

部」則使用笙，稍有出入。樂器排列順序，亦極爲接近，但與「南詔四部樂」稍有差異。「南詔四部」除琵琶、五絃、箜篌、箏、觱篥、拍板、相同外，缺少方響，其餘「笙」與「教坊四部」同，笛（橫笛、短笛）與「樂府雜錄」同。按「樂府雜錄」係記述京都樂制，宋朝「教坊四部」係繼承唐制，而「南詔四部樂」係模倣京師樂制者，因其本係地方製作，亦有從首都樂制變化之可能也。其次關於「龜茲部」方面，幾與胡部（法曲部）相類似，亦即「樂府雜錄」與「教坊四部」相接近，兩者共用觱篥、笛、羯鼓、揩鼓、雞婁鼓、拍板六種樂器，順位排列亦很接近。僅「教坊四部」使用腰鼓、鼗鼓，「樂府雜錄」使用四色鼓，至於「南詔四部樂」部份，除羯鼓、揩鼓、雞婁鼓、觱篥、拍板、笛（橫笛）等六種主要樂器相同外，更有短笛、簫、方響、大銅鈸（註八）、貝等五種樂器，爲「樂府雜錄」與「教坊四部」所沒有。惟腰鼓與「教坊四部」同，故三者中「樂府雜錄」與「教坊四部」所用樂器，比較「南詔四部樂」更爲接近，尤以龜茲部更爲明顯。

根據上述事例，胡部（法曲部）樂器編成，係以「絲」（絃樂器）及「竹」（管樂器）爲主體，另加「方響」、「拍板」（打樂器）編成；龜茲部則以「革」（鼓樂器）及「竹」（管樂器）爲主體，另加拍板（打樂器）編成；故前者特徵爲「絲」，後者特徵爲「革」（註九）。證諸其他有關史料，如樂府雜錄卷末「別樂識五音論二十八調圖」所載『舜時調八音，用金石絲竹匏土革木，計用八百般樂器。至周時改用宮商角徵羽，用製五音，減樂器至五百般。至唐朝又減樂器至三百般。太宗朝三百般樂器內，挑絲竹爲胡部。……』稍後又載有『初製胡部樂，無方響，只有絲竹，緣方響有直拔聲，不應諸調。太宗於內庫別收一片鐵方響，下於中呂調頭一運。聲名大呂應高般涉調頭，方得應二十八調。……』文中所稱唐朝以前樂器，固乏稽考，但所稱唐朝樂器減至三百般，似嫌過少。惟「挑絲竹爲胡部」一語，殊堪注意，此與後者所稱『初製胡部樂，無方響，只有絲竹』一語意義相同，兩者所述「胡部」樂器大致吻合。又本書箜篌條載有『大中末齊皐尙在內官，擬引入教坊。辭以衰老。乃至胡部中。此樂妙絕，教坊雖有三十人，能者一兩人而已』。說明箜篌屬於胡部(註一〇)。同樣傍證資料，爲唐末之南卓之羯鼓錄(註一一)。所載『諸曲調……等九十二曲名，元宗所製（其餘徵羽調曲，皆與胡部同，故不載）』。按文中曾列舉諸曲諸調名稱，但括號內所稱『徵、羽調曲，與胡部同(註一二)，故不載』一語意義，按羯鼓，使用於宮調、商調、角調、徵調、羽調，五種調曲；本書內僅列舉宮、商、角三調樂曲名稱，徵、羽兩調樂曲名稱，並未記入。蓋因後者與胡部之徵、羽兩調曲名相同故也，此亦可證明胡部與羯鼓毫無關係，與羯鼓有關係者，則爲代表西域樂器之龜茲部。

根據以上考證資料，證明「龜茲部」及「胡部」確已存在，該二部之根本性格亦已大致明朗。此外，單獨史料中，證實二部存在者，爲數亦多(註一三)。

第二項　鼓笛部

根據宋志，教坊條所載『鼓笛部，樂用三色笛、杖鼓、拍鼓』，文內語焉不詳，曲名闕如，根據文內所述樂器，當係屬於散樂（百戲）樂器(註一四)。此外，「樂府雜錄」以「鼓架部」爲題，亦載有

『樂有笛、拍板，答（臘）鼓卽腰鼓也、兩杖鼓。戲有代面……鉢頭……蘇中郞……。羊頭渾脫、大頭獅子、弄白馬、益錢，以至尋橦、跳丸、吐火、吞刀、旋槃、觔斗悉屬此部。』文中所述代面以下諸曲，係指隋唐以後之散樂曲（請參照本章第三節第二項）。故「鼓架部」卽係「散樂」之部，其樂器編成之笛、拍板、腰鼓及兩杖鼓，與宋朝之「鼓笛部」之三色笛、杖鼓、拍板，頗爲類似，且其由一管之笛，一個拍板，二、三個鼓（杖鼓或腰鼓）小規模編成之點，完全一致。其與通典散樂條所述散樂之樂器編成情形『散樂，用橫笛一、拍板一、腰鼓三』一致。

此外爲瞭解宋朝之鼓笛部，是否與胡部、龜茲部兩部相同淵源於唐制。茲根據新唐書南蠻傳之「南詔奉聖樂」續文之「五均譜」所載，有關資料如次：

『（太簇商曲）樂用龜茲，鼓笛各四部，與胡部等合作。琵琶、笙、箜篌皆八。大小觱篥、箏、五絃、琵琶、長笛、短笛、方響各四，居龜茲部前。

（姑洗角曲）樂用龜茲、胡部。……鉦、搁、鐃、鐸皆二人。執擊之，且及大鼓工伎之數，與軍士奉聖樂同。而加鼓笛四部。

（林鐘徵曲）樂用龜茲、鼓笛，每色四人，方響二，置龜茲部前。』

上文中「龜茲、鼓笛各四部」、「鼓笛四部」、「龜茲鼓笛每色四人」中之「鼓笛」，與龜茲、胡部同時記載情形觀之，「鼓笛」當係四部樂之一部(註一五)。但所謂龜茲、鼓笛各四部，事無先例。該「四部」兩字，根據「女樂二部」實例，或係四組之意。按「南詔四部樂」之「龜茲部」，爲羯鼓以下八種樂器各八個，簫以下五種樂器各四個（共計八十八人）；「胡部」爲箏以下八種樂器各八個，大小觱篥各四個(共計七十二人)；「大鼓部」爲大鼓二十四個；「軍樂部」爲金鐃、金鐸各二個，掆鼓、金鉦各四個（共計十二人）。就「五均譜」樂器編成情形，例如「太簇商曲」使用龜茲、鼓笛、胡等三部，各樂器八個乃至四個，此似係「南詔四部樂」內編成。姑洗角曲之軍樂部之樂器情形亦相同。又「五均譜」使用龜茲部與胡部時，每種樂器限於四個或八個數字，似係根據四部樂編成者。是則文中之所謂「各四部」，乃係指一種樂器由一個乃至二個編成之一組，稱爲一部，故「各四部」亦卽「各四組」意義。但「鼓笛部」名稱，南詔四部樂內並未列入，也許通典散樂條所載『笛一、拍板一、杖鼓三』，卽爲「五均譜」之鼓笛部之一部之標準數字，而鼓笛部全體則爲其四倍數字（共約二十人），亦未可知。按宋會要所列『敎坊四部』人數，其中法曲部（唐朝胡部）八種十一人；龜茲部八種二十四人；鼓、笛部三種六人；雲韶部十種五十四人。但『南詔四部樂』人數爲龜茲部十三種八十八人，胡部九種七十二人，故前者所載規模，遠較後者爲小。所稱「鼓笛部」三種六人，是則每種樂器僅有二人，但其與龜茲部、胡部同列，此當爲其存在之明證。惟其內容，與樂府雜錄之鼓架部相似，鼓架部也許爲鼓笛部之筆誤，或爲鼓笛部之變名亦未可知也。

此外，値得推敲者，「五均譜」與「南詔奉聖樂」均係西川節度使韋皐製作，前者有鼓笛部，後者卻無，殊有問題。但宋之「敎坊四部」係繼承唐都樂制，而記述唐朝首都樂制之「樂府雜錄」亦有記載，鼓笛部爲首都樂制之太常四部樂之一部，諒無疑義。舊唐書卷一〇五韋堅傳所載『(陝縣尉崔)

成甫又作歌詞十首，白衣缺胯、綠衫、錦半臂、偏袒膊、紅羅抹額，於第一船作號頭唱之。和者一百人，皆鮮服靚妝齊聲接影。鼓笛、胡部以應之。……』爲其證例。按南詔之五均譜之鼓笛部，固係倣照太常四部樂之鼓笛部，但南詔四部樂並無鼓笛部，而爲軍樂部及大鼓部，此點容在軍樂部及大鼓部內論述。

第三項　大鼓部（雲韶部）

關於大鼓部史料，僅南詔四部樂條內載有『以四爲列，凡二十四，居龜茲部前』，較其他三部，更爲簡單，樂器名稱亦未明載。文中所稱「凡二十四」，若係指大鼓數字，則大鼓部所屬樂器，當僅爲「大鼓」，五均譜載其使用狀態如次：

（黃鍾宮曲）樂用龜茲、胡部、金鉦、鞨鼓、鐃、貝、大鼓。

（太簇商曲）樂用龜茲、鼓笛……大鼓十二，分左右。

（姑洗角曲）樂用龜茲、胡部……貝及大鼓、工伎之數與軍士奉聖樂（黃鍾宮曲）同。

（林鍾徵曲）樂用龜茲、鼓笛……大鼓，分左右。

根據上述情形，大鼓係與其他樂器共同使用，惟其數量，大致似係十二個；是則使用多數大鼓，且與其他樂器區別，形成獨立一部者，當有其特別意義也。

「大鼓」爲二部伎中「立部伎」之特有樂器情形，已在第五章內詳細述及。通典卷一四六坐立二部伎條，對於說明立部伎樂器情形時所載『自安樂以後，皆雷大鼓，雜以龜茲樂，聲振百里，竝立奏之』即爲例證。又舊唐書卷二八音樂志玄宗條，述及勤政樓設宴狀況時所載『太常大鼓，藻繪如錦，樂工齊擊，聲震城闕』。此係記載立部伎或類似立部伎之宮廷饗樂上演時，使用大鼓之文獻。使用大鼓時必爲數甚多。「齊擊雷鳴」爲其特色。此外舊唐書又記有『又令宮女數百人，自帷出，擊雷鼓，爲破陣樂、太平樂、上元樂。雖太常積習皆不如其妙也』亦爲佐證。南詔奉聖樂方面開始奏樂時亦有『雷鼓作於四隅，舞者皆拜』一語，似係雅樂用之八面大鼓（上下各四個交互重置），或類似大鼓之鼓類，使用於燕饗樂者。上文中所載破陣樂、太平樂、上元樂均係立部伎之樂曲，故文中之「大鼓雷鳴」似係記述立部伎者，亦未可知。又舊唐書卷一五憲宗本紀，元和八年九月條『太常習樂，始復用大鼓』。唐會要卷三四雜錄元和六年條『太子少傅兼判太常卿鄭餘慶奏，太常習樂，請復用大鼓。從之，先之，德宗自南山還宮，繼有懷光吐蕃之虞，都下人情驚擾，遂太常習樂，去大鼓，至是復用之。』兩文所載年次雖然不同，但敍述同一事實，當無問題。蓋因德宗時，內憂外患，京師騷然，太常寺習樂時爲避免京都人心驚駭，不用大鼓。至文宗元和年間，經太常卿鄭餘慶，上奏後始告復活，由此聯想舊唐志所載『太常大鼓』及第六章所述二部伎係隸屬太常寺樂妓等事例。太常四部樂中設有大鼓部當屬可能，而宋朝教坊四部內設有雲韶部，更可作爲太常四部樂內設有大鼓部之立證也。

至於雲韶部是否屬於教坊四部問題，上述宋會要內，曾明確記載第一部至第四部人數分配情形。假定第一部爲法曲部，第二部爲龜茲部，第三部爲鼓笛部，該三部之樂器分配當與宋會要所載人數分配亦極吻合。宋教坊條後尾曾載有關百戲之簡單一語，註解為『錫慶院宴會，諸王賜食及宰相筵設，時賜樂者，第四部充』。按百戲即為散樂。是則根據文註，第四部似指鼓笛部，但就教坊條文全般觀之，則並非一定為鼓笛部。宋志對雲韶部載有『雜劇用傀儡，後不復補』。文中之「雜劇」為唐朝散樂發達時最初之戲劇，「傀儡」如通典卷一四六散樂條所載『窟礧子亦曰魁礧子作偶人以戲，善歌舞本喪樂也。』故亦可視作為唐朝之一種散樂。根據上述情形，第四部若非鼓笛部，當係雲韶部也；另參照宋志所載『每上元觀燈，上巳端午，觀水嬉皆命作樂於宮中，遇南至、元正、清明、春秋分社之節、親王內中宴射則亦用之』，雲韶部係宮廷貴族設宴時之舞樂，上述『錫慶院宴會』亦係宮廷設宴，故教坊四部之第四部，似以「雲韶部」較為適當。

雲韶部大曲十三(註一六)宋志將雲韶部與教坊分列，(註一七)此實因「宋志」編著者誤認雲韶部為宋初創設所致。設若認為雲韶部是教坊四部之一部，至於順位排列問題較為簡單，根據宋會要所載各部人數資料，第一部為法曲部，第二部為龜茲部，第三部為鼓笛部，第四部為雲韶部(註一八)。

其次考諸太常四部樂制情形，如樂府雜錄箜篌條所載『咸通中第一部有張小子，忘其名，彈弄冠於今古。』蓋「箜篌」係屬法曲部，故太常四部樂制中第一部為法曲部，而教坊四部樂制係繼承唐朝太常四部樂者，上述順序排列，諒係事實。「宋志」將雲韶部放在教坊條直後，亦係因「雲韶部」並非第一部而為「第四部」。王易氏於閱覽宋志後，將雲韶部定為第四部者，其理由恐亦在此。

第四項　軍樂部

太常四部樂分為胡部、龜茲部、鼓笛部及大鼓部等四部；南詔四部樂則以軍樂部代替鼓笛部，其他三部與太常四部樂相同。軍樂部係由屬於軍樂之樂器所編成。

根據第一章所述，太常寺轄有掌管音樂之「太樂署」與「鼓吹署」等二署。在開元二年左右教坊設立以前，太樂署掌管一切雅、胡、俗三樂；鼓吹署掌管一切軍樂。故就職掌、規模言，以太樂署較大，鼓吹署僅及前者之幾分之一。後者所屬樂器，根據唐六典卷一四所載為『掆鼓、大鼓、小鼓、節鼓、羽葆鼓、長鳴、中鳴、歌簫、歌笳、簫、笳、笛、大橫吹、小橫吹、觱篥、桃皮觱篥、錞于』等十七種。「樂府雜錄」鼓吹部所載者，除此以外，尚有角、警鼓等。但是南詔四部樂之軍樂部，僅列舉金鐃、金鐸、掆鼓、金鉦、鉦鼓等五種樂器。根據五均譜之說明：

(黃鐘宮曲)　樂用龜茲、胡部。金鉦、掆鼓、鐃、貝、大鼓。

(姑洗角曲)　樂用龜茲、胡部，其鉦、掆、鐃、鐸皆二人……貝及大鼓……鼓笛四部。

(林鐘徵曲)　樂用龜茲、鼓笛……方響……金鉦中植金鐸二、貝……鈴鈸……大鼓。

「南詔四部樂」中「軍樂部」所有五種軍樂器，五均譜內亦被採用，但五均譜內僅列舉樂器名稱而不叫軍樂部，與龜茲、胡、鼓笛部等併列者，當有其意義。按「五均譜」與「南詔奉聖樂」同係燕饗樂，「黃鐘宮曲」稱為「軍士奉聖樂」，係由女子歌唱奉聖樂，雖較其他名曲勇壯，究係燕饗雅樂而非軍樂。故其樂器編成，以其他三部所屬樂器爲主體，軍樂部之樂器係屬附添之補助樂器，故其使用者僅爲鼓吹署所屬之一部份樂器而已。至於「南詔四部樂」設有軍樂部，「五均譜」內卻無軍樂部名稱史料問題，容在第三節論述太常四部樂全體組織時再予檢討。

第三節　太常四部樂之組織及其變遷

第一項　太常四部樂之組織

唐朝之太常四部樂，係將太常寺所屬樂器分類之一種制度。根據模倣此一制度之南詔四部樂，係由龜茲部、大鼓部、胡部、及軍樂部編成。此外，繼承此一制度之宋朝教坊四部，係由法曲部、龜茲部、鼓笛部及雲韶部編成。據此推斷太常四部樂之組織情形如次：

（一）「太常」之意義

太常兩字意義，第一章內業已詳述。按太常寺內太樂署與鼓吹署二個單位，係掌管唐朝一切音樂，（包括雅樂、俗樂、胡樂、散樂、軍樂等）特別是十部伎與二部伎亦隸太常寺管轄，爲宮廷燕饗雅樂之中心。但到唐朝中葉，胡樂、散樂、俗樂不斷擴張，極度繁隆，無法繼續與雅樂共轄太常寺管掌。因此，乃在開元二年，設立「左右教坊」及「梨園」，接管大部份胡樂、俗樂、散樂，當時十部伎與二部伎仍以儀式樂關係，隨同雅樂由太常寺管轄。（請參照第六章及第五章）。

（二）並無雅樂器及軍樂器

所謂「太常四部樂」，均認爲係以太常寺所屬全部樂器爲對象。但是根據「四部樂」各種事例，均未發現雅樂器之記述（如鐘、磬、琴、瑟、塤、缶、篪、篴、簫、雷鼓、靈鼓、路鼓、鼗鼓、晉鼓等），故「太常」實已失卻完全意義。其次關於軍樂方面，因軍樂之內容、組織、用途等，與胡樂、俗樂、散樂及燕饗雅樂等不同，亦無記載，是則軍樂部之成立與否，頗堪懷疑。

按「南詔奉聖樂」與「五均譜」，係外藩「南詔」進獻朝庭，爲歌讚唐朝王德製作後奉獻之一種燕饗雅樂，屬於二部伎或類似二部伎之系列。唐朝末期與文宗朝之雲韶樂共爲燕饗雅樂之代表，其中有稱爲「軍士奉聖樂」之曲名者，使用一部份軍樂，表徵軍旅之功。此與二部伎之秦王破陣樂及一戎大定樂相近似，但二部伎並未使用軍樂器(卽鼓吹署之樂器)(註一九)。而南詔四部之軍樂部亦僅使用鼓吹署之極少部份樂器，鼓吹署之代表性樂器，則付闕如。若其係模倣太常四部樂之軍樂部的話，則太常四部樂之軍樂部亦定很不完全。鑑於「五均譜」內雖使用與南詔奉聖樂之軍樂部同樣之軍樂器，但並未使用軍樂部名稱，反觀南詔四部樂並無鼓笛部，是則太常四部樂內有無軍樂部當爲疑問。按「樂府雜錄」設有胡部、龜茲部、鼓吹部三項並無軍樂部項目，鼓架部（鼓笛部）卻被列入，當爲傍證。

如上所述，該軍樂部，原無此種名稱，係南詔奉聖樂作者，將此曲所用樂器，根據太常四部樂制分類，將數種軍樂器歸納一起，認有稱「部」必要；而太常四部樂之鼓笛部樂器，本曲內並未使用，故代以軍樂部者（太常四部樂則無軍樂部）。按鼓笛部在新唐書（五均譜之條文）、樂府雜錄，及宋史樂志等均有記述，而軍樂部僅見諸於南詔奉聖樂條文，或即由於上述理由所致。

（三）龜茲部及胡部之存在意義

「太常」並無雅樂及軍樂（鼓吹）樂器，則其意義更形狹小。亦即太常保有樂器，僅爲胡樂、俗樂、散樂及燕饗雅樂等類。論及此等音樂關係，首先闡明「龜茲部」與「胡部」之存在意義。如第二節所述，「龜茲部」有『羯鼓、揩鼓、腰鼓、鷄婁鼓、觱篥、拍板、簫、橫笛（笛）、短笛、方響、大銅鈸、貝、四色鼓、鼗』等十四種樂器。「胡部」則有『箏、箜篌、五絃、琵琶、笙、橫笛、短笛、觱篥、拍板、方響、銅鈸』等十一種樂器。兩者除了重複者外，計有十八種樂器，此等樂器均爲胡樂、俗樂之樂器。根據第五章十部伎所述，外來樂器計有『豎箜篌、鳳首箜篌、五絃、橫笛、義觜笛、簫、篳篥、雙篳篥、桃皮篳篥、羯鼓、毛員鼓、都曇鼓、鷄婁鼓、答臘鼓、腰鼓、齊鼓、擔鼓、正鼓、和鼓、小鼓、銅角、銅鈸、貝』等，其中具有代表性者爲「豎箜篌、五絃、橫笛、簫、篳篥、羯鼓、鷄婁鼓、答臘鼓（揩鼓）、腰鼓、銅鈸」十二種樂器，佔了「南詔四部樂」之「龜茲部」之十八種樂器中三分之二。其餘六種樂器（琵琶、箏、笙、短笛、方響、拍板）係俗樂（淸樂亦使用）之樂器，該兩部樂器合在一起，幾乎網羅了胡樂、俗樂之主要樂器。該龜茲部及胡部爲四部樂中最重要主要之兩個部，與其他兩部迥然不同。唐宋期間，一直如此。

（四）大鼓部之存在意義

關於大鼓部存在問題，根據「通典」所載，立部伎使用「大鼓」與「龜茲樂」；坐部伎除讌樂外主要使用龜茲樂。該「龜茲樂」，「太樂令壁記」稱爲「龜茲之樂」，卽係龜茲伎全部樂器意義。根據「通典」龜茲伎樂器，計有「豎箜篌、琵琶、五絃、笙、簫、橫笛、篳篥、答臘鼓、腰鼓、羯鼓、毛員鼓、雞婁鼓、銅鈸、貝」十五種，包括有上述外來樂器代表性之十二種在內，龜茲伎被稱爲胡樂之代表者理由在此。其與胡部不僅和十部伎，且和二部伎亦具有密切關係。如通典所記『自安樂以後，皆雷大鼓，雜以龜茲樂』，則立部伎係以大鼓爲主體，龜茲樂器僅爲輔助地位。易言之，大鼓卽係燕饗雅樂之代表性樂器。提及燕饗樂器，如十部伎、二部伎及唐末雲韶樂，南詔奉聖樂等諸曲均係燕饗雅樂。其中十部伎於唐朝初期，在胡樂、俗樂尚未融合以前，演奏定數之胡樂曲與俗樂曲，並未使用大鼓。至於二部伎及唐末諸曲，係雅樂形式與胡俗樂內容融合後構成之新音樂，稱爲燕饗雅樂，重用大鼓，故「大鼓」實爲燕饗雅樂之代表樂器。

但是大鼓部僅由「大鼓」一種組成，與其他三部擁有數種及十數種樂器情形不同，似嫌過少。然燕饗雅樂之樂器，係由「大鼓」與「龜茲樂」編成；龜茲樂使用於龜茲部與胡部；代表燕饗雅樂者僅大鼓部。大鼓部樂器雖只有一種大鼓，但爲數多達二十四面，（如南詔四部樂），鼓大，音量亦大，如二十四面大鼓同時使用，則其音量、容積較其他各部並不遜色。

如上所述，對於太常四部樂中，大鼓所佔地位當稍可理解，但大鼓名稱，僅與南詔四部樂有關，「樂府雜錄」並無記載，令人弗解。按樂府雜錄，並非述及太常四部樂情形，僅記載其中之龜茲部、胡部、鼓笛部（誤記爲鼓架部）之雅樂、俗樂、清樂等而已，或係作者段安節，對太常四部樂缺乏全般認識，故而漏記大鼓部者，亦未可知。此外如第六章所述，唐朝末葉，二部伎，尤其是立部伎式微，太常內廢止大鼓習樂，樂府雜錄或係反映此種情形者亦未可知也。

（五）大鼓部與雲韶部之關係

迨至唐末，大鼓部並未完全匿跡，宋朝教坊四部中，另以雲韶部姿態出現。如上所述雲韶部係屬於與唐朝燕饗雅樂性質相同之音樂，所用樂器琵琶、箏、笙、觱篥、笛、方響、杖鼓、羯鼓、大鼓、拍板十種樂器中，除大鼓外，其餘九種，除杖鼓外，均包括在法曲部及龜茲部之十四種樂器（琵琶、箜篌、五絃、箏、笙、觱篥、笛、羯鼓、腰鼓、揩鼓、鷄婁鼓、鼗鼓、方響、拍板）中。與唐朝之龜茲部與胡部十八種樂器之九種相同。按燕饗雅樂宋代時不及唐朝盛行，樂器種類減少，有幾種傳至宋代已經消失（請參照樂器篇）。但宋志教坊四部之雲韶部內包括有「大鼓」樂器者頗堪注意。按普通之胡俗器均被納入龜茲部及胡部內，故雲韶部之其他九種胡俗樂器，並無具有特殊意義，而「大鼓」實爲雲韶部之主要樂器，「雲韶部」爲宋代宮廷燕饗樂，「大鼓」則爲唐朝燕饗雅樂所不可缺少之樂器，併同探究，唐朝大鼓部與宋代雲韶部間之關係，實無法予以否定也。

二部伎中特別是立部伎重用大鼓，玄宗朝後並無盛行史料。此種情形，如新唐書卷二二禮樂志所載『咸通間……是時藩鎮稍復舞破陣樂，然舞者衣畫甲，執旗旆，纔十人而已』。說明唐末演奏之破陣樂，已無昔日盛況。此與前述「憲宗朝時大鼓習樂復活」情形，適相符合。當唐朝中葉至末期，二部伎在燕饗雅樂方面，失卻魅力時，代之而起者，爲當時呈獻唐朝之寶應長寧樂、定難曲、繼天誕聖樂、南詔奉聖樂、中和樂、順聖樂等諸曲，尤以雲韶樂最爲完備。除新唐書禮樂志所載『文宗好雅樂，詔太常卿馮定采開元雅樂，製雲韶法曲及霓裳羽衣舞曲。雲韶樂有玉磬四虡，琴、瑟、筑、簫、篪、籥、跋膝、笙、竽皆一，登歌四人，分立堂上下。童子五人繡衣執金蓮花以導，舞者三百人，階下設錦筵，遇內宴乃奏』。「樂府雜錄」及「舊唐書卷一六八馮定傳」等亦各有記載，(註二〇)名聞遐邇。模倣開元雅樂製作，十一種編成之樂器中，雅樂器佔了八種，故其似與雅樂頗爲接近，但並非完全之雅樂，因其併用玉磬、跋膝、拍板三種樂器。「玉磬」係雅樂之磬改造後用於燕饗樂者；「跋膝」與「拍板」係唐代新出現之俗樂器(註二一)。至於雲韶法曲之名稱，與雅樂似是而非，係爲持有雅樂器而演奏法曲風之樂曲之意。故「雲韶樂」具有強烈之雅樂要素，爲二部伎以後之一種燕饗雅樂也。

但是具有燕饗雅樂特質之雲韶樂，並未使用大鼓，殊有疑義。此或由於唐朝以後，具有勇壯、粗大樂曲之立部伎，漸次傾向優美細緻之坐部伎風氣有關。所謂四部樂制，立部伎即爲龜茲部系，坐部伎即爲法曲系，代表立部伎之特色爲大鼓，隨同立部伎衰退亦屬當然。上述「憲宗朝前，大鼓習樂，一時中止」當爲事實。憲宗朝時，雖告復活，但其盛況恐亦非昔日可比。文宗之雲韶樂不使用大鼓理由在此，宋朝教坊四部之雲韶部，雖係繼承唐末之燕饗雅樂之雲韶樂，但是使用大鼓，此爲燕饗雅樂之特色之再現。若認爲太常四部樂中，代表唐朝燕饗雅樂者爲大鼓部，則宋朝教坊四部之雲韶部必係代替大鼓部。

（六）鼓笛部之意義

根據「樂府雜錄」，「南詔五均譜」及「宋代教坊四部」各種事例，證明了鼓笛部確實存在。南詔四部樂內軍樂部代替了鼓笛部，此因太常四部樂中，否定了有鼓笛部所致。總之，龜茲部、胡部及大鼓部等三部係以燕饗雅樂爲對象，僅鼓笛部係以散樂爲對象，頗堪注目。

先天元年創設之太常四部樂，係對太常寺所屬諸樂中，除雅樂與軍樂外，以胡樂、俗樂、燕饗雅樂及散樂爲對象。開元二年左右教坊成立後，胡樂、俗樂、散樂等多被接管，惟仍有少數散樂與燕饗雅樂仍留隸太常，爲太常寺太樂署之主要樂舞，太常四部樂係在此種情形下，區分太常寺太樂署樂器類別之制度，無寧稱其爲太樂四部樂較爲妥當。崔邠傳『上大閱四部樂於署』中之「署」，當係指太樂署而言。蓋當時之文獻中，很少提及太樂署，此因太常寺之舞樂，主要爲太樂署掌管，故在需要提及署之場合，多統稱爲太常寺。而在「鼓吹」方面，則多記爲鼓吹署而不用太常寺。新唐書卷二二禮樂志所載『凡樂人、音聲人、太常雜戶子弟，隸太常及鼓吹署』，卽爲良好例證。也許若稱爲「太樂四部樂」，同時使用二個「樂」字，發音方面不太方便所致，亦未可知。

（七）各部內容

以上對太常四部樂之「太常」意義及「四部」內容經已分別闡述，其次論究「四部」之各部名稱及其內容與關係。按大鼓部、鼓笛部、軍樂部等三部所管樂器名稱，業有直接文獻當無疑義。値得吾人研討者爲分持胡、俗樂器之二部，其一爲龜茲部，其二爲法部，兩者所管樂器僅代表胡、俗之樂器者，多達十數種。其分爲兩部者，或係着眼於制度上之均衡，其中由「革」（包括羯鼓在內）與「竹」

樂器構成之『龜茲部』，從羯鼓爲代表胡樂「龜茲伎」之表徵樂器之一種觀察，其理自明。惟對由「絲」與「竹」樂器構成之「胡部」理由，當需根據當時音樂大勢予以論究。

按太常四部樂之本質，係將太常寺所屬樂器（除了雅樂器，與軍樂器外），納入樂器庫時分類制度。但其分類時，並非依據樂器類別（例如中國式之樂器分類法之八音——金、石、土、革、絲、竹、木、匏）而係依據音樂種類者。龜茲部與胡部共同使用「管樂器」及「打樂器」；卽係上述結果所產生者，但是以「革樂器」與「打樂器」編成之龜茲部，適於立奏，立奏樂曲多爲胡樂系。以「絃樂器」與「打樂器」編成之「胡部」，適於坐奏。坐奏樂曲多爲法曲系，唐朝中葉以後，法曲系之樂曲，漸佔優勢，「龜茲部」與「胡部」之分立，似係反映「胡樂系」與「法曲系」樂曲之對立者。唐朝中葉至唐朝末期，胡樂、俗樂開始融合，產生了新俗樂。新俗樂內法曲系樂曲亦最佔優勢。唐朝中葉河西之「胡部新聲」與法曲融合(註二三)，卽爲新俗樂出現之一例。法曲畢究爲胡樂之化身，按四部樂內對由法曲系樂器編成者稱爲「胡部」，此種賦予俗樂器之法曲之名稱，似欠適當，但是法曲內容僅爲胡樂，如唐朝中葉之所謂「胡部新聲」，當不無理由。迨至宋朝教坊四部，由於情形變遷，胡部乃改名爲法曲部。如王洙之談錄（寶顏堂秘笈本）之「古今樂律通譜」內所引載『又曰，今胡部樂，乃古之淸商遺音』，卽爲有力傍證。

此外，「胡樂」與「俗樂」之對立觀念，亦可能爲「龜茲部」與「胡部」分立原因之一。按胡、俗兩樂之對立情形，唐朝初期，甚爲顯著；唐朝中葉以後，漸次稀薄；唐末產生新俗樂關係，胡、俗兩樂之區別，表面上業已消失，但在文獻方面，多涉及胡樂，對本國俗樂卻很少提及。根據第三者立場觀察，此或為胡俗對立，潛意識所使然的結果，此種潛意識之觀念，而表現於「龜茲部」及「胡部」者。（註二三）

（八）四部之順位

唐朝「太常四部樂」之組織及其與「南詔四部樂」、「宋朝教坊四部制」之關係業如上述，茲根據各種史料，判定各四部樂制之順位如次：

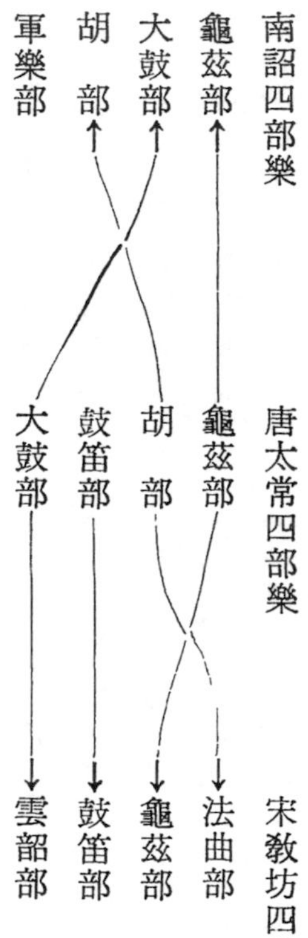

第二項　四部樂之變遷與效用之轉化

（一）創設與廢止

有關太常四部樂之創設情形，史料內並無明確記載，堪資指測者，僅玉海卷一〇五「實錄」項所載『玄宗先天元年八月己酉，吐蕃遣使朝賀，帝宴之於武德殿，設太常四部樂於庭』一文，敘說吐蕃使者入朝，帝於武德殿宴待，並在殿庭設太常四部樂。是則太常四部樂創設時間，當在此以前。按先天元年八月己酉，係玄宗卽位後之第十天；鑑於吐蕃自中宗朝開始屢寇唐土，兵敗後必遣使者朝貢請和，唐室對吐蕃使者，亦必設宴款待。如舊唐書卷一九六吐蕃傳條所載『長安二年，贊普率衆萬餘入寇。悉州都督陳天慈與賊凡四戰。皆破之。斬首千餘級。於是吐蕃遣使論彌薩等入朝，請求和。則天宴之於麟德殿，奏百戲於殿庭。』卽爲一例。唐室接待外國使節，除百戲外，亦使用十(九)部伎（請參照第五章第一節）。自中宗朝至玄宗朝吐蕃曾數度入寇，請和，故上述設太常四部樂於武德殿宴饗使節一文，諒係事實。惟先天元年八月己酉，旣爲玄宗卽位後之第十天，故太常四部樂創設時間，假定若爲玄宗卽位以後，因其爲時短暫，頗有困難，但鑑於玄宗帝卽位後第二年卽成立左右教坊，此種大的制度，必須相當準備時間才能實施。但根據新唐書卷二二禮樂志下所載『玄宗爲平王，有散樂一部。定韋后之難，頗有豫謀者。及卽位，命寧王主藩邸樂，以充太常。分兩朋以角優劣』。此係說明玄宗卽位以前，有散樂一組，預爲準備，卽位後立被編入太常寺參加競演。根據此例、證明玄宗帝卽位以前，已經非常關心樂伎，故左右教坊亦係其卽位以前業已着手準備者。故太常四部樂之創設，在其卽位十天內頒佈實施，亦並非不可能也。

按玄宗朝代，各種樂制，大爲整備，故太常四部樂，亦可能係玄宗帝創意設立者。尤其是「二部伎」與太常四部樂之關係，非常密切，也許兩者設立時有其相互關聯。但二部伎中特別是立部伎之六曲樂曲，係玄宗朝以前製作，太常寺重用大鼓亦並非二部伎成立以後者。故太常四部樂可能在二部伎以前成立。

其次關於太常四部樂與左右教坊之關係。開元二年左右教坊成立後，即接管原屬太常寺之胡樂、俗樂、散樂；爾後又成立梨園，使太常寺之職掌、地位，益形低落。按太常四部樂之內容，爲胡樂、俗樂、散樂及燕饗雅樂使用之樂器，十部伎、二部伎等燕饗雅樂，在教坊成立後仍直屬太常寺管轄，又散樂中亦有部份殘轄太常寺。假若太常四部樂之龜茲部及胡部之各種樂器，並非胡樂及俗樂之樂器，與大鼓部之大鼓，共爲專供燕饗雅樂使用之樂器，則太常四部樂於開元二年以後設置亦有其可能性，如上所述，「太常四部樂」與玄宗朝代各種音樂制度均有關聯，但其正確創設時間，則難以肯定也。

其次，關於太常四部樂廢止時間。根據其與宋朝「教坊四部」之關係，唐朝四部樂制，迨至唐室滅亡時仍舊存在。如「王洙」之「談錄」內，「古今樂律通譜」所載『今胡部樂，乃古之淸商遺音』(註二四)。舊五代史卷一四四樂志之註文『（高祖）……又繼以龜茲部霓裳法曲，參亂雅音』。冊府元龜卷五七〇作樂，梁末帝淸泰五年十一月冬至條『又奏龜茲樂一部，以俟食畢……。』等各種史料所舉事例(註二五)，證實五代期間，四部樂制，依然存在。此外，五代會要卷七雅樂雜錄條所載『晉開運二年八月中書舍人陶穀奏……勅太常寺見管兩京雅樂節級樂工共四十人，外更添六十人。內三十八人宜抽教坊貼部樂官兼充。餘二十二人宜令本寺招召充塡……』。文中之「教坊貼部」係宋會要所載「教坊四部」之貼部之前身。據此，證明五代之四部制，即係教坊制度。四部樂制從太常寺傳入教坊，諒係後晉之開運二年八月以前之事。恐係唐朝滅亡後進入「五代」之前後。宋朝教坊四部，宋志稱爲沿襲「舊制」，大家都解釋爲唐制，實際係繼承「五代」之教坊四部樂制。

宋朝教坊四部，根據陳暘樂書卷一八八教坊樂條所載『自合四部以爲一，（故）樂工不能徧習，第以大曲四十爲限，以應奉遊幸二燕。非唐分部奉曲也』。係在北宋中葉廢止者，根據文中解釋，四部合同以前，各部樂工，學習各部專屬樂曲，按四部共計有三十七曲（龜茲部二曲，法曲部二曲，鼓笛部二十曲，雲韶部十三曲），故合併後，如欲學習全部三十七曲，殊不可能，且亦不合理，故規定每一樂工最大限度，祇能學習大曲四十，藉以防止樂工過度疲勞及技藝低落(註二六)。至於四部合一年次，並無明確文獻。根據宋會要稿七十二冊之鈞容直條所載『大中祥符五年，因鼓上溫用之請，增龜茲部如教坊』。此係說明眞宗之大中祥符五年（卽西曆一〇一二年）依舊存在。又陳暘樂書係徽宗之崇寧二年（卽西曆一一〇三年）完成(註二七)，在此以前，業已廢止(註二八)（請參照第五章第三節）。

(二) 效用之轉化

太常四部樂之內容及組織，依其效用而定，但是根據上述各種史料文獻，「效用」亦有變遷，大致分爲如下四個階段：

(1) 樂器展觀之分類法

崔邠傳內載有「崔邠爲太常卿時，曾在太樂署，閱四部樂，公卿等隨同縱覽」。玄宗實錄內亦載有「在武德殿宴待吐蕃使者，在殿庭設太常四部樂」，上述兩件史料，似係指陳列樂器展覽之意，此外，根據唐朝達奚珣之「太常觀樂器賦」(註二九)。敬括之「觀樂器賦」(註三十)，說明唐朝之太常寺，並非演奏樂器，僅爲陳列樂器供人縱覽，故太常卿查閱樂器爲其職責攸關，此時，公卿等陪同觀覽也。

新唐書卷九一李嗣眞傳亦載有『……擢太常丞……嘗引工，展樂器於庭，后奇其風度應對，召相王府參軍閻玄靜圖之，吏部郎中楊志爲贊，秘書郎殷仲容書。時以爲寵』。按「樂」字，唐朝多用於樂器之意義。「四部樂」不叫爲「四部伎」者，因該項制度與樂曲無關，證明其專與樂器有關之制度，展覽種種樂器，接待外國使節，亦爲頗具趣味之事實。

(2)樂器庫收藏之分類法

樂器陳列時之分類，不僅有助於展覽，其在樂器庫收藏時，恐亦依此分類者，對此但無確實證據。根據新唐書卷四八百官志之太常寺條所載『凡藏大享之器服，有四院，一曰天府院……二曰御衣院……三曰樂懸院……四曰神廚院』。此係說明收藏大享典儀使用之器服（包括樂器亦卽樂懸在內）分爲四院制。四部樂恐亦在此旨趣下設立者（註三一）。

太常寺內，當附設有樂器庫。唐朝鄭棨所著「開元傳信記」所載『上（玄宗）幸蜀回京師，樂器多忘失。獨玉磬偶在。上顧之悽，然不忍置前。遂命（促令）送太常，至今於太常正樂庫』。文中之太常正樂庫卽係一例。文內記有「玉磬」樂器，若係雅樂之「磬」，則該「正樂庫」當爲「雅樂器」之庫。但雅樂器之庫房業有太常寺四院之一『樂懸院』存在，似嫌重複。若「玉磬」爲燕饗雅樂用之「磬」，則正樂庫之意義，當較雅樂器庫所具內容更爲廣泛也。

既有「正樂庫」，諒必有「副」或「從」樂庫。按「樂府雜錄」之「熊羆部」條則有類似記載『具熊羆者，有十二，皆有木彫之，悉高丈餘，其上奏雅樂。含元殿方奏此樂也。奏唐十二時、萬宇淸、月重輪三曲。亦謂之十二案樂具庫在望仙門內之東壁。（俗樂古都，屬樂園新院，院在太常寺內之西北也）』（註三二）。文中之「具庫」兩字係「其庫」之誤（註三三）。「熊羆部」係指樂庫，「樂」亦稱爲「雅樂」。但曲目中所稱「十二時」、「萬宇淸」、「月重輪」三曲，實係俗樂，或爲胡樂變身（註三四），決非雅樂。故所謂雅樂者，或指燕饗雅樂化之雅樂之意義也（註三五）。故其樂器。似係雅樂器、俗樂器與胡樂器所混同使用者（註三六）。該庫位置，據文內所稱，在望仙門內之東壁，則係在大明宮之東南角旁邊。根據皇帝常在大明宮內麟德殿等各殿庭設燕饗之樂等情形推測，該庫當並非僅爲熊羆部之樂庫，似可認爲係燕饗用之所有樂器之庫，是則此庫當係「太常正樂庫」（註三七）之「副樂庫」。

⑶ 演奏時之樂器配列法

太常四部樂之效用，除了陳列分類法及收藏分類法外，根據南詔四部樂例證，尙有演奏時之樂器配列法。例如南詔奉聖樂方面，將四部樂配列如次：

『龜茲部……凡工八十八人，分四列，居舞筵四隅，以合節鼓。

大鼓部……以四爲列，凡二十四，居龜茲部前。

胡　部……工七十三人，分四列，居舞筵之隅，以導歌詠。

軍樂部……立闕四門舞筵四隅』。

此外，五均譜方面有關配列記事如次：

『太簇商曲……樂用龜茲，鼓笛各四部與胡部等合作。琵琶、笙、箜篌皆八，大小觱篥、箏、五絃、琵琶、長笛、短笛、方響各四，居龜茲部前。次貝一人。大鼓十二分左右。餘皆坐奏。林鐘徵曲……樂用龜茲。鼓笛，每色四人。方響二，置龜茲部前。二隅有金鉦、中植金鐸二、二、鈴鈸二、大鼓十二，分左右。』

根據上述，上演奉聖樂時，四部樂所屬各部，大體分爲四列，分置舞筵四隅。五均譜內則將大鼓左右分置。又奉聖樂及五均譜，均將龜茲樂放置在胡部、鼓笛部、大鼓部之後方。其中最值吾人注意者爲龜茲部之所謂「以合節鼓」；與胡部之所謂「以導歌詠」，此係表示龜茲部以革鼓配合節奏；胡部則以絲（絃）主導歌唱旋律之意義。

又四部樂之上演方法和二部伎相同，分爲立、坐兩種。如「樂府雜錄」之「胡部」項所載『奉聖樂曲，是韋南康鎮蜀時，南詔所進，在宮調。亦舞伎六十四人，遇內宴卽於殿前立奏樂，更番替換。若宮中宴，卽坐奏。（俗樂亦有坐部立部也）。』該奉聖樂在殿庭設宴時爲立奏，宮中設奏時爲坐奏。按絲（弦）類樂器僅適合坐奏。革類與竹類，則坐、立兩奏均堪使用。龜茲部之革類大體適於立奏，奉聖樂中龜茲部置於其他各部後方者，可能因此理由。但是大鼓卻不能使用坐奏。五均譜條所載「大鼓十二分左右，餘皆坐奏」，卽係因殿上坐奏時，不能使用大鼓所致。文中所謂「餘」字，諒指龜茲、胡、鼓笛三部而言。據此當不難想像二部伎之坐立兩種演奏方法也。此外，「樂府雜錄」之胡部項另載有『合曲時，亦擊小銅鈸子』一語，此係表示胡部編成於演奏樂曲時之一種特別措置。

(4)樂曲分類之效用

四部樂制因其與樂曲演奏有關，故根據樂曲分類，亦爲自然趨勢。根據樂府雜錄所載『龜茲部，樂有……戲有五方獅子（高丈餘，各衣五色，每一獅子有十二人，戴紅抹額，衣畫衣，執紅拂子，謂之獅子郎。舞太平樂曲）。破陣樂曲亦屬此部。（秦王所制，舞人皆衣畫甲，執旗旆。外藩鎭春冬犒軍，亦舞此曲，兼馬軍引入場，尤甚壯觀也）。萬斯年曲（是朱崖李太尉進。此曲名即天仙子是也）』。龜茲部所屬樂曲，爲「太平樂」、「破陣樂」、「萬斯年」三曲，其中「太平樂」及「破陣樂」衆所週知，爲立部伎之樂曲。唐期末葉，二部伎解散，所屬樂曲亦告分散。但新俗樂曲中，原屬太常四部樂之龜茲部者，當爲數很多。

此外，「樂府雜錄」之胡部項內亦載有『合曲後立唱歌，涼州所進，本在正宮調，大遍小遍。至貞元初康崑崙翻入琵琶玉宸宮調，初進曲在玉宸殿，故有此名，合諸樂，即黃鐘宮調也。奉聖樂曲是韋南康鎭蜀時南詔所進，在宮調云云』。是則「玉宸宮調曲」及「南詔奉聖樂」均屬胡部，但是鑑於南詔奉聖樂奉獻時，四部樂業已完備，恐並非專屬胡部，也許文內記載過於簡略有誤，亦未可知。至於涼州府進貢之玉宸宮調曲，因係琵琶曲，當屬於胡部也。

最後關於鼓笛部方面，如「樂府雜錄」之鼓架部項所載『戲有代面……鉢頭……蘇中郎（踏搖娘）……羊頭渾脫，九頭獅子、弄白馬、益錢，以至尋橦、跳丸、吐火、吞刀、旋槃、觔斗，悉屬此部』。文中之「代面」、「鉢頭」、「蘇中郎」三曲，相當於通典卷一四六散樂條列舉歌舞戲之「大面」、「撥頭」，和「踏搖娘」。羊頭渾脫以下，則係散樂。按散樂之戲伎，此外尚有，恐並非全部屬於鼓笛部。

如上所述，唐朝末葉，太常四部樂，除了樂器分類外，各部尚有一定數量之樂曲之分類，此種情形，在宋代教坊四部制方面，更為明顯而且重要。如宋志所載：

『法曲部，其曲二，一曰道調宮望瀛，二曰小石調獻仙音，亦用……龜茲部，其曲二，皆雙調，一曰宇宙清，二曰感皇恩，樂用……』。

又宋志教坊項眞宗條所載：

『乾興以來……又法曲、龜玆、鼓笛三部，凡二十有四曲』。

前文係叙述太宗朝之制度，並未記述鼓笛部所屬樂曲，僅記載法曲、龜茲二部共為四曲，後文係叙述眞宗朝之制度，連同鼓笛部在內為三部二十四曲，是則此二十四曲中，除了法曲、龜茲二部四曲外，屬於鼓笛部者當為二十曲，但是法曲、龜茲二部是否僅有四曲，尚難確定，也許另外二十曲中仍含有法曲、龜茲二部在內亦未可知。茲檢討前文中所載四曲，其中「望瀛」與「獻仙音」為代表唐朝法曲之樂曲，經由宋代繼承者（註三八）。「感皇恩」係天寶十三年改名曲中之「蘇莫遮改為感皇恩」原屬胡樂，改爲漢名，至於「宇宙清」恐亦係同樣之曲（天寶十三年改名曲中之「蘇莫遮改爲萬宇清」之萬宇清者）。總之後者兩曲，均爲唐朝末期之新俗樂。

又宋朝鼓笛部之樂曲名稱，宋志敎坊四部條並無明確記載，僅宋朝之沈括所著之「夢溪筆談卷五」載有三曲。曲名如『唐之杖鼓，本謂之兩杖鼓……明帝（玄宗）宋開府（宋沇）皆善此鼓。其曲多獨奏，如鼓笛曲是也。今時杖鼓，常時只是打拍，鮮有專門獨奏之妙。古曲悉皆散亡。頃年王師南征。得黃帝炎一曲于交趾。乃杖鼓曲也（炎或作鹽），唐曲有突厥鹽，阿鵲鹽』。按杖鼓係以打拍節奏配合韻律，唐朝時期，僅用杖鼓獨奏之曲甚多。文中之「鼓笛」則係普通名詞，相當於「三色笛」、「杖鼓」及「拍板」三種樂器編成之鼓笛部者。文中之「黃帝炎（鹽）」、「突厥鹽」、「阿鵲鹽」三曲恐係包括在鼓笛部之二十曲（？）中。此等樂曲並非一定爲散樂伴奏，而爲杖鼓獨奏之罕有之曲。

但是唐朝樂曲遺聲，其在宋代樂界究佔何種地位？按唐朝樂曲傳至宋代者爲數甚多，敎坊四部之二十四曲，僅爲其中一部份而已。如宋朝王灼所著之「碧鷄漫志」內曾列舉二十七曲曲名（參照樂曲篇）。按宋代承繼之唐末新俗樂，汎稱爲燕樂，燕樂中亦有宋代新曲，至於根據唐曲改製者爲數亦多。宋史卷一四二樂志，敎坊條曾列舉因沿唐制舊曲新造新聲曲名，達五十八曲之多，其中含有太宗親製之大、小曲三百九十曲中很多曲在內，此等樂曲，稱爲唐朝遺聲，但因宋朝多已燕樂化，似已並非純粹之唐朝之新俗樂，據此推想「敎坊條」開頭述及太宗朝之宴饗，接着列舉十八調四十六曲曲名，此等曲名均係唐樂之曲名。如敎坊條眞宗條所載『太宗所製曲，乾興以來通用之，凡新奏十七調四十八曲。……其急慢諸曲幾千數』。亦係宋代新製或改作之樂曲。

在此等燕樂中佔有特殊地位者爲法曲、龜茲、鼓笛三部之二十四曲。該三部在列舉太宗之燕饗樂四十六曲及其所屬樂器後綜合敘述者，故或與太宗燕饗樂並非一體，故眞宗條文內，亦將「太宗所製曲」與「法曲、龜茲、鼓笛三部凡二十四曲」完全分別處理。參照上述四曲之曲名考慮，該三部二十四曲，不是宋代燕樂，而係唐末之新俗樂也。亦卽太宗朝之燕樂三百九十曲外，該三部二十四曲仍保持唐曲古風。按唐朝末期，太常四部樂係以新俗樂（包括燕饗雅樂及散樂在內）爲對象之制度，而新俗樂之一部遺存宋代敎坊結果，使四部制亦由太常寺轉移敎坊而產生所謂「敎坊四部」。其中法曲、龜茲、鼓笛三部仍爲唐制，至於大鼓部由於代表燕饗樂之二部伎之消滅已乏存在意義，故另由代表宋代新的燕饗樂之雲韶部取而代之。但雲韶部並非網羅了所有宋朝之燕饗樂曲，僅收容了十三曲，此數與其他三部二十四曲比較，尙算對稱。由此對於敎坊四部在宋朝音樂界所佔地位之重要，已極爲明顯，敎坊四部並非僅以敎坊所屬之燕樂爲對象，而亦包括了歸屬敎坊之唐朝舊曲，和燕饗樂之一部爲對象，特別是以唐朝舊曲爲其主體(註三九)。故宋史樂志載爲『宋初循舊制置敎坊，凡四部』，卽係此意（參照第四章第三節宋代敎坊之變遷及其組織）。

總而言之，根據效用變化情形，亦可判定四部樂制之變遷。亦卽唐朝中葉樂器分類制度開始之太常四部樂，唐朝末葉，轉變爲樂曲分類制度。迨至宋朝敎坊四部時期，更構成了一種燕饗樂。當時十部伎或二部伎均已匿跡，四部制亦告廢止，擁有三十七曲之四部所屬樂曲中，多數爲燕樂所吸收。按宋朝燕樂，既無龜茲部系（立部伎系）與法曲部系（坐部伎系）之區別，亦已失卻唐朝燕饗雅樂之形式，散樂亦由於雜劇發展而解消，鼓笛部因而亦無必要。

以上對太常四部樂已有詳盡縷述，但是此種規模較大制度，史料上竟無記載。究其原因，由於此種制度並非如教坊、梨園、二部伎、十部伎等表現在宮廷音樂上，因其僅爲樂器分類制度，故鮮爲世人注意。但此種制度卻反映了唐代宮廷音樂之趨勢，其重要性當可想而知。

第七章太常四部樂註釋

（一）宋朝錢易所著之南部新書卷二所載『五方獅子本領出在太常，靖恭崔尚書邠爲樂卿，左軍幷教坊會移牒索此戲，稱云備行從崔公判回牒，不與閱儺日，如方鎮大享屈諸司侍郎兩省官同着。崔公時在色養之下，自靖恭坊，露冕從板輿入太常寺，棚中百官，皆取路廻避，不敢直衝，時論榮之』。此係敍述崔邠赴太常寺時，脫帽隨從乃母轎子，百官敬其爲人，取道迴避之意。對此，新舊唐書，記載內容，完全相同。此外，舊唐書卷一一七趙宗儒傳載有『長慶元年二月，檢校右僕射守太常卿。太常有獅子樂。備五方之色。非會朝聘享不作。幼君荒誕，伶官縱肆，中人掌教坊者，移牒取之，宗儒不敢違，以狀白宰相。宰相以爲事有在司執守，不合關白，以宗儒怯不任事，改太子少師』。按崔邠死於憲宗元和十年，其後六年即爲長慶元年，故趙宗儒或係接遞崔邠，出任太常卿。至於「南部新書」所載「崔邠侍隨母輿前往太常寺」，當係在太樂署閱覽太常四部樂。（參考第六章第三節第二項二部伎所屬）

（二）「五代」之教坊，亦設有「貼部」（請參照第二章第三節）。

（三）或係以「宋書會要」爲典據，亦未可知。「宋會要稿」之樂志，與宋史樂志內容相同，但對教坊情形，則無紀錄。按「宋志」與「陳暘樂書」稍有不同，就教坊言，宋志載爲『宋初循舊制置教坊，凡四部』。陳暘樂書所載者爲『聖朝循用唐制，分教坊爲四部』。此亦有助於吾人明瞭唐朝四部樂制與宋朝四部樂制之關係也。

（四）「大樂玄機論」對此文係引述方以智之通雅卷二九及胡應麟之春明夢餘錄卷二五。

（五）宋會要稿「第八冊樂五」，及「第七十二冊職官二十二」亦有相同記載。

（六）宋人誤將四部管弦視爲唐代梨園遺制。如宋人葉夢得之避暑錄語卷下（學津討原本）所載『柳永，字耆卿爲舉子時，多游狹邪。善爲歌辭。教坊樂工每得新腔。必求永爲辭，始行於世。是聲傳一時，……永初爲上元辭，有樂府兩籍神僊，梨園四部絃管之句傳禁中，多稱之』。文中「梨園四部」一語，並非指「梨園」與「四部樂」，而係「梨園之四部」意義。宋人多誤解四部樂爲梨園內部之制度，但吾人未曾確聞梨園內部有四部制也（請參照第三章梨園篇）。

（七）守山閣叢書，學海類編，湖北先生遺書，墨海金壺，古今說薈，續百川學海，五朝小說，唐人說薈等，均被編入樂府雜錄內，其中以守山閣叢書之校訂，最爲完善（參照樂書篇）。

（八）「方響」及「大銅鈸」在南詔四部樂內係屬於龜茲部，原來似係列入胡部，樂府雜錄之胡部及宋朝教坊四部，均有此種記載，尤以「樂府雜錄」之別樂識五音論二十八調圖所示『初製胡部，樂無方響，只有絲竹。緣方響有直拔聲不應諸調。太宗於內庫別收一片鐵。有以方響，下於中呂，調頭一運。聲名大呂，應高般涉調頭，方得應二十八調』。證明方響，原屬胡部。此外，南詔五均譜之「太簇商曲」條載爲『與胡部等合作，……方響各四，居龜茲部前』。亦將方響列入胡部。至於大銅鈸，亦與方響相同，「樂府雜錄」及「教坊四部」均未屬於龜茲部，而樂府雜錄胡部條文內特記載爲『合曲時，亦擊小銅鈸子』。

（九）中國古來，將樂器主要部份，依其物質區分爲金、石、土、革、絲、木、匏、竹八種，亦稱八音。

（十）本文所述，前後無序，難以置信。文內續載有『用宮商角羽並分平上去入四聲云』，此係暗示俗樂二十八調之成立。「太宗」係玄宗之誤（參照樂理篇「唐代俗樂二十八調成立年次」）。

（一一）南卓之羯鼓錄，根據四庫全書總目提要第一一三卷，「前錄」係大中二年，「後錄」係四年完成。按守山閣叢書、寶顏堂秘笈、墨海金壺、唐人說薈等均有收藏。本文係根據守山閣叢書（參照樂書篇）。

（一二）此處所稱「胡部」係根據唐人說薈本。而守山閣叢書，卻寫作「蕃部」。

（一三）「胡部」與「龜茲部」名稱，經常單獨在史料使用，但其是否爲四部樂之一部，仍待研討。按新唐書卷二二〇下南蠻傳南詔條所載，貞元十六年異牟尋受封南詔王時，接待唐朝使節袁滋情形如次：

『因大會，其下享使者，出銀平脫馬頭盤二。謂滋曰，此天寶時先君以鴻臚少卿宿衛皇帝所賜也，有笛工歌女，皆垂白，示滋曰，此先君歸國時，皇帝賜胡部、龜茲音聲二列。今喪亡略盡，唯二人』。

文中所述「胡部、龜茲、音聲二列」，似係爲四部樂中之二部，但資治通鑑卷一二六所載如次：

『以祠部郎中袁滋爲册南詔使，賜銀窠金印。文曰貞元册南詔印，滋至其國，異牟尋北面跪受册印。稽首再拜，因與使者宴，出玄宗所賜，銀平馬頭盤二，以示滋。又指老笛工歌女，曰皇帝所賜龜茲樂，惟二人在耳。』「後者」將「胡部、龜茲音聲二列」解釋爲胡部之龜茲音聲，而略記爲「龜茲樂」。是則「二列」意義又欠明晰。一般人有認爲「胡部」係表示胡樂意義之普通名詞。例如新唐書卷二二禮樂志『倍四本屬清樂，形類雅音，而曲出於胡部』。又同志『又詔道調法曲與胡部新聲合作』。按「胡部」爾後改稱法曲部，其在唐朝時期，似已收攬法曲系之樂曲。文中所述「倍四本屬清樂」，清樂本係法曲之源流，文中之「胡部」，也許可能爲太常四部樂之胡部。又「胡部新聲」在唐朝初期，爲河西之胡樂，唐朝中葉與俗樂系法曲融合，產生了唐朝末期之新俗樂（參照序說），畢竟，唐朝將「胡部」認作胡樂之普通名詞者爲數甚少，但宋朝卻不然。例如國朝會要所載『景祐二年六月，修大樂，李照言夫胡部之有箏篥，相傳目之爲梁柱』。及宋朝朱弁所著之曲洧舊聞『東坡云，今琵琶有獨彈，不合胡部諸調』。根據上述事例，司馬光在新唐書中之「胡部龜茲音聲二列」，因不明胡部及龜茲部之四部樂，而錯誤略記爲『龜茲樂』者；此外，唐朝段成式所著之「酉陽雜俎」續集卷九所載『荊州法性寺僧惟恭……出去寺。一里逢五六人年少甚都衣服鮮潔，各執樂器如龜茲部』。文中之龜茲部，僅指龜茲樂器之意，但太常四部樂之龜茲部的概念與名稱，唐末業已相當普遍也。

（一四）鼓笛部之曲，並非僅爲散樂之伴奏曲，亦係杖鼓之獨奏曲。如宋朝沈括之夢溪筆談卷五『唐之杖鼓，本謂之兩杖鼓。……明帝、宋開府皆善此鼓。其曲多獨奏，如鼓笛曲是也。今時杖鼓常時只是打拍，鮮有專門獨奏之妙。古曲悉皆散亡。頃年王師南征，得黃帝炎一曲于交趾，乃杖鼓曲也（炎或作鹽）。唐曲有突厥鹽，阿鵲鹽』。「杖鼓」在宋朝只是打拍，但在唐朝僅使用杖鼓，單獨演奏之曲甚多，如「鼓笛之曲」，該「鼓笛」兩字應解爲普通名詞，而非指「鼓」與「笛」之意。實相當於三色笛、杖鼓、拍板等三種樂器編成之「鼓笛部」也。

（一五）所謂『龜茲鼓笛各四部』及『龜茲鼓笛每色四人』，係將「龜茲」與「鼓笛」併記。但龜茲部係由革（鼓類）笛（竹類）樂器爲主編成，是則「龜茲鼓笛」一語，係指龜茲部之「鼓」與「笛」而言，亦未可知。至於「龜茲鼓笛各四部」一語，因爲龜茲部並無四部，或係「龜茲部、鼓笛各四」之筆誤。此外『而加鼓笛四部』一語，則不能解爲「鼓」與「笛」，而係「鼓笛」兩字連續使用者。

（一六）太宗設宴所用之「十八調四十六曲」內容如次：

『一曰正宮調，其曲三：曰梁州、瀛州、齊天樂；二曰中呂宮，其曲二：曰萬年歡、劍器；三曰道調宮，其曲三：曰梁州、薄媚、大聖樂；四曰南呂宮，其曲二：曰瀛府、薄媚；五曰仙呂宮，其曲三：曰梁州、保金枝、延壽樂；六曰黃鍾宮，其曲三：曰梁州、中和樂、劍器；七曰越調，其曲二：曰伊州、石州；八曰大石調，其曲二：曰清平樂、大明樂；九曰雙調，其曲三：曰降聖樂、新水調、採蓮；十曰小石調，其曲二：曰胡渭州、嘉慶樂；十一曰歇指調，其曲三：曰伊州、君臣相遇樂、慶雲樂；十二曰林鍾商，其曲三：曰賀皇恩、泛淸波、胡渭州；十三曰中呂調，其曲二：曰綠腰、道人歡；十四曰南呂調，其曲二：曰綠腰、罷金鉦；十五曰仙呂調，其曲二：曰綠腰、綵雲歸；十六曰黃鍾羽，其曲一：曰千春樂；十七曰般涉調，其曲二：曰長壽仙、滿宮春；十八曰正平調，無大曲，小曲無定數。不用者有十調：一曰高宮、二曰高大石、三曰高般涉、四曰越角、五曰商角、六曰高大石角、七曰雙角、八曰小石角、九曰歇指角、十曰林鍾角。』

太宗新製之十八曲，宋志教坊記載如次：

『凡制大曲十八，正宮平戎破陣樂，南呂宮平晉普天樂，中呂宮大宋朝歡樂，黃鍾宮宇宙荷皇恩，道調宮垂衣定八方，仙呂宮甘露降龍庭，小石調金枝玉葉春，林鍾商大惠帝恩寬，歇指調大定寰中樂，雙調惠化樂堯風，越調萬國朝天樂，大石調嘉禾生九穗，南呂（宮）調文興禮樂歡，僊呂調齊天長壽樂，般涉調君臣宴會樂，中呂調一斛夜明珠，黃鍾羽降聖萬年春，平調金觴祝壽春』。

（一七）宋朝葉夢得之石林燕語卷三所載『燕樂教坊外，復有雲韶班，鈞容直二樂。太祖平嶺表，得劉氏閹官聰慧者八十人，使學於教坊，賜名簫韶部。後改今名。「鈞容直」軍樂也。太平興國中，擇軍中善樂者，初曰引龍直，以備行幸騎導，淳化中改今名。皆與教坊參用。元豐後，又有化成殿親事官』。本文與宋志來源相同。所稱「教坊外有雲韶部」一語，未悉是否根據宋志所書，但宋志內並無「皆與教坊參用」一語，此爲「教坊」與「雲韶部」區別之明證也。

又宋志雲韶部之次一條文鈞容直條所載『初用樂工同雲韶部，大中祥符五年，因鼓工溫用之請，增龜茲部如教坊』。此語可作爲二種解釋，其一爲雲韶部係設在教坊之外；其二，龜茲部和雲韶部放在一起，漸漸好像教坊，若此，則雲韶部變成爲教坊之一部了。

（一八）雲韶部有十種五十四人，是則每種約有五人以上，根據宋志所載『開寶中平嶺表，擇廣州內臣之聰警者，得八十人，令於教坊習樂藝，賜名簫韶部，雍熙初改曰雲韶』是則雲韶部當初原爲八十人，爾後減至五十四人，或係雲韶部編入教坊時，爲配合其他三部而裁減人員者。按雲韶部，原爲宋初「全燕饗樂」之代表，燕饗樂規模原極龐大，縮小後裁減爲五十四人。

（一九）僅立部伎之大定樂有「金鉦」。金鉦係軍樂器（參照第六章）。

（二〇）新唐志此文，係根據樂府雜錄所載『雲韶樂，用玉架四架，樂即有琴、瑟、筑、簫、篪、籥、跋膝、笙、竽。登歌拍板。樂分堂上堂下。登歌四人在堂下坐。舞童五人衣繡衣，各執金蓮花引。舞者金蓮如仙家行道者也。舞在階下，設錦筵。宮中有雲韶院』。又奉命製作雲韶樂之太常卿馮定傳內載有『大和九年八月爲太常卿。文宗每聽樂，鄙鄭衛聲，詔奉常習開元中霓裳羽衣舞，以雲韶樂和之。舞曲成，定總樂工，閱於庭。定立於其間。文宗以其端凝若植，問其姓氏。翰林學士李珏對曰，此馮定也。文宗喜問曰，豈非能爲古章句者耶。乃召昇階。文宗自吟定送客西江詩。吟罷益喜。因錫禁中瑞錦。仍令大錄，所著古體詩以獻』。此外，關於「雲韶樂」之傳記，宋朝「王闢之」之澠水燕續錄卷九（稗海叢書本）及宋朝葉夢得之石林燕語卷三等亦有記述。

（二一）「玉磬」似與雅樂之「編磬」或「特磬」不同。假若「編磬」即爲「特磬」，則雅樂中之「編鐘」當與「特鐘」併用，但實際情形並不如此，故「玉磬」當與雅樂中之「磬」不同。坐部伎之讌樂伎中，有「玉磬一架」之語，此或係將雅樂之「磬」音律改造後，用於燕饗雅樂者。

「跋膝」僅見於讌樂伎，爲罕有之樂器，似係屬於俗樂器系。「拍板」亦未使用於十部伎及二部伎，唐朝中葉以後，與「方響」共同盛行之俗樂器，也詳請參閱樂器篇。

（二二）請參閱筆者所著之「唐代俗樂二十八調之成立年代」。

（二三）「胡地」，唐朝與唐前看法不同，唐朝時期，並非僅指廣義之西域，而係專指葱嶺以西諸國而言，龜茲適在胡部以外地方，故龜茲部與胡部相對併用。但地理關係，畢竟不能影響於四部樂之音樂內容。

（二四）「胡部」係唐代稱呼。迨至宋朝，稱爲法曲部。但宋人仍有沿用舊時稱呼者。如宋朝朱弁所著之「曲洧舊聞」卷五中所載『東坡云，今琵琶有獨彈，不合胡部諸調者，曰某宮多不曉。』，文中所稱『胡部』，因宋代已無「胡樂」，可能即係指法曲部而言。

（二五）冊府元龜之『龜茲樂一部』一語，由於一部，通常係「一組」意義，故並非一定指「四部樂之龜茲部」者。

（二六）「荊川稗編」吳萊之「辨魏漢律之誤」所載『正行四十大曲，常行小節，四部管弦，尚循唐代梨園之遺』。文中之「正行四十大曲」，根據宋朝吳自牧所著之「夢粱錄」卷二〇妓樂條所書，「向者汴京教坊大使孟角毬，曾做雜劇本子葛守城撰四十大曲」。此四十大曲與陳暘之「大曲四十」之說相同，但此「四十大曲」係四部制廢止後所選用者，而文記爲與「四部管弦」同時選用之說，恐有錯誤。

（二七）宋史樂志條坊條所載『熙寧九年，教坊副使花日新言，樂聲高歌有難繼。方響部分中度』。若文中所述

「方響部」爲四部樂廢止後之一種樂器部制，則熙寧九年，四部制當已廢止。又本文之前另載有『嘉祐中……諸部應奉及二十年』一語，若與前者意義相同，則四部制早在嘉祐年間業已廢止。但此種史料之眞實性，仍難以判定。

（二八）根據「光緒重刻本陳暘樂書卷首禮部尙書之牒」所載。陳暘爲呈獻樂書，於建中靖國元年，蒙恩賜畫工、楷書等，至於陳暘進樂書表之年次，未見記述。根據玉海卷二〇五「崇寧陳暘樂書條」所載之『（崇寧）二年九月六日壬午，何執中奏，禮部郎陳暘撰樂書二百卷，欲加優獎。（靖國初給筆札寫進）』及宋史卷一二八樂志所載『崇寧九月禮部員外，陳暘上所撰樂書二百卷』……則陳暘正式上撰樂書年次當爲崇寧二年。

（二九）觀樂器賦（敬括撰，全唐文卷三五四）全文如次：

明明國章禮樂，其康掌在宗伯，司乎太常，所以納九土之器物，崇百王之經教，命伶倫使調準，徵夔龍使典郊於以遊止，非禮不履於以觀焉。惟樂之先去瀾漫之淫，視詠淸貞之雅篇，是瞻是寶，必誠心信遊，方有日同季札之來觀，入廟以時類，孔宣之每問，觀其有典有則，爲紀爲綱，土木異象，金石殊光，宮商節其聲韶，絲竹分其長短，錯龜龍以爲飾，會雲霞而作章，垂鐘炫以請布，匏瑟穆以高張，堂庭別懸置之，次左右文武之行，節柷敔以鼓動，流戛擊以抑揚，遠而瞻則金石絲竹雜之而殊行，俯而察則東西南北懸而異方，乃旣埏埴爲之塤篪，貌有古象，制無新規，其氣混，其音吹，此土之器也。乃夫汶陽之篠入用。由沃之匏見娛，爰裁爰截，爲笙爲竽，其氣散，其音吁，此匏之器也。收犬羊之皮，取虎豹之鞹，爲鼗爲路，是模是度，其氣勃，其音博，此革之器也。嶧陽之桐孤生，荊山之玉秀出，是鍊是斲，爲琴爲瑟，其氣淸，其音密，此木之器也。皆能協六律暢八聲，合天地交神明，調風雨，以順序，布陰陽，以元享，旣粲然以盈目。蓋難得而縷名，具夫頌功，乃作樂，因樂乃造器，樂盛而德崇，器存而樂備，樂爲和物之所，器乃積聲之地。所以觀器者，思逑其由聽聲者，願歌其事，伊小人之不敏，終援翰而翹思』。

(三〇) 太常觀樂器（逵爰珣，古今圖書集成，樂律典一一九、簫部選句）所載『鸞笙在目疑，髣髴於周王，鳳簫可吹紛，肸鑾於嬴女』。

(三一) 經籍分爲經、史、子、集四部。

(三二) 俗樂以下缺乏現行本，簡錯之處難免，而不得不隨文訂正也。

(三三) 現行本將『亦謂之十二案樂具庫』讀作『亦謂之十二案，樂具庫』。陳暘樂書卷一八八熊羆部卻載爲『唐熊羆部，其庫在望仙門內之東壁，共十二案，用木雕之，悉高丈餘。其上安板牀，後施寶幰，皆用金彩飾其上。凡奏雅樂，御含元殿方用此，故奏十二時、萬宇清、月重輪三曲，亦謂之十二案樂也』，前者之「具」，後者爲「其」，守山閣叢書亦將「具熊羆者」一語，訂正爲「其熊羆者」，兩字容易錯誤，似以後者正確。

(三四) 「十二時」與「赤白桃李花」、「白紵」、「堂堂」等，均爲清樂系之俗樂。唐會要卷三三所載『天寶十三載七月十日，太樂署供奉曲名及改諸樂名』中。載有「林鐘角調」之曲。又「萬宇清」，亦係天寶十三年改名曲中「蘇莫遮改爲萬宇清」，原係胡曲。就「波羅門」改名「霓裳羽衣」之例，此種改名，實係暗示胡曲之俗樂化也。又『月重輪』亦係天寶十三年改名曲中「倶倫朗改爲日重輪」(日重輪似係月重輪之筆誤)。兩者若非同一歌曲，亦必係同類。以上三曲，屬於唐朝中葉以後，胡樂和俗樂融合而成之新俗樂。

(三五) 唐朝末葉，雅樂演奏形式，似已演變爲「燕饗雅樂」模樣。如「樂府雜錄」雅樂部所載「雅樂演奏時，已滲入二部伎之法式」，此外，「十二案」上演之雅樂，除了形式外，其內容方面，亦已失卻純粹意義。

（三六）清朝「徐松」所著「唐兩京城坊考」卷一之『大明宮望仙門條』所載『望仙門內之東壁，有雅樂樂具庫，見樂府雜錄』。文中之樂具庫，當係「樂器庫」之誤。

（三七）若「太常正樂庫」包括雅樂以下太常寺所屬樂器在內，則鼓吹署之軍樂器，當亦包括在內。根據大唐六典卷一六衛尉寺條所載『武庫令掌職天下之兵仗器械』，則在衛尉寺，亦另設有軍樂器之倉庫，並列舉「軍樂之制」（銅鼓、戰鼓、鐃鼓），「金之制」（錞、鐲、鐃、鐸），「器用之制」（大角）樂器。惟軍樂器原屬鼓吹署，如同書軍鼓制文中所載『然鼓名實繁，享祀所用並具太樂鼓吹署』一文，即可明證。

（三八）如元初郭茂倩所著之「樂府詩集」卷九六，元稹法曲部所載『按法曲起於唐，謂之法部，其曲之妙者，其破陣樂、一戎大定樂、長生樂、赤白桃李花。餘曲有堂堂、望瀛、霓裳羽衣、獻仙音、獻天花之類，總名法曲』。則「望瀛」與「獻仙音」兩曲，當為法曲之代表樂曲。此外，根據宋朝蔡絛所著之「鐵圍山叢談」卷三所載『唐開元時，有若望瀛法曲者，傳於今。……』，及沈括所著「夢溪筆談」卷五所載『或謂今燕部有獻仙音曲，乃其（霓裳羽衣曲）遺聲，然霓裳本謂之道調法曲。今獻仙音乃小石調耳，未知孰是？』，該兩曲係至宋朝仍流行也（另請參照王灼所著之「碧溪漫志」及同書卷三「嘉祐雜誌」）。

（三九）宋初教坊設置於太祖建隆年間，當時四部制已否完備，尚屬疑問。根據宋志所載，雲韶部成立於太祖開寶年間，原名簫韶部，迨至太宗雍熙年間，始改稱雲韶部。則雲韶部編入四部制，當在教坊成立二十多年以後之事。四部制似以與雲韶部同時成立，或在雲韶部以後成立為佳。如其成立在雲韶部以前，則其除法曲、龜茲、鼓笛三部外，當未包括雲韶部在內。是則四部制中第四部是否係指原屬唐朝太常四部樂中之「大鼓部」，抑或僅保留第四部之空名者，由於宋會要內對於教坊組織及變遷情形記述雖詳，但對教坊四部成立年次，並無明確交代，實無法證實也。

唐代前後的中國音樂時代表及年表

I 唐代以前

朝代	有關之歷史	音樂方面	樂制	日本	東洋及其他
秦 B.C. 246～210			禮樂府的奉常制定		印度佛教音樂初期（B.C. Ⅱ～A.D. Ⅱ）
前漢 B.C. 206～A.D. 7	高祖	雅樂制定	奉常改爲太常（包括太樂）		
	武帝	張騫自西域歸來，傳入胡曲摩訶兜勒（B. C. 126）			
		此前後自伊朗傳入琵琶、箜篌			三國時代 B. C. 57 新羅
		清商三調			B. C. 37 高句麗
		鼓吹	設置黃門鼓吹		B. C. 18 百濟
後漢 A.D. 25～220					印度佛教音樂中期（Ⅲ～Ⅴ）
三國 210～280					
晉 265～419	前涼張重華占據涼州(346～353)	天竺男伎來貢	鼓吹入太常管下		西域于闐之音樂文化（Ⅲ～Ⅵ）
	後涼呂光遠征西域(385)	獲得龜玆樂			SAZAN 朝音樂文化（Ⅲ～Ⅶ）

	呂光占據涼州(386～398)	秦漢伎（西涼樂）興起			西域龜茲之音樂文化(Ⅳ～Ⅷ)
		文康樂之作曲			
南北朝					
北魏385～534	大武帝滅北燕	傳入疎勒、安國、高句麗樂	開始樂工制	453?新羅樂人參加允恭帝葬禮	印度佛教音樂後期(Ⅳ～Ⅸ)
	西域諸國來貢(437)	龜茲樂初傳入中國宮廷			
西魏535～556		傳入高昌伎			西域高昌的音樂文化(Ⅴ～Ⅸ)
東魏534～549					
北齊550～557		後主，寵用胡樂人	初稱太常寺	554（欽明15）	
			在中書省設置西涼部、清商部、龜茲部	百濟樂人來朝	
北周557～580	突厥阿史那氏嫁武帝(568)	龜茲人蘇紙婆傳入印度樂理	太樂改爲大司樂		在東南亞，佛教音樂中期後期之併立(Ⅵ～Ⅻ)
		577平北齊，作安樂山			
宋 420～478		清商樂，僅傳存江南			
齊 479～501					
梁 502～556					
陳 557～589					
隋 581～618	文帝（開皇）	開皇初期，傳入西域諸	制定雅樂		

			樂，突厥樂、百濟樂、倭樂	制定七部伎		
			傳人扶南，林邑樂（匏琴）	太樂署稱爲鼓吹署		
			盛行雜伎	589（開皇 9）在太常寺設置清商署	612（推古20） 百濟，味麻之，傳入伎樂	
	煬帝		606（大業 2）突厥染于來朝時，舉行散樂大會	制定九部伎 廢置清商署		
			胡樂工曹妙達、白明達、極爲活躍	606（大業 2）設置教坊，集容樂工 3 萬餘人		
			610（大業 6）高昌，獻聖明樂			

II 唐　　代

西曆	皇　帝	有關之歷史	音　樂　方　面	樂　　制	日　　本	東洋及其他
618	高祖（618）			完成太常寺樂工制 樂工、宮女之整理解放		
620						
625				626（武德 9）～628（貞觀 2）祖孝孫、張文收制定雅樂（十二和）		Islam 音樂興起

			初唐（雅、胡、俗之鼎立，太常寺樂工制之完成，國家		禁中創設內教坊		
630	太宗（627）			627（貞觀1）作秦王破陣樂曲			
635				632（貞觀6）作功成慶善樂曲			
640				640（貞觀14）作讌樂樂曲			
645				同年傳入高昌樂	制定十部伎		
				登用胡樂人白明達			
650	高宗（650）						
655		完成隋書					
660		平定高句麗		661（龍朔1）作一戎大定樂曲		唐樂東渡漸多	663 百濟亡
665		平定遼東		668（總章1）作夷來賓曲			668 高句麗亡，新羅興，統一王朝
670							
675				676（上元3）作上元樂曲			
				679（調露2）作大合還淯舞曲			
680							
685	中宗（684）						

690	(則天武后)		規模之大舞樂)	保存清樂63曲	692（武后如意1）中書省內設置習藝館（別名翰林內教坊）	
695				？年作聖壽樂、長壽樂、天授樂、鳥歌萬歲樂曲（武后）	同年內教坊設雲韶府	
700				武后末，清樂成爲8曲		702（大寶2）大寶令，雅樂寮制定
705					神龍中（(705～706)雲韶府復於內教坊	傳來唐樂之五常樂、太平樂
710	睿宗（710）					
	玄宗（712）	714(開元2)制定開元禮		？年作龍池樂、小破陣樂曲	712（先天1）制定太常四部樂	
				713 清樂成爲1曲	714（開元2）設置左右教坊	
715			中唐			
720				劉貺著，太樂會壁記	？洛陽設置左右教坊，	
725			(胡		大明宮側設置內教坊	
			俗之		制定二部伎	
730			融合，		設置梨園玄宗親自教法曲	731（天平3）傳來度羅樂
735			教	736（開元26)胡部登上		735 入唐留學生

			坊、梨園、宮廷音樂之最高潮）	堂上		吉備眞備携樂書銅律管歸朝	
		739(開元17)完成唐六典				736 波羅門僧正，佛哲來朝傳來林邑樂	
740		742天寶改元			741（開元29)制定開元雅樂		
745					梨園裡加入宮女，樂工數萬人以上		
750							
					長安之樂制因兵火全壞	752（天平勝寶4）東大寺大佛開眼，唐樂、三韓樂、國樂之大舞樂會	停止西方音樂的東流
755		755(天寶14)安祿山之亂	—	754（天寶13)胡部新聲道調法曲合作（俗樂二十八調的制定)(樂曲改名)	757（至德2)內教坊再開		
760	肅宗（756）						
765	代宗（762）			作寶應長寧樂曲			
770				766（大曆1)作廣平太一樂曲			
775							

780	德宗（780）						
785				789（貞元 3 ）作定難曲	教坊樂妓大量解放		
790							
795				796（貞元12）作繼天誕聖樂			
				798 作中和樂曲			
800				作順聖樂曲			
805	順宗（801）	801 杜佑撰進通典		801（貞元 6 ）作南詔奉聖樂曲			
810	憲宗（806）					平安朝嵯峨(809～813)仁明(833～849)樂制改革，始分唐樂、高麗樂	
815					819（元和14)左右教坊，伎內教坊合署爲延政坊		
820	穆宗（821）						
825	敬宗（825）						
830	文宗（827）			834（太和 8 ）作雲韶樂曲	834 設置雲韶院		

835		836 開成改元		838（開成3）法曲改稱爲仙韶曲	？年法曲編入宣徽院管下 836 梨園改爲仙韶院	839（承和6）藤原貞敏自唐歸朝	
840	武宗（841）						
845				作萬斯年曲			
850	宣宗（847）			大中～中和(847～884)北里志之著書，孫棨的壯年期	大中(847～860)太常樂工五千人，內有梨園新院一千五百人（樂府雜錄）		
855				作播皇猷曲			
860	懿宗（860）				咸通(860～873)二部伎上演破陣樂		
865				教坊俳優李可及出名			
870							
875	僖宗（874）						
880				？年徐景安撰樂書			
885							
890	昭宗（889）				？年教坊假寓於秘閣		
895					？年教坊移到宣平坊		
900					？年鼓吹局遷到宣平		

			坊		
905 哀帝（904）			？年十部伎上演最後之記錄		
907 （後梁太祖）					

III 唐代以後

朝代	有關之歷史	音樂方面	樂制	日本	東洋及其他
五代					
後梁907～923					918 高麗朝開始
後唐923～935					
後晉935～947	945（開運2）劉昫，撰進舊唐書				
後漢947～951					
後周951～959			教坊僅僅繼續		
北宋 960～1127	961（建隆2）王傳撰進新編唐會要	成立燕樂	961 設置教坊（四部）		
		成立雜劇	存置太常寺（太樂、鼓吹局）		
			遼設置太常寺，教坊（宣徽院所屬）		1111(高麗睿宗)北宋賜雅樂
		徽宗制定大晟樂	設置大晟府，繼廢止		

			？年，廢置教坊四部		
南宋1127～1280		流行南曲	1128(建炎２)廢止教坊		印度受到 Islam 音樂的影響
		流行金之院本	1144(紹興14)教坊再興		
			1161(同31)教坊廢止，換爲教樂所	鎌倉（1192～1337）興平曲	
			金，太常寺，教坊(宣徽院所屬)，鼓吹署消滅		
元　1271～1367		制定宴樂	太常禮樂院（太樂署）		通過蒙古 Islam 音樂進入中國
		流行元曲（北曲）	儀鳳司、教坊司（禮部尙書管下）	室町（1338～1573）興能	興蒙古，西藏音樂
明　1360～1662		制定中和韶樂、丹陛樂等	太常寺（神樂觀代替大樂署）		
			教坊司(禮部尙書管下)		1370(高麗恭愍王19)明　賜雅樂
		流行崑曲			1393　李朝
					近世印度音樂（XV)
				1562（永祿５）傳來三絃	東南亞諸國之音樂(XV)
				德川（(1603～1866）箏曲興起	宣教師渡傳洋樂
清　1616～1911		制定包含外來樂的燕饗樂	太常寺設置神樂觀（禮部所屬）		
		戲劇（京戲等）之盛行	1164（順治１）教坊司		

中華民國　1911			1729（雍正7）教坊司改爲和聲署（教坊之名消滅） 1742（乾隆7）禮部管下設置樂部（神樂署，和聲署） 1821（道光7）設置昇平署		

中華藝術叢書

唐代音樂史的研究 上冊 下冊

作　　者／岸邊成雄 著、梁在平 黃志烱 譯
主　　編／劉郁君
美術編輯／鍾　玟

出 版 者／中華書局
發 行 人／張敏君
副總經理／陳又齊
行銷經理／王新君
地　　址／11494 臺北市內湖區舊宗路二段181巷8號5樓
客服專線／02-8797-8396　　傳　真／02-8797-8909
網　　址／www.chunghwabook.com.tw
匯款帳號／華南商業銀行　西湖分行
179-10-002693-1　中華書局股份有限公司

法律顧問／安侯法律事務所
印刷製版／維中科技有限公司　海瑞印刷品有限公司
出版日期／2017年3月再版
版本備註／據1973年10月初版復刻重製
定　　價／NTD 1,000

國家圖書館出版品預行編目（CIP）資料

唐代音樂史的研究 / 岸邊成雄著 ; 梁在平, 黃志烱 譯. -- 再版. -- 臺北市 : 中華書局, 2017.03
冊 ; 公分. -- (中華藝術叢書)
ISBN 978-986-94039-5-5(平裝)
1.音樂史 2.唐代

910.924　　105022415

NO.I2008-1 I2008-2
ISBN 978-986-94039-5-5（平裝）

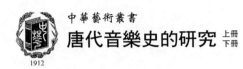